ESV
ERICH
SCHMIDT
VERLAG
100 Jahre

AF548435

GRUNDLAGEN DEUTSCH ALS FREMD- UND ZWEITSPRACHE

Herausgegeben von
Christian Fandrych, Marina Foschi Albert,
Karen Schramm und Maria Thurmair

5

Mehrsprachiges Leseverstehen für Deutsch nach Englisch

Eine Einführung

von

Marina Foschi Albert

und

Marianne Hepp

ERICH SCHMIDT VERLAG

Bibliografische Information der Deutschen Bibliothek
Die Deutsche Bibliothek verzeichnet diese Publikation in der Deutschen Nationalbibliografie; detaillierte bibliografische Daten sind im Internet über dnb.ddb.de abrufbar.

Weitere Informationen zu diesem Titel finden Sie im Internet unter
ESV.info/978-3-503-23896-5

Umschlagabbildung:
Felsenmalereien (Serranía La Lindosa, Kolumbien),
Wikimedia Commons / Julianruizp (CC BY-SA 4.0)

ISBN 978-3-503-23896-5

Alle Rechte vorbehalten
© Erich Schmidt Verlag GmbH & Co. KG, Berlin 2024
www.ESV.info

Die Nutzung für das Text und Data Mining ist ausschließlich dem Erich Schmidt Verlag GmbH & Co. KG vorbehalten. Der Verlag untersagt eine Vervielfältigung gemäß § 44b UrhG ausdrücklich.

Druck: docupoint, Barleben

Inhaltsverzeichnis

1 Einführung

Die primäre Rolle des Englischen als internationale Sprache der Politik, der Wirtschaft, wie auch als Kommunikations- und Publikationssprache vieler Wissenschaften stellt heute eine unbestreitbare Tatsache dar. Dies hat sich auch auf den Bereich der institutionellen Sprachvermittlung ausgewirkt.

Spätestens seit den frühen 1990er Jahren werden die curricularen Entscheidungen in den meisten Ländern zu Gunsten des Englischen als erste Fremdsprache (L2) getroffen, auch in Ländern, in denen Deutsch bis dahin die traditionell überwiegende L2 gewesen war. Man kann heute mit einer gewissen Sicherheit annehmen, dass Deutsch tendenziell allenfalls in englischsprachigen Ländern als L2, im Rest der Welt dagegen vor allem als L3 (Tertiärsprache) nach Englisch gelernt und vermittelt wird. Deutsch nach Englisch bildet entsprechend den Interessengegenstand dieses Bands. Unsere damit verbundene Zielsetzung ist, einen didaktischen Ansatz zur Förderung des Text- und Leseverstehens im Kontext des Mehrsprachigkeitsdiskurses zu präsentieren. Dabei geht es u. a. um die Entwicklung von Strategien des Sprachvergleichs und -transfers, mit der allgemeinen Absicht, durch die Aktivierung mehrsprachiger Kompetenzen und einer verfeinerten und erhöhten *language awareness* den Prozess des Fremdsprachenerwerbs zu fördern und zu beschleunigen. Der allgemeine Ansatz im Bereich der Mehrsprachigkeitsforschung soll hier durch eine auf den Ausbau von erhöhten Leseverstehenskompetenzen ausgerichtete textlinguistische Perspektive ergänzt und bereichert werden.

Durch die Beschreibung von ausgewählten Strukturen der deutschen und der englischen Sprache wird darauf hingezielt, metasprachliches Wissen zu vermitteln und dabei die metasprachliche Bewusstheit zu festigen, die ein multilinguales Sprachenlernen in der Mehrsprachigkeitskonstellation L1 (jede beliebige Sprache) ↔ Englisch L2 ↔ Deutsch L3 hervorrufen kann. Unser ideales Publikum besteht aus DaF-Studierenden vor allem der humanistischen Fachbereiche sowie aus auszubildenden und bereits etablierten DaF-Lehrer:innen. Aus den hier präsentierten Inhalten heraus können sie ihre sprachvergleichenden und textlinguistischen Kompetenzen erhöhen und die Vorschläge gegebenenfalls für ihre eigene Unterrichtspraxis adaptieren.

1.1 Mehrsprachigkeitsdidaktik

Aufgrund der Entwicklungen einer globalisierten Welt ist der Mehrsprachigkeitsdiskurs in den letzten Jahren zunehmend ins Fadenkreuz der Fremdsprachenforschung geraten, u. a. mit dem Ziel, die Ergebnisse der Mehrsprachigkeitsforschung didaktisch umzusetzen. Das Phänomen Mehrsprachigkeit kann unterschiedlich aufgefasst werden, darunter als institutionelle Erscheinung, im

Sinne der Verwendung mehrerer offizieller Arbeitssprachen in öffentlichen Institutionen; als soziales Phänomen, wenn in einer sozialen Gemeinschaft (Staat, Region, Familie) mehrere Sprachen gleichzeitig verwendet werden, oder als individuelle Kompetenz, d.h. sobald Menschen über Kenntnisse in mehreren Sprachen verfügen, seien sie in einem natürlichen oder gesteuerten Kontext erworben (vgl. Riehl 2014: 12). Soziale wie individuelle Mehrsprachigkeit hat zur Folge, dass die unterschiedlichen Sprachen und die durch sie vermittelten Kulturen interagieren und auch in den Köpfen der Sprecher:innen miteinander in Beziehung geraten (vgl. Riehl 2014: 17). Verschiedene Sprachen werden keineswegs in strikt voneinander getrennten mentalen Bereichen gespeichert. Sie bilden keine kumulative, sondern eine synergetische kommunikative Kompetenz, zu der alle Sprachkenntnisse und Spracherfahrungen beitragen. So hat die Mehrsprachigkeitsforschung (deren theoretische Voraussetzungen teilweise auf den Ergebnissen der Bilingualismus-Forschung gründen) etwa recht früh erkannt, dass Sprecher:innen von mehr als einer Sprache ein besonderes sprachliches Bewusstsein ausbilden und verfeinerte metasprachliche Fähigkeiten, d.h. ein spezielles Wissen über die jeweilige Funktion verschiedener sprachlicher Strukturen und über das Funktionieren von Sprache überhaupt, besitzen – und auch bei nicht linguistischen Prozessen bessere kognitive Leistungen erbringen können (vgl. Bialystok 1999). Daher gelten interlinguale Vergleichs- und Transferfähigkeiten als typisches Merkmal kompetenter mehrsprachiger Individuen (vgl. Hufeisen 2010: 203).

Die Erkenntnis, dass mehrsprachiges Fremdsprachenlernen das Potential hat, sich nicht nur durch Interferenzen negativ auf den Lernprozess auszuwirken, denselben vielmehr durch unterschiedliche Transferleistungen positiv zu beeinflussen, hat sich im sprachdidaktischen Bereich seit den 1990er Jahren, parallel zur oben erwähnten Lehrplanentwicklung, zunehmend herauskristallisiert (vgl. Salzmann 2018: 261–265).

So sind im institutionellen Fremdsprachenbereich in den letzten Jahren unterschiedliche Ansätze zur Förderung des Sprachvergleichs und der Sprachreflexion über den sukzessiven Erwerb mehrerer Fremdsprachen entwickelt worden. Sie gründen auf der Erkenntnis, dass auch im gesteuerten Sprachenlernen Vorteile des ungesteuerten multilingualen Spracherwerbs wirksam gemacht werden können, neben einer erhöhten kognitiven Flexibilität und Aufmerksamkeit (vgl. Sambanis 2020: 63) vor allem erweiterte Sprachbewusstheit und metasprachliche Bewusstheit (vgl. Kretzenbacher 2009: 88). Was bei „natürlicher" Mehrsprachigkeit spontan erfolgt, soll beim gesteuerten Spracherwerb entsprechend durch gezielte Strategien gefördert werden.

Die Mehrsprachigkeitsdidaktik basiert auf einem kognitiven Ansatz, der darauf abzielt, den positiven Transfer durch den bewussten Vergleich von L1-L2-L3-Sprachphänomenen zu fördern (vgl. Neuner/Hufeisen/Kursisa/Marx/Koithan/Erlenwein 2009: 12). Transfer bedeutet, dass vergleichbar gestaltete Sprachbausteine und Strukturen in Beziehung gesetzt und von einer Sprache in die andere übertragen werden, was sowohl für die Ebene der Sprachproduktion als auch für diejenige der Sprachrezeption, des Sprachverstehens, gilt.

Dies scheint insbesondere dann möglich zu sein, wenn das multilinguale Erlernen Sprachen aus derselben Sprachfamilie einbezieht. Auf Annahmen dieser Art beruht das Modell der Interkomprehensionsdidaktik für die romanischen Sprachen (vgl. Meißner/Meißner/Klein/Stegmann 2004) und das entsprechende Konzept *EuroComGerm* für die germanischen Sprachen (vgl. Hufeisen/Marx 2014; Marx 2010).

Dass eine didaktische Fokussierung auf die vielen Ähnlichkeiten zwischen den beiden indoeuropäischen Sprachen Deutsch und Englisch, die beide zur westgermanischen Sprachfamilie gehören, das Erlernen des Deutschen nach dem Englisch systematisch erleichtern kann, hat die Forschung schon länger erkannt (vgl. Hufeisen 1994, 2003). Die sogenannte Tertiärsprachendidaktik (vgl. Hufeisen/Neuner 2005) zielt darauf ab, vorhandene Kenntnisse und Lernerfahrungen im Englischen für den Erwerb des Deutschen nutzbringend einzusetzen.

Diese Perspektive wird im integrativen Sprachdidaktikmodell des Referenzrahmens für plurale Zugänge zu Sprachen und Kulturen (REPA)[1] auf die L1 ausgeweitet. Als Ausgangspunkt für den Fremdsprachenerwerb wird hier ein sprachenübergreifender Ansatz zu Grunde gelegt, der die L1 und alle bereits erlernten Fremdsprachen einschließt: Um die Entwicklung mehrsprachiger Kompetenzen zu optimieren, werden Lernende dazu angeleitet, Sprachen zu vergleichen und ihr Vorwissen über Sprachen zu aktivieren.

Bei allen Ansätzen der Mehrsprachigkeitsdidaktik kommt der Transferfähigkeit (unterstützt durch gezielte Lernstrategien) eine leitende Funktion zu, auch wenn der Schwerpunkt von Fall zu Fall unterschiedlich ist. Transferstrategien werden durch den Vergleich von sprachlichen Phänomenen und die Wahrnehmung von gemeinsamen Sprachelementen aufgebaut. Dabei geht es nicht um den „negativen" Transfer von formal ähnlichen Sprachelementen, der zu Interferenzen führen kann (etwa „falsche Freunde" auf lexikalischer Ebene), sondern um ein Wiedererkennen von Strukturen der L2 (und L1) in äquivalenten Strukturen der L3, die als Transferbrücken (vgl. Meißner 2002: 139) wirken können. Die Identifizierung von Ähnlichkeiten und Unterschieden ermöglicht, Prognosen über die Entstehung möglicher Transferphänomene zu formulieren (vgl. Corso 2022: 36), vor allem aber Sprachbewusstheit aufzubauen.

1 Vgl. *Referenzrahmen für plurale Ansätze zu Sprachen und Kulturen* (CARAP/REPA), Europäisches Fremdsprachenzentrum des Europarates, *Descriptors of ressources. Descripteurs de ressoucres. Deskriptoren von Ressourcen*, Graz 2015. <https://carap.ecml.at/Keyconcepts/tabid/2681/language/de-DE/Default.aspx> (letzter Zugriff: 20.01.2024).

1.2 Fremdsprachiges Text- und Leseverstehen

Wie bereits die Leseforschung des ausgehenden 19. Jahrhunderts feststellen konnte (vgl. Erdmann/Dodge 1898), impliziert das Lesen einen Prozess der Sinnentnahme, der weitaus komplexer ist als die einfache Wahrnehmung der Buchstabenfolge (vgl. Wittmann/Pöppel 1999: 224). Lesen und Leseverstehen werden aus diesem Grund terminologisch unterschieden, scheinen aber im Großen und Ganzen als simultane Tätigkeiten aufgefasst zu werden, auch im GER (Kap. 4.4.2.2):

> Bei visuellen rezeptiven Aktivitäten (beim Lesen) empfangen und verarbeiten Sprachverwendende als Lesende geschriebene Texte als Input (‚Eingabe'), der von einem oder mehreren Autoren geschrieben wurde. Zu den Lesetätigkeiten gehören:
> - zur allgemeinen Orientierung lesen;
> - lesen, um Informationen aufzunehmen, z. B. Nachschlagewerke benutzen;
> - Anweisungen lesen und befolgen;
> - zur Unterhaltung lesen.
>
> Mit dem Lesen könnte folgende Absicht verbunden sein:
> - global verstehen (erfassen, was insgesamt gemeint ist);
> - selektiv verstehen (eine ganz bestimmte Information erhalten);
> - detailliert verstehen (das Gesagte in seinen Einzelheiten verstehen);
> - Schlussfolgerungen ziehen zu können, usw.[2]

Als „visuell-rezeptive" Aktivität ist das Lesen als eine fast rein mechanische Tätigkeit anzusehen. Das Wort *Leseverstehen* hingegen bezieht sich auf den kognitiven Prozess, der durch die Lesetätigkeit stattfindet, und auf eine Kompetenz, die sich auch im Rahmen des Fremdsprachenerwerbs progressiv entfaltet. Die Konstruktion von Bedeutungen, die im Prozess des Leseverstehens stattfindet, erfolgt immer unter Rückgriff auf das Vorwissen der Lesenden (vgl. Schnotz 2006: 223).

Die Förderung des Leseverstehens ist schon seit einigen Jahren wieder zum großen Anliegen der Fremdsprachendidaktik geworden (vgl. Krumm/Portmann-Tselikas 2009: 11). Als Pendant zum Hörverstehen wird das Leseverstehen als „rezeptive" Fertigkeit betrachtet, wobei jedoch die rezeptive Handlung des Lesens keineswegs als eine passive angesehen wird (vgl. Sitta 2009), vielmehr als eine grundlegende Teilkompetenz für die Entwicklung sämtlicher kommunikativer Fähigkeiten (vgl. Corso 2022: 5), dies nicht zuletzt, weil die Fremdsprachenvermittlung selbst in unserer Internet-basierten Gesellschaft zum großen Teil auf dem Umgang mit schriftlichen Texten gründet.

Das Leseverstehen wird in der Fremdsprachendidaktik als fundamentale, von vielen als die zentrale Kompetenz im Fremdsprachenlernprozess angesehen.

2 *Gemeinsamer europäischer Referenzrahmen für Sprachen: Lernen, lehren, beurteilen.* Kapitel 4. *Sprachverwendung, Sprachverwender und Sprachenlernende.* <https://www.goethe.de/z/50/commeuro/4040202.htm> (letzter Zugriff: 20.01.2024).

Beim Verstehen schriftlicher Texte befinden sich Muttersprachler:innen und Nicht-Muttersprachler:innen nicht grundsätzlich und von vornherein in unterschiedlichen Situationen. Der Lesevorgang entspricht vielmehr einem kognitiven Prozess der Herstellung von Textkohärenz, bei dem sowohl Muttersprachler:innen als auch Nicht-Muttersprachler:innen eine mentale Repräsentation des Textgegenstands auf der Grundlage der im Text enthaltenen und von ihnen erkannten Textkohärenz erstellen müssen (vgl. Schnotz 1994: 14; Schramm 2001: 61).

Die Herstellung von Textkohärenz stellt einen umfassenden Prozess dar, dessen Komplexität von mehreren Faktoren und nur teilweise von Sprachkompetenzen abhängig ist (vgl. Schramm 2001: 65). So können muttersprachliche Leser:innen beispielsweise Teilprozesse wie Worterkennung und syntaktische Analyse in der Regel gleichzeitig und automatisch realisieren, während Fremdsprachenlernende nicht selten Defizite in linguistischen Teilkompetenzen aufweisen, die zu einer allgemeinen Verlangsamung des Leseprozesses führen (vgl. Lutjeharms 2010a: 908). Bei steigender Lesekompetenz reduziert sich bei Fremdsprachenlernenden das Automatismen-Defizit und es erhöht sich die Kapazität, Texte zu verarbeiten und ihre globale Kohärenz mental herzustellen: Je größer das Wissen der Lernenden über die Sprache ist, desto leichter werden ihnen rezeptive Aufgaben fallen (vgl. Roche 2001: 105).

In traditionellen Ansätzen der Fremdsprachenvermittlung wird der Lernprozess rezeptiver Kompetenzen durch die Anwendung von Texten gefördert, die einen progressiven Komplexitätsgrad aufweisen. Dieses didaktische Verfahren stellt sich aus mindestens zwei Gründen als problematisch heraus.

Erstens ist die Reduktion von Komplexität keine didaktische Strategie, die dauerhaft eingesetzt werden kann, wenn eine Steigerung der Lesekompetenzen erreicht werden soll. Sogenannte einfache Texte, d. h. kurzförmige Texte mit vertrauten Wörtern und Strukturen, können eine „illusion of knowing“ (Schnotz/Dutke 2004: 90) erzeugen, sogar bei fortgeschrittenen Leser:innen. Letztere können fälschlicherweise den Eindruck gewinnen, „alles“ im Text zu verstehen, sind aber in Wirklichkeit nicht in der Lage, die im Text enthaltenen Information aktiv wiederzugeben.

Nur metasprachliche Kompetenzen ermöglichen es, sich mit der Komplexität der Textwelt auseinanderzusetzen, was wiederum unabdingbar ist, wenn man sich mit der Komplexität des Denkens auseinandersetzen und die Vielfalt der Kulturen kennenlernen will. Sprachlernende müssen von Anfang an mit einer möglichst großen Bandbreite der Textwelt konfrontiert werden, da sie nur auf diese Weise ihre Fähigkeit zur Kohärenzbildung und Bedeutungskonstruktion ausbauen können (vgl. Schnotz/Dutke 2004: 64).

Um die Lesekompetenz zu fördern, muss die Textwelt möglichst weit angelegt sein. Ihre Vielfalt ist eng mit dem komplexen Denkprozess verbunden, der sich in der Textproduktion und -rezeption widerspiegelt. Authentische Texte müssen nicht von Anfang an vollständig verstanden werden, vielmehr geht es um eine progressive Erweiterung des Textverstehens, die durch den schrittweisen Ausbau der Sprachkompetenzen erreicht werden kann.

Zweitens ist Textkomplexität – wie sprachliche Komplexität im Allgemeinen (vgl. Szmrecsanyi/Kortmann 2012: 6–8) – aus linguistischer Sicht nicht leicht zu definieren (vgl. Hennig 2017: 7; Imo/Lanwer 2017: 149; Zeman 2017: 53). Die Frage nach der Komplexität eines Textes kann aus unterschiedlichen Perspektiven betrachtet werden. Man kann zwischen einer „absoluten" und einer „relativen" Komplexität unterscheiden, je nachdem, ob der Blick auf Komplexität aus der Perspektive des (linguistischen) Beobachters oder derjenigen des Sprachbenutzers erfolgt. Absolute Komplexität wird vor allem anhand von lexikalischen und grammatischen Elementen gemessen, wie Wörter, Konstruktionen, Ausnahmen (vgl. Fischer 2017: 22). Dabei kann sich das Augenmerk des Beobachters auf das gesamte Sprachsystem (globale Komplexität), auf Teilbereiche desselben (lokale Komplexität)[3] oder auf bestimmte Strukturen und Äußerungen (punktuelle Komplexität) richten (vgl. Henning 2017: 12). Relative Komplexität wird als Schwierigkeit von Sprachproduktion und -rezeption, sowie L1-/L2-Lernschwierigkeit aufgefasst (vgl. Fischer 2017: 22). Wie Dale/Chall (1949, 1995) erklären, kann Textkomplexität sowohl objektiv als auch subjektiv aufgefasst werden. Die beiden Perspektiven sind eng miteinander verbunden. Textkomplexität besteht aus einer Kombination von sprachlichen Eigenschaften, die dem Sprachsystem oder dem Text innewohnen, und solchen, die durch extratextuelle Faktoren bedingt sind und sich mindestens teilweise mit psychologisch-individuellen Eigenschaften der Lesenden überschneiden. Als Elemente objektiver Komplexität eines Textes werden ursprünglich Eigenschaften wie etwa die Anzahl und Länge von Morphemen und Wörtern im Satz und von Sätzen im Text genannt (vgl. Vogel/Washburne 1928; Lorge 1939). Morpho-syntaktische Komplexität kann auf mehreren Beschreibungsebenen vorliegen. Als komplexe Strukturen werden u.a. mehrteilige Präpositionen, *mithilfe, vonseiten, zugunsten* (Duden 2016: 612), oder Verbformen (*dies* ***sollte*** *näher* ***erklärt werden***) (vgl. Weinrich 1993: 59) betrachtet. Als komplexe Nominalgruppen werden solche gesehen, die aus mehr als einem Element bestehen: Als Beispiele werden sowohl komplexe Wörter wie *Braunbär, Tanzbär,* als auch Nominalgruppen mit unterschiedlichen Attributformen (fett) genannt, z.B. *der* ***gute*** *Wein*; *Karl,* ***der Große***; *Wasser* ***zum Trinken*** (vgl. Abraham 1977: 156). Auf syntaktischer Ebene sind Sätze als komplex angesehen, die mindestens ein satzartiges Komplement als Bestandteil enthalten (vgl. Engel 1988: 880). Textuelle Komplexität kann auch auf der Ebene der

3 Das Konzept der globalen Komplexität greift auf Hocketts These (1958) zurück, die besagt, dass alle Sprachen der Welt hinsichtlich der Gesamtheit ihrer sprachlichen Strukturen äquivalent komplex sind (vgl. Imo/Lanwer 2017: 149). Während der Versuch, die Komplexität ganzer Sprachen zu messen, laut Fischer (2017: 46) ein „hoffnungsloses Unterfangen" darstellt, können sprachvergleichende Untersuchungen auf Phonologie-, Wortbildung- oder Morphologie-Ebene zu nachprüfbaren Aussagen führen.

Textkohäsion und Anordnung der Informationen in Erscheinung treten. Aus der Sicht des Textrezipienten lässt sich Textkomplexität am *inference load* messen (vgl. Kemper 1983), d.h. an der Anzahl der Annahmen und Schlussfolgerungen, die in Abhängigkeit von der Dichte der im Text ausgedrückten Relationen für das Textverstehen erforderlich sind (vgl. Kintsch 1988). Textkomplexität liegt nach Muhr/Seibt (1994: 10) dann vor, wenn das Bewusstsein eine Dichte von über sieben bis zehn Informationen gleichzeitig verarbeiten muss. Auf semantisch-kognitiver Ebene wird dabei der Komplexitätsgrad der sprachlichen Ausdrücke auf einer Skala gemessen, die jeweils zwischen den Polen Eindeutigkeit/Mehrdeutigkeit, Explizitheit/Implizitheit, Ikonizität/Arbitrarität, Unmarkiertheit/Markiertheit liegt. Die wahrgenommene Komplexität von Texten beim Lesen hängt aber auch von nichtsprachlichen Faktoren ab. Elemente subjektiver Komplexität, die individuell geprägt sind und das Textverstehen beim Lesen beeinflussen, stellen u.a. die jeweiligen Einstellungen, Interessen, Werte und Lesekompetenzen dar (vgl. Zakaluk/Samuels 1988; Kortmann/Szmrecsanyi 2012: 10).

Nach der textlinguistisch orientierten Lesedidaktik kann die allgemeine Lesekompetenz durch den Einsatz von didaktischen Strategien zum Aufbau von Textkompetenz, d.h. zum Verständnis darüber, wie Texte funktionieren, eingesetzt werden, um Textkompetenz aufzubauen (vgl. Fandrych 2011; Portmann-Tselikas 2000: 831).

Eine textlinguistisch orientierte Lesedidaktik, die darauf abzielt, Leseverstehen als einen bewussten Prozess der Erkennung und Visualisierung formaler und logischer Kohärenzstrukturen im Text zu vermitteln (vgl. Strohner 2006: 190–193), kann im universitären DaF-Bereich erfolgreich eingesetzt werden. DaF-Studierenden wird bewusst gemacht, dass sich Sinnkontinuität im Text aus dem Netz von Relationen ergibt, die sich zwischen einzelnen Ausdrücken und den entsprechenden Konzepten erstellen. Um dieses Ziel zu erreichen, sollten L2-Lernende – auch auf frühen Stufen ihres Spracherwerbs – mit authentischen Textexemplaren unterschiedlichster Textsorten konfrontiert werden.

Anhand gezielter Lesestrategien werden sie darin unterstützt, sich in der Komplexität des Textes zu orientieren und ihren Weg in die Vielschichtigkeit der Textkohärenz zu finden. Wie die Autorinnen dieses Buches in ihrer langjährigen Lehrtätigkeit an der Universität Pisa beobachtet haben und wie an derselben Universität auch empirisch abgesichert werden konnte (vgl. Ballestracci 2007, Corso 2022, Cosentino 2019, Träbert 2010), vermögen Studierende, die gezielt mit grammatischem Wissen und Lesestrategien ausgestattet werden, in jedem authentischen Text beliebiger Komplexität die formalen Strukturen zu erkennen und diese für den Prozess des Leseverstehens und zur Bewältigung der Textkomplexität einzusetzen.[4]

4 Unter den empirischen Studien zur mehrsprachigen Schreibkompetenz im italienischen DaF-Bereich vgl. Flinz (2018); Ricci Garotti (2018); Sorrentino (2020).

1.3 Ziel und Aufbau des Buchs

Ziel dieses Bands ist aufzuzeigen, wie ein textlinguistisches Verfahren dieser Art im Rahmen eines mehrsprachigen Ansatzes weiterentwickelt und bereichert werden kann.

Mehrsprachiges Leseverstehen intendiert hier den Prozess des Text- und Leseverstehens von komplexen deutschsprachigen Texten, bei welchem DaF-Lernende ihre Vorkenntnisse über die Funktionsweise von Texten und ihre Kompetenzen des Englischen L2 gewinnbringend einsetzen. Die fünf Hauptkapitel des Buchs (2–6) sind den jeweiligen Lerninhalten gewidmet, mit denen dieser Prozess des Text- und Leseverstehens didaktisch angeleitet werden kann, mit dem mehrfachen Ziel, die allgemeine sprachliche und kommunikative Kompetenz der DaF-Lernenden so zu festigen, dass sie von Anfang an authentische Texte unterschiedlicher Komplexität verstehen und verarbeiten können. Um dieses allgemeine Ziel zu erreichen, werden in den jeweiligen Kapiteln die Übereinstimmungen und Verschiedenartigkeiten in den Strukturen der deutschen und englischen Sprache ausfindig gemacht und unter dem Gesichtspunkt des mehrsprachigen Leseverstehens vergleichend betrachtet.

Ein Grundprinzip der textlinguistischen Forschung besagt, dass das Verstehen von Texten durch die mentale Aktivierung von Textmustern erfolgt (vgl. Heinemann/Heinemann 2002: 59–60). Textmuster werden durch soziale Konventionen der Textgestaltung erzeugt, die zum Teil die Grenzen einzelner Sprachkulturen überschreiten. Das Buch geht daher davon aus, dass sich die Gemeinsamkeiten und Unterschiede zwischen der deutschen und englischen Sprachkultur zunächst vor allem auf der Ebene der Textgestaltung beobachten lassen. Aus diesem Grund widmet sich der Band zunächst der paradigmatischen Beschreibung von textsortenspezifischen Gemeinsamkeiten deutsch- und englischsprachiger Texte.

Im anknüpfenden Kap. 2 liegt der Schwerpunkt auf der Textgestaltung, indem kurz beschrieben wird, was in der Kommunikationswelt unter Textsorten und parallelen Texten zu verstehen ist und wie deutsch-englische Paralleltexte konfiguriert sein können. Generell wird im Band vorwiegend mit Bezug auf schriftliche Texte argumentiert und durch konkrete Beispiele illustriert. Mündliche und multimediale Kommunikationsformen werden mitberücksichtigt, insofern sie schriftlich reproduzierbar sind. In Anlehnung an Petöfis Begriff der „semantischen Textologie“ (1991: 7) gilt dabei gleichzeitig als Grundvoraussetzung, dass Texte, auch solche, die einen vorwiegend verbalen Inhalt aufzeigen, semantisch-pragmatische Phänomene darstellen. Aus diesem Grund erfordert Textverstehen mehr als nur sprachliches Wissen. Im Prozess der Sinnzuschreibung beim Lesen eines Textes spielt das Weltwissen eine entscheidende Rolle.

Kap. 3 befasst sich mit den unterschiedlichen Konventionen, die die schriftliche Wiedergabe von Sprache ermöglichen, und geht dabei von der Modifikation mündlicher Äußerungen, die nach den Regeln des deutschen bzw. des englischen Sprachsystems produziert werden, zu Sprachzeichenkombinationen über, die im

Text als Worteinheiten isoliert werden können. In beiden Sprachkulturen ist Schriftlichkeit das prototypische Medium für die Gebiete der Wissensvermittlung und -ermittlung. Institutionelle Schrifttexte folgen den grammatischen und textbildenden Normen und Konventionen der allgemeinen und fachspezifischen Schriftlichkeit. Die Schriftsprache ist eine normierte Sprache. Die grammatischen und lexikalischen Normen, die für die institutionell vermittelte Schriftsprache gelten, orientieren sich an den „Regeln" einer Sprache, d.h. an ihren häufigsten Vorkommen in verschiedenen Varietäten. Alles, was normkonform ist, wird als Vergleichsinstanz betrachtet, um nicht normkonforme Verwendungen zu untersuchen – nicht um diese auszuschließen. Aus der Perspektive des fremdsprachigen Leseverstehens ist das Erkennen von Wörtern und die damit verbundene Möglichkeit, ihnen Sinn zuzuschreiben, der erste Schritt hin zu einem zumindest punktuellen Verstehen einzelner Textpassagen und Themenstränge. Wir gehen hier davon aus, dass Worterkennung durch einen mehrsprachigen Ansatz gefördert werden kann.

Als eine bedeutende Prämisse dafür gilt, dass der deutsche und der englische Wortschatz eine teilweise gemeinsame Herkunft aufweisen. Bei zahlreichen Wörtern lassen sich Ähnlichkeiten in der Schreibweise feststellen, die auf einen gemeinsamen Ursprung zurückzuführen sind. Tritt hingegen Divergenz auf, so kann dies oft auf reguläre Veränderungsmuster zurückgeführt werden. Das Wissen um diese Regelmäßigkeiten begünstigt die Worterkennung und beschleunigt das Leseverstehen. Ähnlichkeiten können auch bei der Verwendung von Affixen, in Wörtern, die aus ähnlichen Wortbildungsprozessen hervorgehen, und in Funktionswörtern ausfindig gemacht werden – wie in Kap. 4 näher erläutert wird.

Die sprachvergleichende Perspektive wendet sich dann (Kap. 5) auf die Erkennung der Funktionalität von Wörtern und Wortgruppen bis hin zu syntaktischen Strukturen, die teilweise als Ergebnis ähnlichen typologischen Verhaltens anzusehen sind.

Schließlich wird der Fokus des Sprachvergleichs auf textgrammatische Phänomene gelenkt (Kap. 6).

Das abschließende Kapitel (7) zieht ein Fazit, indem es das mehrsprachige Leseverstehen als einen Prozess der „Bewältigung von Textkomplexität" darstellt.

Dieses Buch hat zum Ziel, lexikalische und grammatische Gemeinsamkeiten (und eventuelle Hauptdivergenzen) in beiden Sprachen aufzuzeigen, die dazu dienen können, vorhandenes Wissen in Bezug auf das Englische zu aktivieren, um so die Lese- und Verstehenskompetenz in Deutsch als Fremdsprache zu fördern. Dabei wird von den mehrsprachigkeitsdidaktischen Prinzipien der bewussten Wahrnehmung und Übertragung von vergleichbarem Wortschatz und grammatischen Strukturen ausgegangen. Gleichzeitig wird angenommen, dass auch das Bewusstsein über wichtige Divergenzen zwischen den zu erlernenden Sprachsystemen einen positiven Transfer erzielen kann.

Über eine im Buch zirkulär angelegte „Text-zu-Text"-Beschreibung führt der Weg des Leseverstehens von einem ersten, annähernd globalen, über ein gezielt lokales Textverstehen zu einem umfassenden Verstehen der Textkomplexität. Der Fokus wird dabei abwechselnd auf die Lexik (Erkennung einzelner Wörter und Verstehen von Textthemen), Syntax (Erkennung des syntaktischen und semantischen Textgerüsts) und Textkohäsion (Herstellung satzübergreifender Textkohärenz) gelegt. Die jeweiligen Phänomene auf den verschiedenen Ebenen der Textstruktur – vom Graphem bis zum Text – werden in den einzelnen Kapiteln beschrieben. In jedem Kapitel wird zunächst das behandelte Phänomen eingeführt und auf synthetische Weise kontrastiv beschrieben, um dann ein didaktisches Intermezzo anzuschließen.

In ihrer Gesamtheit beabsichtigen die didaktischen Intermezzi (Kap. 2.3, 3.3., 4.3, 5.3, 6.3) und die didaktische Coda (Kap. 7.3) ein mehrsprachig orientiertes didaktisches Modell des Leseverstehens zu präsentieren, das zu einer progressiven Wahrnehmung der komplexen Vernetzung von Relationen führt, aus der Textkohärenz entsteht. Allgemeines Ziel des Modells ist, konkrete Beispiele von Lerntätigkeiten zu präsentieren, die durch die Aktivierung mehrsprachigen Textwissens und Sprachbewusstseins einen konkreten Weg in die Vielschichtigkeit der Textkohärenz und -komplexität für das Deutsch-als-L3-Leseverstehen bahnen.

Die Darstellung besteht aus insgesamt fünf Lerneinheiten, die die unterschiedlichen Inhalte der Kapitel 2–6 zum didaktischen Gegenstand haben und den Leseprozess aus einer jeweils unterschiedlich fokussierten Perspektive realisieren:

- Text als semiotischer Komplex von Zeichen (Kap. 2);
- Schrifttext als Komplex von Wörtern (Kap. 3);
- Text als Komplex von miteinander verknüpften Wortgruppen (Kap. 4);
- Text als Komplex von Sätzen (Kap. 5);
- Text als Komplex von miteinander verknüpften Zeichen (Kap. 6).

Das didaktische Modell besteht aus einem Text-zu-Text-Verfahren, das mit der Vermittlung von Strategien zur Beobachtung der Textgesamtheit beginnt und endet. In der Anfangsphase wird ein globales Verstehen durch die Beobachtung der Textgestaltung erzielt. Es handelt sich dabei um das Erfassen der kommunikativen Funktion und des allgemeinen Sinns des Textes, das vor allem oder mindestens teilweise anhand von extrasprachlichen Charakteristiken deduktiv erfolgt. Am Ende des didaktischen Vorgangs, der die formalen und logischen Relationen auf der Ebene der Textkohäsion – von den größeren bis auf die feineren – progressiv unter die Lupe nimmt und visualisiert, stehen die Wahrnehmung des Texts als komplexes Sprachgebilde und die induktive Erfassung seiner Bedeutungen. Die einzelnen Phasen des auf diese Weise didaktisch gesteuerten Verfahrens des Leseverstehens sind in Tab. 1 schematisch dargestellt.

- globales Textverstehen (Erfassen der kommunikativen Funktion und des allgemeinen Sinns eines Texts)
- selektives Textverstehen (Ermittlung von punktuellen Informationen)

- detailliertes Textverstehen (Ermittlung der Textbedeutung in ihren Einzelheiten)
- Verstehen der globalen Komplexität der Textbedeutung

Tab. 1: Didaktisch gesteuerter Prozess des Leseverstehens

Das didaktische Modell zur Förderung des mehrsprachigen Leseverstehens wird in Tab. 2 tabellarisch dargelegt.

Lerneinheit	Lerngegenstand	Teilziele/Etappen des Leseverstehens	Aufgaben
1 (Kap. 2)	Textgestaltung deutscher und englischer Texte	globales Textverstehen (Erfassen der kommunikativen Funktion und der allgemeinen Textbedeutung) ↓	Erkennen von Textsorten und -funktionen
2 (Kap. 3)	Wörter des Deutschen und des Englischen	selektives Textverstehen (Ermittlung von punktuellen Informationen) ↓	Erkennen einzelner Wörter und Wortbedeutungen
3 (Kap. 4)	Wortgruppen des Deutschen und des Englischen		Erkennen formaler und logischer Relationen zwischen Wörtern in/und zu Wortgruppen

Lerneinheit	Lerngegenstand	Teilziele/Etappen des Leseverstehens	Aufgaben
4 (Kap. 5)	Sätze des Deutschen und des Englischen	detailliertes Textverstehen (Ermittlung der Textbedeutung in ihren Einzelheiten)	Erkennen formaler und logischer Relationen zwischen Wortgruppen in ihrer Satzgliedfunktion
5 (Kap. 6)	Textkohäsive Mittel deutscher und englischsprachiger Texte	↓	Erkennen des Netzes von Relationen, die im Text zwischen einzelnen Ausdrücken und den entsprechenden Konzepten bestehen
	komplexes Textverstehen (Ermittlung der Textbedeutung in ihrer Komplexität)		

Tab. 2: Didaktisches Modell zur Förderung des Deutsch-L3-Leseverstehens

In unseren didaktischen Intermezzi, die dieses Modell als Basis haben, wird darauf verzichtet, Medien, Lernmaterialien, Sozial- und Arbeitsformen des Unterrichts zu nennen, die sich für die jeweilige Tätigkeit am besten eignen könnten. In unserer digitalen Welt wird Lesekompetenz in einem viel breiteren Medienspektrum ausgeführt als zuvor. Diese reichhaltige Medienrealität zu nutzen untersteht der Kreativität der Lehrenden. Die in den Intermezzi vorgestellten Inhalte und Aufgaben sind vor allem für Universitätsstudierende mit fortgeschrittenen Englisch-L2-Kompetenzen und Anfangskenntnissen des Deutschen L3 gedacht, können aber generell für jede Lerner:innengruppe adaptiert werden.

Der vorliegende Band entsteht aus einer langjährigen Erfahrung im DaF-Hochschulbereich. Die einzelnen Aspekte der Kapitel beruhen auf den linguistischen Beobachtungen und Überlegungen der Autorinnen, die zum Teil bereits in publizierter Form vorliegen und in dieser Arbeit näher ausgeführt werden. Um die Lesbarkeit des Textes nicht zu beeinträchtigen, wird auf jeweils punktuelle Verweise verzichtet und dafür an dieser Stelle eine allgemeine Übersicht geboten: Als Vorarbeiten für Kap. 1 gelten vor allem Foschi 2012a, 2012b, 2015, 2016; Foschi/Hepp 2011, 2014; Hepp 2016, 2017; für Kap. 2: Foschi/Hepp 2009, 2017, 2022; Hepp 2015, 2018c, 2019; Kap. 3: Foschi 2014, 2017; Foschi/Hepp 2003, 2006; Kap. 4: Foschi 2008; Foschi/Hepp 2018; Hepp 2012, 2019; Kap. 5: Foschi 2022 (zusammen mit Malloggi & Cernicchiaro); Foschi/Hepp 2019 (zusammen mit Bruti); Kap. 6: Foschi (zusammen mit Blühdorn) 2012; Hepp 2018a; Hepp 2018b, Hepp (zusammen mit Malloggi) 2020. Eine jeweils gekürzte und überarbeitete Fassung der Kap. 4 und 6 erscheint in zwei für besondere Anlässe konzipierten Sammelbänden (Foschi/Hepp im Druck; in Vorbereitung). Aus dem genannten Grund der besseren Lesbarkeit wird zudem auf eine punktuelle Quellenangabe bei den Beispielen verzichtet, wie auch die Herkunft der Belege nicht einzeln dokumentiert ist. Wenn nicht anders vermerkt, stammen alle angeführten Beispiele aus dem Internet, die meisten aus den mehrsprachigen Quellen der Übersetzerportale *Linguee* (www.Lingue.de) und *Reverso* (https://context.reverso.net/), und lassen sich durch eine Suchmaschine leicht wiederfinden. Um die Aufmerksamkeit auf die zur Diskussion stehenden grammatischen Eigenschaften zu lenken, wurden manche Belege gekürzt oder minimal bearbeitet. Bei Übersetzungsbedarf für die Erstellung deutsch-englischer Äquivalente wurde zumeist der Onlinedienst für maschinelle Übersetzung *DeepL* (www.deepl.com) in Anspruch genommen. Dabei wurden englische Übersetzungen, die zweifelhaft erschienen, nur bei positiver Beurteilung durch muttersprachliche Informant:innen aufgenommen.

Das Buchkonzept ist von beiden Autorinnen gemeinsam entwickelt worden. Dabei können schwerpunktmäßig Marina Foschi die Inhalte von Kap. 3, 5, 6, 7, Marianne Hepp diejenigen von Kap. 1, 2, 4 zugeschrieben werden.

Für die Aufnahme des Buches in die Reihe *Grundlagen Deutsch als Fremd- und Zweitsprache* bedanken wir uns beim Erich Schmidt Verlag, insbesondere bei Dr. Carina Lehnen und den Herausgeber:innen der Reihe. Christian Fandrych und Maria Thurmair gilt unser besonderer Dank für die sorgfältige Durchsicht des Manuskripts und die wertvollen Hinweise zur Weiterentwicklung und Verbesserung. Benedetta Rosi möchten wir unseren Dank für die Einrichtung des Manuskripts und die Unterstützung beim Korrekturlesen aussprechen. Dank sagen wir weiterhin Hardarik Blühdorn, Gianluca Cosentino, Patrizio Malloggi und allen Kolleginnen und Kollegen sowie Studentinnen und Studenten, denen wir im Rahmen von Tagungen, Seminaren und Lehrveranstaltungen Teile der vorliegenden Ausführungen und Textanalysen präsentieren konnten. Ihre Kommentare und kritischen Anmerkungen haben sich als wertvoll für die Ausarbeitung des Projekts erwiesen.

2 Textgestaltung

Die Annahme der Mehrsprachigkeitsforschung, wonach die Übertragung von Kompetenzen aus der L1 den Erwerb weiterer Sprachen begünstigt, lässt sich auch auf die Textkompetenz des Muttersprachlers im Hinblick auf das Verstehen fremdsprachlicher Texte übertragen.

Empirisch basierte Beschreibungen von Textsorten können ein wichtiges Instrument für sprach- und kulturvergleichende Analysen sein (vgl. Fandrych/Thurmair 2011: 15). Fremdsprachiges Lese- und Textverstehen kann durch intuitives Wissen über die Konstitution von Textsorten, das jede/r Sprachbenutzer:in besitzt, erhöht werden. Darüber hinaus kann Textsortenbewusstheit auch sprachübergreifend und durch gesteuerten Textvergleich gefördert werden (vgl. Salzmann 2018: 216 f.). Diese Art von Transferwissen lässt sich in einer Mehrsprachigkeitskonstellation Englisch L2 ↔ Deutsch L3 durch Einsatz von parallelen Texten didaktisch wirksam aktivieren und führt zu einer erhöhten Leseverstehenskompetenz in der L3.

Als Grundprinzip jedes Textverstehens gilt die Erkenntnis, dass jeglicher linguistische Akt, der eine kommunikative Funktion erfüllt, als Text realisiert wird. Texte wiederum werden als Exemplare unterschiedlicher Textsorten verwirklicht. Um das Verstehen von deutschsprachigen Texten aus mehrsprachiger Perspektive zu fördern, ist davon auszugehen, dass Texte eine „Textgestaltung“ aufweisen. Darunter verstehen wir die „gewobene“ Gesamtheit der Textstruktur, d. h. das Zusammenwirken der strukturellen Textelemente in ihrer spezifischen Anordnung mit der „konkrete[n] sprachliche[n] Ausgestaltung“ des Textes (vgl. Fandrych/Thurmair 2011: 16). Die Textgestaltung kann als die Chiffre angesehen werden, die ein konkretes Textexemplar gleichzeitig als Vertreter einer bestimmten Textsorte ausweist und erkennen lässt. Die Zugehörigkeit eines Textes zu einer bestimmten Textsorte zeigt sich, wenn das entsprechende Textmuster, d. h. die „physische Repräsentation der jeweiligen ‚Merkmalbündel‘ […], die Textsorten charakterisieren“ (Heinemann/Heinemann 2002: 136), in der Textgestaltung erkennbar wird.

2.1 Textsorten und parallele Texte

Textsorten werden als komplexe Muster sprachlicher Kommunikation verstanden, die innerhalb der historisch-gesellschaftlichen Entwicklung einer Sprachgemeinschaft entstanden sind, um deren kommunikative Bedürfnisse zu erfüllen (vgl. Brinker 2010: 120). Dadurch, dass Texte in allen Sprachen der Welt produziert werden, ergeben sich intertextuelle Vernetzungen auch zwischen Texten, die unterschiedliche Sprachkulturen unter vergleichbaren kommunikativen Bedingungen produzieren. Textsorten entsprechen konventionellen „Bildungsmustern“ (Gläser 1990: 18), die bestimmte Handlungsabsichten mit bestimmten Struktureigenschaften verknüpfen. Die Wahrnehmung der äußeren Textgestaltung ermöglicht es, ein bestimmtes Textmuster zu aktivieren und eine Hypothese über die kommunikative Funktion des Textes – als Exemplar einer bestimmten Textsorte – zu formulieren.

Wie bereits Peter Hartmann erkannt hat (1964: 8), weisen Texte gemeinsame Eigenschaften auf, die ihre jeweilige textsortenspezifische Form bestimmen. Textformende Eigenschaften können unterschiedlicher Art sein: Es geht dabei vor allem um kommunikative Funktionen, situative Bedingungen, äußere Strukturmerkmale, thematische Aspekte und besondere Sprachmittel. Merkmale wie diese sind prinzipiell relational und bedingen sich wechselseitig: So können kommunikative Funktionen nur dann erfüllt und erkannt werden, wenn Texte in einer bestimmten Weise gestaltet sind.

Was Textsorten sind, wissen Sprachbenutzer:innen aus ihrer pragmatisch-kommunikativen Erfahrung mit Texten. Sie können in der kommunikativen Praxis konkrete Texte als jeweilige Exemplare bestimmter Textsorten erkennen und teilweise auch in der gängigen Kommunikation der Fremdsprache(n) produktiv verwenden (z. B. E-Mailnachrichten, Zeitungskommentare, Talkshows, Arztrezepte, Werbeanzeigen, Gedichte).

Viele Textsorten – insbesondere kurzförmige, stark standardisierte Gebrauchstexte wie Speisekarte, Geschäftsbrief, Lebenslauf usw. – sind in der deutschen und englischen Textwelt ähnlich strukturiert. Die Betrachtung des Gesamttextes ermöglicht bei Texten dieser Art in den meisten Fällen, die kommunikative Hauptfunktion des Textes allein aufgrund der Layout-Eigenschaften zu erkennen, vor allem, wenn nicht-sprachliche Komponenten vorhanden sind, wie Bildmaterial, Diagramme, Tabellen usw. Hinzu gesellt sich deren Kongruenz mit den für die Textsorte typischen sprachlichen Mitteln.

Das intuitive Wissen über die Gestaltung von Textsorten in der Muttersprache kann das Verstehen fremder Texte auch dadurch erleichtern, dass die jeweils charakteristischen Sprachmittel in einem bestimmten Textsortenexemplar schnell erkannt werden und wichtige Anhaltspunkte für das Textverstehen liefern.

Textsortenkompetenz in der L1 kann für das Verstehen fremdsprachiger Texte nützlich sein, weil viele Sprachkulturen für viele Textsorten ähnliche Gestaltungskonventionen haben. Dadurch, dass muttersprachliche Textsortenkompetenz die globale kommunikative Absicht des Textes unmittelbar erkennen lässt und eine erste Idee über dessen kommunikativen Inhalt vermittelt, wird das Verstehen fremdsprachiger Texte erheblich entlastet.

Textsorten sind einerseits in ihrer jeweiligen Sprachkultur historisch gewachsen und damit grundlegend kulturgebunden. Andererseits greifen kulturspezifisch geprägte Züge von Textsorten über die Grenzen von Sprachgemeinschaften hinaus, was in der heutigen digital vernetzten Welt zunehmend zu beobachten ist.

Aus der kontinuierlichen enormen Produktion von unterschiedlichen Textsortenexemplaren ergibt sich eine Vielfalt an intertextuellen Bezügen auf der sprachlichen und pragmatischen Ebene, woraus Agglomerate von unterschiedlichen Text- und Textsortenmerkmalen entstehen (vgl. Jakobs 1999: 115). Wenn auch nicht alle Textsorten als universal betrachtet werden können, weisen viele Textsorten – gerade in unserer Zeit fortschreitender kultureller Globalisierung – ähnliche Konventionen der Textgestaltung auf. Textprodukte aus unterschiedlichen Sprachkulturen, die in ihrer Textgestaltung kulturübergreifende Züge offenbaren, können als Vertreter äquivalenter Textsorten angesehen werden. Textprodukte, die eine transkulturelle Textgestaltung vorweisen, werden in Anlehnung an Adamzik (1999) *parallele Texte* genannt. Es handelt sich dabei um nebeneinander hervorgebrachte mehrsprachige Exemplare der jeweils selben Textsorte zum jeweils selben Thema. Zum didaktischen Ziel der Entwicklung mehrsprachiger Textsortenbewusstheit eignen sich parallele Texte besser als übersetzte Textpaare, weil es dabei nicht um das Verstehen einzelner und detaillierter Informationselemente auf der Mikroebene geht. Die didaktische Zielsetzung ist dabei vielmehr, durch mehrsprachige Textsortenbewusstheit ein Global-, bzw. Gesamtverständnis fremdsprachiger Texte zu erreichen.

Als Beispiel für Paralleltexte kann die Textsorte Kochrezept dienen. Kochrezepte sind instruktive Texte zur Herstellung bestimmter Speisen. In der Regel sind sie so aufgebaut, dass auf die Liste der benötigten Zutaten die chronologisch geordnete Beschreibung der Herstellungsschritte folgt. Es werden nun jeweils ein deutsches und englisches Textexemplar[5] zur Vorbereitung eines Tiramisù aus Online-Kochrubriken vorgestellt und als paralleles Textpaar vergleichend betrachtet (Abb. 1–2):

5 Quellen: <https://pdf.heute-gibt.es/tiramisu/noimg>; <https://en.julskitchen.com/dessert/tiramisu-recipe-step-by-step> (letzter Zugriff: 12.12.2023).

heute gibt es...

Tiramisù

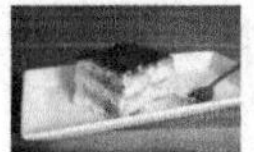

Zutaten: (Form ca. 25 x 36cm)

- 6 Eier
- 750g Mascarpone
- 225g Zucker
- 1 Fläschchen Rumaroma
- ca. 500g Löffelbiskuits (abhängig von der Auflaufform, lieber etwas mehr zur Hand haben)
- ca. 200ml Espresso (lauwarm bis kalt)
- Kakao zum Bestäuben

Zubereitung:

1. Eier trennen.
2. 6 EL des Zuckers zum Eiweiß dazugeben und zu Eischnee schlagen.
3. Den restlichen Zucker zusammen mit dem Mascarpone und dem Rumaroma zu den Eigelben geben und mit dem Handrührgerät verrühren.
4. Anschließend den Eischnee mit einem Schneebesen gut unter die Mascarpone-Masse mischen, sodass eine homogene Creme entsteht.
5. In die Form gerade so viel Creme geben, dass der Boden bedeckt ist.
6. Nun folgendermaßen Vorgehen: Einen Teil des Espressos in eine flache Schale geben.
   Tipp: Lieber etwas weniger und immer wieder nachfüllen. Dies Verringert die Gefahr, dass die Löffelbiskuits sich vollsaugen und der Tiramisù am Ende zu feucht ist.
   Die Löffelbiskuits nacheinander von jeder Seite kurz (!) in den Kaffee tauchen und nebeneinander auf die Cremeschicht legen. Ich lege die Löffelbiskuits immer mit der Zuckerseite nach oben. Dies hat keinen bestimmten Grund, aber man hat so seine Gewohnheiten...und geschadet hat es bisher nie ▯
7. Sobald die erste Lage Löffelbiskuits in der Form ausliegt, wird eine dünne Schicht Mascarponecreme mit einem Löffel darauf verteilt, bis die Kekse gerade so abgedeckt sind.
8. Es folgt eine weitere Schicht Löffelbiskuits - siehe Schritt 6. Hierbei bitte beachten, dass die Kekse in die gleiche Richtung wie die erste Schicht ausgelegt werden.
9. Zum Schluss noch eine letzte Schicht Mascarponecreme auf die Löffelbiskuits geben. Es darf hier etwas mehr sein, aber nicht übertreiben. Bei mir bleibt immer etwas übrig, sodass ich noch ein Glas oder ein Stück Tiramisù zusätzlich machen kann.
10. Den Tiramisù für etwa 3 Stunden in den Kühlschrank stellen.
11. Erst kurz vor dem Servieren mit Kakao bestreuen - da dieser sonst aufweicht - und genießen.

Abb. 1: Deutsches Beispiel eines Kochrezepts

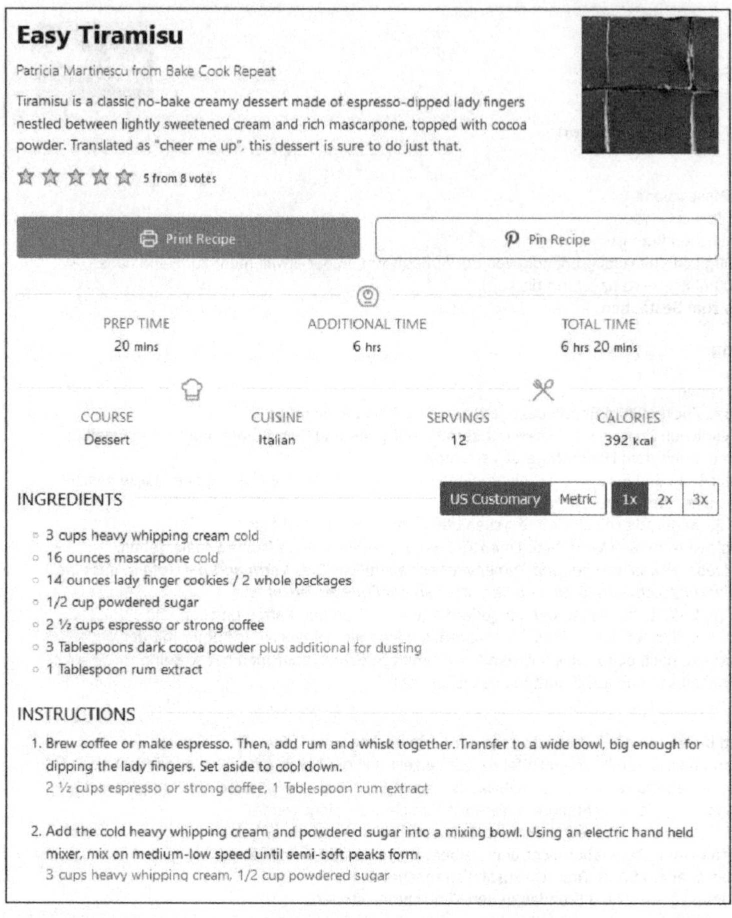

Easy Tiramisu

Patricia Martinescu from Bake Cook Repeat

Tiramisu is a classic no-bake creamy dessert made of espresso-dipped lady fingers nestled between lightly sweetened cream and rich mascarpone, topped with cocoa powder. Translated as "cheer me up", this dessert is sure to do just that.

5 from 8 votes

Print Recipe | Pin Recipe

PREP TIME	ADDITIONAL TIME	TOTAL TIME
20 mins	6 hrs	6 hrs 20 mins

COURSE	CUISINE	SERVINGS	CALORIES
Dessert	Italian	12	392 kcal

INGREDIENTS

US Customary | Metric | 1x | 2x | 3x

- 3 cups heavy whipping cream cold
- 16 ounces mascarpone cold
- 14 ounces lady finger cookies / 2 whole packages
- 1/2 cup powdered sugar
- 2 ½ cups espresso or strong coffee
- 3 Tablespoons dark cocoa powder plus additional for dusting
- 1 Tablespoon rum extract

INSTRUCTIONS

1. Brew coffee or make espresso. Then, add rum and whisk together. Transfer to a wide bowl, big enough for dipping the lady fingers. Set aside to cool down.
   2 ½ cups espresso or strong coffee, 1 Tablespoon rum extract
2. Add the cold heavy whipping cream and powdered sugar into a mixing bowl. Using an electric hand held mixer, mix on medium-low speed until semi-soft peaks form.
   3 cups heavy whipping cream, 1/2 cup powdered sugar

Abb. 2: Englisches Beispiel eines Kochrezepts

Das deutsch- und das englischsprachige Exemplar zeigen starke strukturelle Ähnlichkeiten auf. So wird gleich auf den ersten Blick die Aufteilung in zwei Haupttextblöcke ersichtlich, die mit den jeweiligen Überschriften *Zutaten/Ingredients* und *Zubereitung/Instructions* versehen sind. In beiden Fällen werden die Zutaten durch Sonderzeichen aufgelistet. Die Zubereitung wird in aufeinanderfolgenden Phasen erklärt, die jeweils eine oder mehrere Anweisungen enthalten. Die einzelnen Phasen der Zubereitung bzw. der Anweisungen sind durchnummeriert. Dieses Textmuster ist noch der schriftlichen Tradition der Kochbuchschreibung verhaftet. Heute ermöglichen die neuen Medien die filmische Dokumentation der Zubereitungsphase von Kochrezepten, was dieser kommunikativen Form eine ganz andere Gestaltung verleihen kann. Die folgenden Screenshots sind Momentaufnahmen einer jeweils deutschen und englischen Präsentation der Zubereitung von Hähnchenbrust in Tomatensauce.[6]

Hähnchenbrust in Basilikum-Tomatenrahmsoße / Sallys Welt

Abb. 3: Screenshots aus Internet-Kochportalen

Im deutschsprachigen Anweisungsfilm werden die einzelnen Zubereitungsphasen durch eine mündliche Erklärung begleitet. Im englischsprachigen dagegen erfolgt die verbale Zusatzerklärung durch Untertitel, während im Hintergrund Tecno-Music zu hören ist. Beide Möglichkeiten der multimedialen Ausdrucksweise sind in beiden Sprachen gegeben.

Die gegenwärtigen deutsch-englischen Beispiele von Kochrezepten können deutlich machen, was kulturelle Globalisierung auf der Ebene der Medialität sowie der Diskurse bedeutet. Für ihren Inhalt gilt, dass eine früher unvorstellbare Verbreitung von einst nur als Spezialitäten in bestimmten Regionen der Welt bekannten Speisen, wie z.B. *Tiramisù* oder *chicken tomato*, zum Normalfall geworden und ihre Benennung wie Zubereitung mit einem Klick auf die Tastatur in der ganzen Welt abrufbar ist.

Multimediale Textsorten tragen insgesamt eine steigende Tendenz zur internationalen Angleichung in sich. Es ist voraussehbar, dass damit die kulturspezifischen Züge mancher Textsorten zunehmend verblassen werden. In vergangenen Zeiten hatten die deutsche und die englische Esskultur weniger internationale Speisen gemeinsam und zeigten insgesamt viel ausgeprägtere kulturspezifische Züge auf. Bei allen historisch-kulturellen Unterschieden der Esskulturen sind jedoch auch alte deutsch-englische Kochrezepte als Textsorte selbst durch eine ähnliche Strukturierung charakterisiert. Auch in Kochrezepten aus früheren Zeitstufen liegen gewisse Parallelitäten vor. So weist z.B. im Vergleich zu heute die ältere Tradition der deutschen und englischen Kochrezept-Schreibung eine lockerere Textstruktur auf; die Rezepte wurden in einem weniger fachlichen, dem

6 Quellen: <https://www.youtube.com/watch?v=sGmUeCEZwZY&list=PL5w-1CurndhEd9ZSIvAXpMdxLZkCrk6Aw&index=1>; <https://www.youtube.com/watch?v=BKIVpWAUPio> (letzter Zugriff: 12.12.2023).

mündlichen Duktus näherstehenden Stil geschrieben. Dies wird im deutschen Text vor allem in der direkten Anrede durch die Du-Form deutlich:

(1a) Einen guten Quittenkäse zu machen.[7]

Nimm fünfzig Lot Zucker, läutere und koche ihn bis er spinnt. Dann tue dazu vierzig Lot Quitten, die gekocht und durchgerieben. Wie bei dem ersten Quittensaft gedacht, rühre es wohl ab, dass keine Klumpen drinnen bleiben, tue auch dazu die Schale von einer Zitrone ganz klein geschnitten und lass es miteinander kochen: Du musst es aber stets rühren, dass es nicht anbrennt: Gieß es in eine blecherne Form, so die Gestalt eines halben Käses hat, und wenn er recht erkaltet, so tue ihn aus der Form, lege ihn aufs Papier und bestreich ihn mit Zimt. Dann kannst du ihn beim Ofen trocknen, wenn du ihn gebrauchen willst, musst du ihn in Wasser warm machen.

(1b) To make a Banbury Cake.[8]

Take a peck of pure Wheat-flower, six pound of Currans, half a pound of Sugar, two pound of Butter, halfe an ounce of Cloves and Mace, a pint and a halfe of Ale-yeast, and a little Rose-water; then boyle as much new-milk as will serve to knead it, and when it is almost cold, put into it as much Sack as will thicken it, and so work it all together before a fire, pulling it two or three times in pieces, after make it up.

Wie die Beispiele (1) zeigen, bestehen ältere Kochrezepte in der Regel nur aus einem blockförmigen Hauptteil mit Überschrift. Dieser enthält die Anweisungen für die Zubereitung, deren einzelne Phasen einfach in aufeinanderfolgenden Sätzen beschrieben werden, ohne dabei eine optische Aufteilung durch getrennte Absätze und Nummerierung aufzuweisen. Die Zutaten werden nicht in einem separaten Teiltext aufgelistet.

Wie an den parallelen Beispieltexten ersichtlich wird, durchlaufen Textsorten im Allgemeinen diachrone Veränderungsprozesse. Dabei können neben Phänomenen des Sprachwandels auf der lexikalischen und grammatischen Ebene auch Veränderungsprozesse in der Textstrukturierung beobachtet werden, die vergleichbare Züge vorweisen.

Die vergleichende Lektüre von deutsch-englischen Paralleltexten kann ein verstärktes Bewusstsein darüber verschaffen, wie Exemplare bestimmter Textsorten

7 Der Kochrezept-Text stammt aus dem 1700 in Braunschweig erschienenen Kochbuch von Maria Sophia Schellhammer, welches den Titel trägt: *Der wohl-unterwiesenen Köchinn zufälliger Confect-Tisch*, abrufbar unter: <https://digital.slub-dresden.de/werkansicht/?id=5363&tx_dlf%5Bid%5D=17693&tx_dlf%5Bpage%5D=70> (letzter Zugriff: 17.07.2019). Der wiedergegebene Text wurde den gegenwärtigen Rechtschreibungsnormen angepasst, um ihn leichter lesbar zu machen.

8 Quelle: *The Compleat Cook* by W. M. (1658). Abrufbar unter: <https://en.wikisource.org/wiki/The_Compleat_Cook> (letzter Zugriff: 17.07.2019).

in beiden Sprachkulturen funktionieren. Die Fokussierung auf besondere Textmustermerkmale führt dazu, besondere Sprachmittel und ihre kommunikative Funktion zu erkennen.

So wissen Fremdsprachenlernende aus ihrer Erfahrung mit Kochrezepten der eigenen Sprachkultur beispielsweise, dass diese aus zwei Hauptteiltexten bestehen, die jeweils textsortentypische Sprachmittel erkennen lassen, z.B. Listen von Nominalgruppen mit Maßangaben im ersten Teiltext, d.h. in der Auflistung der Zutaten. Selbst bei Anfangskenntnissen des Deutschen kann der Leser oder die Leserin eines deutschsprachigen Kochrezepts durch einen Vergleich die parallelen Nominalgruppen erkennen und sich deren Bedeutung rasch und gezielt annähern. So ergibt sich etwa durch den Vergleich aus den obigen Beispieltexten eine parallel angeordnete Position der Maßangaben und Zutaten:

Deutsch	Englisch
6 **Eier**	5 free range organic **eggs**
750 **g Mascarpone**	500 **g** of **mascarpone** cheese
225 g **Zucker**	5 tablesoons of caster **sugar**
1 Fläschchen *Rumaroma*	2 tablespoon *vinsanto*
[...]	[...]
Kakao zum Bestäuben	Unsweetened **cocoa** powder to dust

Tab. 3: Struktur der Textsorte Kochrezept: Auflistung der Zutaten

Viele Wörter aus diesem thematischen Bereich sind Internationalismen (*g* als Abkürzung für *Gramm/gramm, Mascarpone/mascarpone*, *Kakao/cocoa*), aber es können im Kontext auch einige vielleicht noch nicht bekannte Wörter entziffert werden, z.B. das deutsche Wort *Eier*, enthalten in der Nominalgruppe *6 Eier*, die in der parallelen Position der englischen Nominalgruppe *5 free range organic eggs* vorkommt. Beide Nominalgruppen sind auf der jeweils ersten Position der Listen angeordnet, woraus man entnehmen kann, dass sie auf eine der wichtigsten Zutaten verweisen. Die Parallelität der Position bei den Nominalgruppen *Kakao* und *Unsweetened cocoa powder* kann zudem zum Verstehen der jeweiligen Attribute *zum Bestäuben/to dust* führen und einen Hinweis auf eine Handlungsaufforderung geben, die im Zubereitungsteil der Rezepte ausführlicher dargestellt wird.

Was diesen zweiten Teil des Rezepts angeht, weiß ein erfahrener Leser, dass die Beschreibung der Zubereitung Instruktionen entspricht. Wie im Fall von Bedienungsanleitungen kann man auch bei Kochrezepten von einer „bedingt direktiven" Textsorte reden, die eine spezifische Form der Instruktion vermittelt (vgl. Rolf 1993, in Fandrych/Thurmair 2011: 183). Dabei werden die Rezipient:innen aufgefordert, wenn sie die Speise tatsächlich zubereiten möchten, die als Instruktion angegebenen Handlungsschritte zu vollziehen. Diese Aufforderungen werden oft durch Verbformen im Imperativ oder durch Infinitivsätze ausgedrückt: Die entsprechenden Sprachmittel sind also in deutschen wie in englischen Kochrezepten erwartbar. In den obigen Textbeispielen weist das deutsche Kochrezept vor allem Infinitivstrukturen auf (z. B. *Eier trennen, 6 EL des Zuckers zum Eiweiß dazu geben*), das englische dagegen Imperativformen des Typs *Divide the egg yolks and the egg whites. Whisk the egg yolks* ... Dass durch diese unterschiedlichen Sprachmittel dieselbe Funktion ausgedrückt wird, kann durch die parallele Position im Text erkannt und nachvollzogen werden.

In den nächsten Abschnitten soll aufgezeigt werden, wie das Wissen über die ähnliche Gestaltung von deutsch-englischen parallelen Textsorten zur Förderung des Textverstehens im Bereich Deutsch nach Englisch eingesetzt werden kann.

2.2 Textgestaltung von deutsch-englischen Paralleltexten

Textsortenkompetenz führt also auch bei fremdsprachigen Texten zu einem ersten globalen Verstehen des Textes. Sie hilft außerdem, bestimmte sprachliche Strukturen zu lokalisieren, die für ein tieferes Textverstehen unerlässlich sind. Solch eine Textsortenkompetenz kann besonders gut wirken, wenn Sprachkulturen sehr nahe beieinander liegen und ihre Sprachsysteme verwandt sind, wie es bei Deutsch und Englisch der Fall ist.

Im Laufe der tausendjährigen europäischen Geschichte haben die deutsche und die englische Sprachgemeinschaft ähnliche kulturelle Züge entwickelt, gemeinsame gesellschaftliche Werte praktiziert und ähnliche Gesellschaftssysteme aufgebaut. Ihre Lebensstile, Denkmuster, Ideen und Werte können als vergleichbar angesehen werden. Es ist deshalb anzunehmen, dass sie unter ähnlichen situativen Bedingungen äquivalente Textsorten entwickelt haben, um dieselben kommunikativen Funktionen zu erfüllen, die transkulturell gültige Textmuster zeigen.

Aus den kulturellen Affinitäten der deutschen und englischen Sprachgemeinschaften entstehen fortlaufend Textprodukte, die eine ähnliche Textgestaltung aufweisen und sich auch auf der diachronen Ebene aufgrund von vergleichbaren sozialen und technischen Entwicklungsprozessen verändern. So können deutsch-englische Paralleltexte in Exemplaren von unterschiedlichsten Textsorten und in unterschiedlichen Zeitstufen vorgefunden werden. Ihre strukturellen Affinitäten zeigen sich sowohl in der äußeren Struktur als auch in der thematischen Aufteilung und auf der Ebene der Sprachmittel und des Sprachstils.

Als ein eingängiges Beispiel deutsch-englischer äquivalenter Textsorten können parallele Artikel der Online-Enzyklopädie Wikipedia angesehen werden. Die auffälligste Besonderheit dieser Enzyklopädie liegt nicht so sehr in der Artikelstruktur, welche sich von derjenigen einer gedruckten Enzyklopädie nicht grundlegend unterscheidet (vgl. Fandrych-Thurmair 2011: 107), als vielmehr in ihrer mehrsprachigen Anlage: Bei den Wikipedia-Einträgen liegen parallel in unterschiedlichen Sprachen entstandene enzyklopädische Einträge zum selben Thema vor. Von den zahlreichen unterschiedlichen Sprachversionen der „freien Enzyklopädie" Wikipedia stellen die englische und die deutsche mit ihren 5.892.000 bzw. 2.323.000 Artikeln zwei der umfangreichsten dar.[9] Paralleltexte auf Deutsch und zugleich auf Englisch sind also in großer Zahl vorhanden – was nicht für alle in der Wikipedia-Enzyklopädie repräsentierten Sprachen der Fall ist. Die Textgestaltung von deutsch-englischen Einträgen zeigt eine deutliche Gleichförmigkeit auf. Ein erstes auffälliges Element ist die links angeordnete Spalte, die das Wikipedia-Logo mit dem Weltglobus und das Navigationsmenü enthält. In den einzelnen Einträgen widerspiegeln sich äquivalente Textbausteine, wie Titel, Fließtext, Zwischentitel, Inhaltsverzeichnis, Abbildungen mit Bildtext, Quellenangaben. Das Vorliegen eines erkennbaren Textmusters dieser Art zeigt sich beispielhaft an den folgenden Texten zum Lemma *George Lewis*.[10]

Abb. 4: Wikipedia-Artikel deutsch zu *George Lewis*

9 Vgl. die Wikipedia-Statistik <Wikipedia-Statistik – Tables – Anzahl Artikel (offiziell) (wikimedia.org)> (letzter Zugriff: 21.01.2024). Letzte verfügbare Statistik 31.01.2019.

10 Quellen: <https://de.wikipedia.org/wiki/George_Lewis_(Klarinettist)>; <https://en.wikipedia.org/wiki/George_Lewis_(clarinetist)> (letzter Zugriff: 12.12.2023).

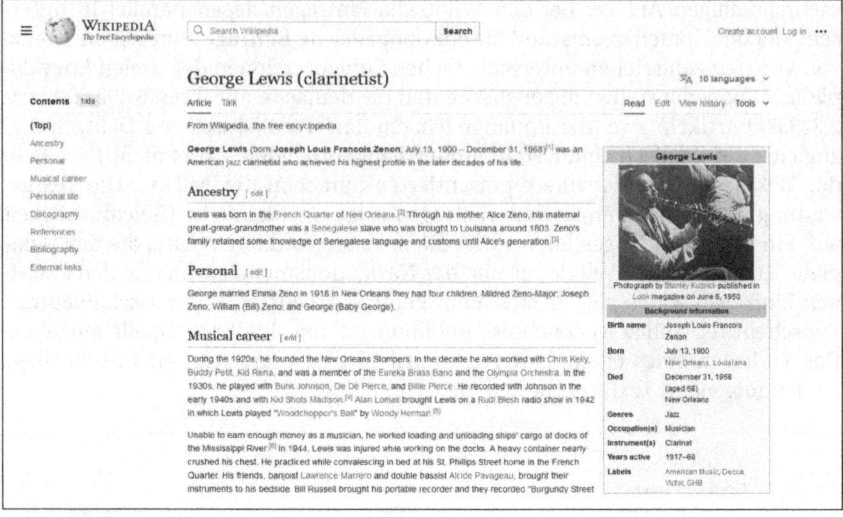

Wikipedia
The Free Encyclopedia
Search Wikipedia Search
Create account Log in

George Lewis (clarinetist)

10 languages

Contents hide
(Top)
Ancestry
Personal
Musical career
Personal life
Discography
References
Bibliography
External links

Article Talk
Read Edit View history Tools

From Wikipedia, the free encyclopedia

George Lewis (born **Joseph Louis Francois Zenon**; July 13, 1900 – December 31, 1968)[1] was an American jazz clarinetist who achieved his highest profile in the later decades of his life.

Ancestry [edit]

Lewis was born in the French Quarter of New Orleans.[2] Through his mother, Alice Zeno, his maternal great-great-grandmother was a Senegalese slave who was brought to Louisiana around 1803. Zeno's family retained some knowledge of Senegalese language and customs until Alice's generation.[3]

Personal [edit]

George married Emma Zeno in 1918 in New Orleans they had four children, Mildred Zeno-Major; Joseph Zeno; William (Bill) Zeno; and George (Baby George).

Musical career [edit]

During the 1920s, he founded the New Orleans Stompers. In the decade he also worked with Chris Kelly, Buddy Petit, Kid Rena, and was a member of the Eureka Brass Band and the Olympia Orchestra. In the 1930s, he played with Bunk Johnson, De De Pierce, and Billie Pierce. He recorded with Johnson in the early 1940s and with Kid Shots Madison.[4] Alan Lomax brought Lewis on a Rudi Blesh radio show in 1942 in which Lewis played "Woodchopper's Ball" by Woody Herman.[5]

Unable to earn enough money as a musician, he worked loading and unloading ships' cargo at docks of the Mississippi River.[6] In 1944, Lewis was injured while working on the docks. A heavy container nearly crushed his chest. He practiced while convalescing in bed at his St. Phillips Street home in the French Quarter. His friends, banjoist Lawrence Marrero and double bassist Alcide Pavageau, brought their instruments to his bedside. Bill Russell brought his portable recorder and they recorded "Burgundy Street

George Lewis

Photograph by Stanley Kubrick published in Look magazine on June 6, 1950

Background information	
Birth name	Joseph Louis Francois Zenon
Born	July 13, 1900 New Orleans, Louisiana
Died	December 31, 1968 (aged 68) New Orleans
Genres	Jazz
Occupation(s)	Musician
Instrument(s)	Clarinet
Years active	1917–68
Labels	American Music, Decca, Victor, GHB

Abb. 5: Wikipedia-Artikel englisch zu *George Lewis*

Auch Zeitungsnachrichten weisen in den beiden Sprachkulturen eine vergleichbare Textgestaltung auf. Diese Ähnlichkeit widerspiegelt sich zum einen im musterhaften Vorkommen der Teiltexte (Dachzeile, Titel, Schlagzeile, Abbildung, Bildtext, Fließtext/Haupttext, Zwischenüberschrift, Quellenangabe/Autornennung). Zum anderen findet sich die typische thematische Struktur der angloamerikanischen Tradition, die Antworten auf die W-Fragen *wer, wo, was wann, warum* gibt, in der deutschen Tradition der Presseschreibung wieder. Traditionsgemäß sind die Antworten auf die ersten vier Fragen im Leadsatz enthalten, die Antwort auf das *warum* und weitere detailliertere Angaben über das Berichtete dagegen erst im Rest des Artikels. Beispiele:

Frankfurter Allgemeine

HERAUSGEGEBEN VON GERALD BRAUNBERGER, JÜRGEN KAUBE, CARSTEN KNOP, BERTHOLD KOHLER

TENNIS-IKONE

Wie Roger Federer zum erfolgreichen Unternehmer wurde

VON JOHANNES RITTER, ZÜRICH - AKTUALISIERT AM 15.07.2019 - 18:59

Roger Federer zählt zu den Spitzenverdienern in der Welt. Daran ändert auch die Niederlage in Wimbledon nichts: Denn so erfolgreich wie auf dem Platz ist der Schweizer auch in geschäftlichen Dingen.

Es war eine seiner bittersten Niederlagen. Nach einem fast fünfstündigen Kampf verlor Roger Federer am Sonntag das Tennis-Finale von Wimbledon gegen Novak Djokovic. Die Enttäuschung darüber war dem Schweizer ins Gesicht geschrieben. Im fünften und entscheidenden Satz hatte er zwei Matchbälle – und vergab sie. Trotzdem war Federer kurz nach dem Spiel schon wieder zum Scherzen aufgelegt. Er witzelte darüber, wie wohl seine Kinder auf den silbernen Teller reagieren würden, den Federer als Trophäe für Platz 2 in den Händen hielt. „Sie werden keine Freude an dem Teller haben. Sie

Johannes Ritter

Korrespondent für Politik und Wirtschaft in der Schweiz.

Folgen

Abb. 6: Anfangsteil eines Artikels aus der *FAZ online* vom 15.07.2019

The Washington Post
Democracy Dies in Darkness

TENNIS

Novak Djokovic beats Roger Federer in marathon fifth set to win second straight Wimbledon title

By Liz Clarke and Ava Wallace
July 14, 2019 at 5:33 p.m. EDT

Novak Djokovic celebrates championship point after claiming his second straight Wimbledon title. (Clive Brunskill/Getty Images)

Share Comment 261 Save

By Liz Clarke in Wimbledon, England

Novak Djokovic may not have been the better player from first ball to last in Sunday's Wimbledon final.

But he summoned nerves of steel when it mattered most, blasting the shots, avoiding the costly errors and saving the two match points required to defeat eight-time Wimbledon champion Roger Federer, who

Abb. 7: Anfangsteil eines Artikels aus der *Washington Post online* vom 14.07.2019

Ein Vergleich der beiden Textexemplare lässt auf den ersten Blick eine sehr ähnliche Textgestaltung erkennen. Beide Paralleltexte enthalten dieselben wichtigsten Textbausteine, eine Dachzeile (dt. *Tennis-Ikone*, engl. *Tennis*), einen Haupttitel, eine Autorenangabe, eine Abbildung mit Bildtext, den Beginn eines Fließtextes. Beide Textbeispiele folgen auf parallele Weise dem Lead-and-Body-Prinzip (vgl. Pöttker 2003: 425), d.h. sie sind nach dem Prinzip der Zeitungspyramide der abnehmenden Wichtigkeit aufgebaut, vermitteln den Informationskern zuerst im Teil des Leads, der über dem größeren Beitrag angeordnet ist, und gehen dann im Fließtext selbst immer weiter ins (unwichtigere) Detail. Dieses strukturelle Prinzip erfüllt die kommunikativ-pragmatische Funktion, die Informationsaufteilung regulär zu gestalten. Ein/e kompetente/r Zeitungsleser:in weiß darüber Bescheid und kann dieses Wissen auch beim Lesen fremdsprachiger Texte einsetzen. Das Funktionieren der pyramidenförmigen Informationsverteilung in Zeitungstexten widerspiegelt sich gleichermaßen in den beiden Textbeispielen:

Teiltext	**Handlungsabsicht**	**deutscher Zeitungsartikel**	**englischer Zeitungsartikel**
Dachzeile	Hinweis auf den Themenbereich	Tennis-Ikone	Tennis
Lead	Vermittlung der textuellen Hauptinformation	Wie Roger Federer zum erfolgreichen Unternehmer wurde	Novak Djokovic beats Roger Federer in marathon fifth set to win second straight Wimbledon title
		Roger Federer zählt zu den Spitzenverdienern in der Welt. Daran ändert auch die Niederlage in Wimbledon nichts: Denn so erfolgreich wie auf dem Platz ist der Schweizer auch in geschäftlichen Dingen.	

Tab. 4: Pyramidenförmige Informationsverteilung in den deutsch-englischen Textbeispielen

Beide Texte weisen zudem einen symmetrischen Aufbau durch die für Zeitungstexte typische W-Fragen-Struktur auf, wie tabellarisch gezeigt wird. Es werden Antworten auf die vier wichtigsten W-Fragen gegeben, anhand der Informationen, die beiden Artikeln entnommen werden können:

W-Fragen	deutscher Zeitungsartikel	englischer Zeitungsartikel
Wer?	Roger Federer	Novak Djokovic & Roger Federer
Wo?	Wimbledon	Wimbledon
Was?	Federer ist einer der erfolgreichsten Unternehmer der Welt, obwohl er in Wimbledon nicht erfolgreich war	Djokovic gewinnt gegen Federer
Wann?	beim Tennis-Finale am Sonntag 14. Juli 2019	beim Tennis-Finale am Sonntag 14. Juli 2019

Tab. 5: Antworten auf W-Fragen in den deutsch-englischen Textbeispielen

Textsortenbewusste Leser:innen können gezielt nach dem Teiltext suchen, der ihres Wissens nach den höchsten Informationsgehalt trägt, um sich zuvorderst auf eine Sinnentnahme aus diesem Teiltext zu konzentrieren. Im Fall von Zeitungstexten handelt es sich dabei, wie bereits angedeutet, um das Lead. Das Lead präsentiert vorab die wichtigsten Angaben zum Inhalt der Zeitungsnachricht. Zeitungsleser:innen aus einer Sprachkultur *x*, die mit dieser Textsortenspezifik der angelsächsischen Presse vertraut sind, wissen gleichzeitig, in welchem Teil einer deutschen Zeitungsnachricht die wichtigsten Informationen zu finden sind. Diese Teile werden zudem in der Pressepraxis meist auch optisch hervorgehoben, durch Schriftgröße, Fettschrift (wie in unseren Beispielen) und weitere Markierungen:

Wie Roger Federer zum erfolgreichen Unternehmer wurde **Roger Federer zählt zu den Spitzenverdienern in der Welt. Daran ändert auch die Niederlage in Wimbledon nichts: Denn so erfolgreich wie auf dem Platz ist der Schweizer auch in geschäftlichen Dingen.**	**Novak Djokovic beats Roger Federer in marathon fifth set to win second straight Wimbledon title**

Tab. 6: Das Lead der in Abb. 6 und 7 wiedergegebenen Artikel

Die aufmerksame Beobachtung der Textgestaltung führt Studierenden dazu, die jeweils wichtigste Textfunktion in parallelen Texten zu erkennen. In einem weiteren Schritt werden die Sprachmittel ausfindig gemacht, die sich den jeweiligen Textfunktionen zuordnen lassen. Dabei können bereits erworbene textlinguistische Kenntnisse über die Funktionalität von Textsorten und textsortenspezifische Sprachmittel unterstützend wirken. Bei Zeitungsartikeln führt dies etwa zur Suche nach dem Verbmodus. Zu erwarten ist dabei, dass Informationen vor allem durch Aussagen mit Verbformen im Modus Indikativ ausgedrückt werden.

2.3 Didaktisches Intermezzo

Lerngegenstand	Teilziel	Aufgaben
• Textgestaltung deutscher und englischer Texte	• globales Textverstehen (Erfassen der kommunikativen Funktion und der allgemeinen Textbedeutung) • Einführung in das selektive Textverstehen	• Erkennen von Textsorten und -funktionen • Unterstreichung von ikonischen Zeichen • Herstellung von Hypothesen mit Bezug auf ihre kontextuelle Bedeutung

Wie einige empirische Studien an der Universität Pisa zu zeigen vermochten (vgl. Ballestracci 2009, Cosentino 2012, Malloggi 2012), kann Bewusstsein darüber, wie Texte gestaltet sind und welche Informationen ihnen entnommen werden können, bereits in frühen Phasen des Fremdsprachenerwerbs systematisch aufgebaut werden. Ein Unterrichtsmodell, das darauf hinzielt, eine allgemeine Orientierung in der Textkonstitution zu entwickeln und die Hauptfunktion und allgemeine Bedeutung des Textes erkennen zu lassen, kann auf der muttersprachlichen Textkompetenzen der Lernenden gründen. Dass ein didaktischer Ansatz mit Verwendung von ähnlich gestalteten deutsch-englischen Paralleltexten für Deutsch L3- nach Englisch L2-Lernende insgesamt gewinnbringend ist, konnte ebenfalls erprobt und nachgewiesen werden (u. a. Malloggi 2020). Der Mehrwert des Einsatzes von mehrsprachigen Paralleltexten im Rahmen der Didaktik von Deutsch L3 nach Englisch L2 besteht darin, dass auch bei beginnenden DaF-Lernenden ein verstärktes Textsortenbewusstsein entsteht, das ihnen über das globale Textverstehen hinaus ein selektives Verstehen bestimmter Textteile ermöglicht.

Eine erste Zielsetzung für die Einstiegsphase in eine mehrsprachige Lern-Lehr-Einheit zur Textgestaltung kann darin bestehen, die intuitiven, muttersprachlichen Kenntnisse über Textsorten zu aktivieren. Dies wird besonders anschaulich, wenn ein Text betrachtet wird, der aus der L1-Perspektive der Lernenden sehr fremd erscheinen kann, z. B. ein chinesischer Text für Lernende mit einer europäischen Sprache als L1 und umgekehrt. Bei dieser Vorgehensweise sollte das ausgewählte Textexemplar textsortentypisch so gestaltet sein, dass die meisten Elemente seiner Struktur ikonischer Natur und daher allgemein bekannt sind. Ein Beispiel hierfür ist der Text in Abb. 8, der leicht als Kalender auszumachen ist, selbst für diejenigen, die weder die chinesische Sprache noch die chinesischen Schriftzeichen kennen. Auch die kommunikative Hauptfunktion des Textes, einen Überblick über die Monate, Wochen und Tage eines Jahres (in diesem Fall des Jahres 2023) zu geben, dürfte leicht zu erkennen sein, obwohl der Text selbst keinen Aufschluss darüber gibt, wie die chinesischen Bezeichnungen für die 12 Monate lauten.

Abb. 8: Kalender für das Jahr 2023 in chinesischer Schrift[11]

Nach einer Einstiegsphase dieser Art folgt die eigentliche Erarbeitungsphase der Lern-Lehr-Einheit zum Thema der Textgestaltung. Für diese kommen vorzugsweise authentische Paralleltexte in Frage, d.h. für ein muttersprachliches Lesepublikum bestimmte, nicht vereinfachte Texte. Am besten eignen sich Exemplare von Textsorten, die weitgehend standardisiert sind und vergleichbare Strukturmerkmale in allen in Betracht gezogenen Sprachkulturen enthalten.

Bei dem hier gewählten Beispiel handelt es sich um zwei Nachrichten zu ein- und demselben Tagesgeschehen, die zeitgleich in deutsch- und englischsprachigen Online-Nachrichtenagenturen erschienen sind: Der deutsche Text (Abb. 9) entspricht dem ersten Teil seiner pdf-Version, die online zum Download zur Verfügung steht. Der englischsprachige Text (Abb. 10) ist ein Screenshot der ersten Seite seiner online-Version.

11 Quelle: <https://stock.adobe.com> Nr. 494076495, (c) EvgeniyBobrov/stock.adobe.com (letzter Zugriff: 19.12.2023).

tagesschau

COP28

Worum es bei der Klimakonferenz geht

Stand: 30.11.2023 06:21 Uhr

Rund 70.000 Teilnehmer, 13 Tage - ein umfassendes Thema. In Dubai beginnt heute die COP28, die diesjährige UN-Klimakonferenz. Worum geht es bei den Beratungen konkret - und wie sind die Aussichten auf Erfolg?

Es ist nicht hoffnungslos, argumentiert Bundesaußenministerin Annalena Baerbock, gestützt auf viele Studien. Die Klimakonferenzen hätten die Erderwärmung immerhin eingedämmt, den erwartbaren Anstieg "von einem Temperaturpfad von damals fast vier Grad auf jetzt etwa 2,5 Grad" gesenkt.

Trotzdem: Die weltweite Bestandsaufnahme, die diesmal im Mittelpunkt der Verhandlungen steht, hat ein einfach ernüchterndes Ergebnis gebracht, sagt Niklas Höhne vom NewClimate Institute. "Und das ist, glaube ich, die Hauptnachricht dieses 'Global Stocktakes' - dass es sehr, sehr, sehr eng wird. Und wenn wir nicht sofort nachsteuern, dann können wir die Ziele, die wir uns alle im Pariser Klimaschutzabkommen gesetzt haben, einfach überhaupt nicht mehr erreichen."

Kein Land kann zu etwas gezwungen werden

Eigentlich, sagt er, müssten die fast 200 Staaten in Dubai sofort reagieren. Aber das ist extrem unwahrscheinlich. Die UN-Konferenz kann keinen der Vertragspartner einfach zu etwas zwingen, denn es gilt das Einstimmigkeitsprinzip. Sie kann nur eine allgemeine Messlatte formulieren.

Hauptstreitpunkt: Wie deutlich wird der Ausstieg aus den fossilen Energien - aus Kohle, Öl und Gas - gefordert? Wahrscheinlich sind eher weiche Formulierungen. Da dämpft der kommende Konferenz-Präsident dieser Runde, Sultan Ahmed al-Jaber, die Erwartungen. Er ist im Hauptberuf nämlich auch Chef des staatlichen Ölmultis der Vereinigten Arabischen Emirate.

Abb. 9: Anfangsteil einer Nachricht der *Tagesschau* vom 30.11.2023[12]

12 Quelle: <https://www.tagesschau.de/wissen/klima/cop28-104.html> (letzter Zugriff: 19.12.2023).

COP28 Opens in Dubai with Calls for Accelerated Action, Higher Ambition Against the Escalating Climate Crisis

29 November 2023

UN Climate Press Release

Share the article

Home | COP 28 | Process and meetings | Topics | Calendar | Climate action | Documents and decisions | About us | News

UN Climate Change News, Dubai, United Arab Emirates, 29 November 2023 – The United Nations Climate Change Conference COP28 will open tomorrow with a resounding call to accelerate collective climate action. The conference takes place in what is already known to be the hottest year ever recorded in human history and as the impacts of the climate crisis wreak unprecedented havoc on human life and livelihoods around the world.

COP28 in Dubai, United Arab Emirates (UAE), from 30 November to 12 December 2023, is a decisive moment to act on climate commitments and prevent the worst impacts of climate change. UAE has the presidency for COP28, with Dr Sultan Al Jaber as this year's president.

This year's COP marks the conclusion of the "global stocktake", the first assessment of global progress in implementing the 2015 Paris Agreement. The findings are stark: the world is not on track to limiting temperature rise to 1.5°C by the end of this century. It does recognize that countries are developing plans for a net-zero future, and the shift to clean energy is gathering speed, but it makes clear that the transition is nowhere near fast enough yet to limit warming within the current ambitions.

A report recently published by UN Climate Change shows that national climate action plans (known as nationally determined contributions, or 'NDCs') would collectively lower greenhouse gas emissions to 2% below 2019 levels by 2030, while the science is clear that a 43% reduction is needed.

The global stocktake must be a catalyst for greater ambition in meeting the Paris Agreement's goals as nations prepare to submit revised national climate action plans by 2025. It lays out actions on how to accelerate emissions cuts, strengthen resilience to climate impacts, and provide the support and finance needed for the transformation.

Abb. 10: Screenshot einer Nachricht des *UN Climate Presse Release* vom 29.11.2023[13]

In einer ersten Bearbeitungsphase werden die Lernenden dazu angehalten, ihre Aufmerksamkeit ausschließlich auf die äußere Gestalt der beiden Texte zu lenken und ihre formalen Ähnlichkeiten zu vergleichen. Es sollte dabei sofort ersichtlich werden – darauf kann durch gezielte Fragen hingelenkt werden –, dass beide Texte zur Typologie der Online-Nachrichten gehören. Als Zeichen

13 Quelle: https://unfccc.int/news/cop28-opens-in-dubai-with-calls-for-accelerated-action-higher-ambition-against-the-escalating.

dafür gelten: das breite, zentrierte Bild; die einschlägige textsortenspezifische Bezeichnung (deutsch: *Tagesschau*; englisch: *UN Climate Press Release*); die Struktur von Titel + Haupttext; das Datum. Auffällig in beiden Texten ist das Vorhandensein der Abkürzung *COP28* an prominenten Stellen der Textstruktur. Um diese Sigle als ***C**onference **o**f the **P**arties to the United Nations Framework Convention on Climate Change* (28. Edition) korrekt aufzulösen, wird Vorwissen benötigt – das entweder schon vorhanden ist oder schnell im Internet angeeignet werden kann. Erste Beobachtungen dieser Art können bereits genügen, um grundlegende Erkenntnisse über das Textthema und seine Textfunktion zu gewinnen: Beide Texte handeln von der COP28 und liefern aktuelle Informationen zum Thema. Ein globales Verständnis als erster Schritt ist erzielt.

In der folgenden Bearbeitungsphase werden die Lernenden darauf hingewiesen, dass sie anhand der beiden thematisch ähnlichen Texte Informationen über das Geschehen erhalten können. Dabei wird angenommen, dass der englischsprachige Text für DaF-Anfangslernende leichter verständlich ist und ihnen dabei helfen kann, sich im deutschen Text zu orientieren und ihn selektiv zu erfassen.

Die entsprechende Übung besteht darin, einzelne Informationen im englischen Text herauszufiltern, um bestimmte Stellen im deutschen Text, die ähnliche Formulierungen enthalten, besser verstehen zu können. Für Anfangslernende stellen vor allem ikonische und international gebräuchliche Zeichen (wie z. B. arabische Zahlen) wichtige Anhaltspunkte für ein inferentiell gesteuertes Textverstehen dar. So sind im deutschen Beispieltext z. B. mehrere Zahlen vorhanden. Sie können hervorgehoben – wie in Abb. 11 exemplarisch gezeigt – und mit den englischsprachigen Textstellen korreliert werden, in denen ähnliche Zeichen vorkommen. Auf diese Weise können Hypothesen über den semantischen Wert ihrer jeweiligen Kontexte aufgestellt werden. Dieser Vorgang wird in Tab. 7 schematisch dargelegt.

COP28

Worum es bei der Klimakonferenz geht

Stand: 30.11.2023 06:21 Uhr

Rund 70.000 Teilnehmer, 13 Tage - ein umfassendes Thema. In Dubai beginnt heute die COP28, die diesjährige UN-Klimakonferenz. Worum geht es bei den Beratungen konkret - und wie sind die Aussichten auf Erfolg?

ist nicht hoffnungslos, argumentiert Bundesaußenministerin Annalena Baerbock, gestützt auf viele Studien. Die Klimakonferenzen hätten die Erderwärmung immerhin eingedämmt, den erwartbaren Anstieg "von einem Temperaturpfad von damals fast vier Grad auf jetzt etwa 2,5 Grad" gesenkt.

Abb. 11: Unterstreichung von Zahlen im deutschen Text

Zahlen im deutschen Text	Informationen aus dem englischen Text	Deduktionen zur Erfassung des deutschen Textes
30.11.2023 06: 21 (Uhr)	*COP28 will open tomorrow* (= am 30.11.2023, denn der Artikel trägt das Datum 29.11.2023)	Am 30.11.2023 öffnet die COP28. Mit Bezug darauf ist im deutschen Text eine ähnliche Formulierung enthalten: in Dubai beginnt heute die COP28, deren wortwörtliche Bedeutung (die Bedeutung von *heute* als ‚am gegenwärtigen Tag') leicht zu erschließen ist.
13 (Tage)	*COP28 in Dubai, United Arab Emirates (UAE) from 30 November to 12 December 2023*	Der Zeitraum 30.11.–12.12. umfasst genau 13 Tage. Das Wort *Tage* wird sich also auf die allgemeingebräuchliche Zeitspanne von 24 Stunden und zusammen mit der Zahl 13 auf die Dauer der COP28 beziehen.
2,5 (Grad)	*the world is not on track to limiting temperature to rise to 1.5° by the end of this century*	Die Äquivalenz zwischen den beiden Chiffren 2,5 (deutsch) und 1.5 (englisch) ist nicht evident, dennoch nicht schwer zu erschließen: In beiden Fällen handelt es sich um Hinweise auf Temperaturen, was das Zeichen ° für *Grad* im englischen Text deutlich macht. Die Rekonstruktion der Bedeutung der entsprechenden Stelle im deutschen Text kann daran anschließen.

Tab. 7: Selektives Textverstehen in Kontexten von Zahlen durch Korrelation mit englischsprachigen Textstellen

Über die im deutschen Text vorkommende Zahl *70.000* gibt der englische Text keine möglichen Auskünfte. Die Bedeutung des links vorkommenden Worts *rund* kann mit englisch *around* in Verbindung gesetzt und dadurch verstanden werden. Die Bedeutung des Worts *Teilnehmer*, auf die sich die Zahl bezieht, kann nur aus dem allgemeinen Kontext erschlossen werden. Dabei ist wichtig, dass der deutsche Kontext durch die Informationen, die im englischsprachigen Text vermittelt werden, mindestens teilweise klargestellt wird.

Durch den didaktischen Einsatz von deutsch- und englischsprachigen Paralleltexten wird kulturelles Vorwissen aktiviert, welches mit inferentiellem Leseverstehen in Verbindung gebracht werden kann. Durch Aufgaben dieser Art erhalten Studierende das Bewusstsein darüber, dass sie über eine Textsortenkompetenz verfügen, die sie aktivieren können. Die didaktische Überlegung bei einem Einsatz von mehrsprachigen Exemplaren derselben Textsorte ist, dass der wesentliche Informationsgehalt des deutschsprachigen Textes auch in frühen Phasen des Fremdspracherwerbs erfasst werden kann. Dieses erste Globalverständnis über den Informationsgehalt entlastet das Verstehen auf der textuellen Mikroebene.

Ein mehrsprachiger Ansatz auf der Basis von deutsch-englischen Paralleltexten wurde erfolgreich mit italienischen L1-Studierenden (Deutschkenntnisse auf dem Niveau B2) eines Bachelor-Studiengangs Moderne Sprach- und Literaturwissenschaften erprobt. Ein Bericht darüber (Salzmann 2018) illustriert den didaktischen Vorgang, der auch für weitere Lernergruppen und Textsorten übertragen werden kann: Den Lernenden werden mehrsprachige Exemplare derselben Textsorte zum selben Thema präsentiert, um zu testen, ob und auf welche Weise das textuelle Gesamtverständnis durch mehrsprachige Textsortenbewusstheit beeinflusst wird. So werden den Lernenden beispielsweise dreisprachige (deutsch-englisch-italienische) parallele Orientierungstexte zur Stadt Wien aus dem Online-Reiseführer *Lonely Planet* vorgelegt. Die Hauptfunktion der Orientierungstexte als Untertypologie der Textsorte Reiseführer besteht nach Fandrych/Thurmair (2011: 55–56) darin, eine Übersicht über touristisch besonders attraktive Aspekte des Reiseziels zu liefern und erste Auskünfte für die Planung der Reise zu vermitteln. Die Lernenden werden vor die Aufgabe gestellt, das Textmuster und die jeweils wichtigste Textfunktion zu erkennen. Dazu verhilft ihnen die äußere Textstruktur: Beim Reiseführer genügt der Blick auf die Titel (*Vienna – Vienna is imperial history – Willkommen in Österreich/Wien*), der durch einen Blick in den Kerntext bestätigt wird. Im Test werden ihnen alle drei Exemplare gleichzeitig ausgeteilt. Wie ihre (schriftlich vorgelegten) Antworten beweisen, waren alle Studierenden in der Lage, die Haupttextfunktion der Texte zu erkennen. Es handelt sich um die Appellfunktion, die hier darin besteht, Textrezipient:innen für eine Reise in die Stadt Wien zu gewinnen. Die auszugsweise wiedergegebene Antwort einer Studentin vermag dies zu verdeutlichen:

> Die drei Texte sind Reiseführer und man versteht das von verschiedenen Merkmalen. Erstens wird die Stadt nur positiv beschrieben und zweitens findet man in den Texten die Appellfunktion. Der Autor will die Meinung des Lesers beeinflussen und er will ihn auch die Stadt zu besuchen überzeugen (aus Salzmann 2018: 271).

Die Auswertung des Lesetests ergab, dass der Einsatz von Paralleltexten für italophone Lernende von Deutsch nach Englisch im Allgemeinen zu einer potenzierten Textsortenkompetenz und einer verstärkten Leseverstehenskompetenz in Deutsch L3 führen kann. Die Studierenden konnten die Hauptinhalte der deutschsprachigen Texte aufgrund ihrer intuitiven Textsortenkompetenz und des Textvergleichs wesentlich nachvollziehen. Sie informierten sich über das Thema durch die beiden Paralleltexte in ihrer L1 oder L2. Das Deutsch-L3-Leseverstehen erfolgte ohne Wörterbuch und keiner der Studierenden stellte während des Lesetests Fragen zur Bedeutung eines Wortes, wie es bei Fremdtextbearbeitungen oft der Fall ist.

Es ist naheliegend, dass die didaktische Übung der Suche und Erkennung von spezifischen Sprachmitteln in deutsch-englischen Paralleltexten nicht nur das Leseverstehen, sondern auch weitere Sprachkompetenzen fördern kann, wie beispielsweise die Schreibkompetenz.

3 Schriftlichkeit von Texten

Im vorhergehenden Kap. 2 haben wir Textbeispiele präsentiert, die schriftlich verfasst sind. Sie können deshalb der Domäne der Schriftlichkeit zugeordnet werden – und dies unabhängig von ihrer Medialität. Unter dem Begriff Schriftlichkeit verstehen wir die Beschaffenheit von Texten, die vorwiegend aus geschriebener Sprache bestehen.

So sind z. B. die Wikipedia-Artikel unverkennbar als schriftliche Texte anzusehen, die zudem neben dem Wortmaterial auch bildliche Anteile enthalten. Als Bestandteile einer Online-Enzyklopädie (und versehen mit Links zu weiteren Texten) können sie auch als Online-Texte sowie als Hypertext-Elemente klassifiziert werden. Die unterschiedlichen Auffassungen von Wikipedia-Artikeln als Schrifttexte oder digitale Texte hängt von dem Klassifikationskriterium ab: Sie richtet sich entweder nach der Art der Textkonzeption oder nach dem Medium. Je nach den Traditionen und Konventionen unterschiedlicher Sprachgemeinschaften können einzelne Textsorten in unterschiedlichen Domänen (mündlich oder schriftlich) produziert und auf verschiedenen Kanälen vermittelt werden. So kann z. B. ein Kochrezept – bei Aufrechterhaltung seiner wesentlichen Strukturmerkmale, d. h. seines Textmusters – unterschiedlich vermittelt werden: entweder mündlich, z. B. im Laufe eines Alltagsgesprächs zwischen vertrauten Personen, oder schriftlich, u. a. als Teil eines Kochbuchs. Wie Koch/Oesterreicher (2007) hervorgehoben haben, erfolgt mündliche Kommunikation typischerweise in der physischen Nähe der Gesprächspartner, schriftliche Kommunikation dagegen auf Distanz. Die Gegenüberstellung von Mündlichkeit als Sprache der Nähe und Schriftlichkeit als Sprache der Distanz ist aber unzulänglich. Mischformen hat es immer gegeben, z. B. in Form von schriftlich strukturierten Texten, die mündlich vorgelesen werden. In der heutigen, durch das Internet und die Social Media dominierten Gesellschaft erfolgt selbst familiäre, private Kommunikation oft multimedial. So können z. B. Kochrezepte durch online-Koch-Tutorials vermittelt werden, was zuweilen durch Bilder und ohne jeglichen Einsatz von Wörtern geschieht.

Die Gegenüberstellung Mündlichkeit/Schriftlichkeit im Modell von Koch/Oesterreicher (1990) gilt vor allem zur Unterscheidung zwischen Texten, die konzeptionell mündlich sind, auch wenn sie schriftlich (z. B. über die Messenger App WhatsApp) vermittelt werden – und umgekehrt. Demgemäß ist zwischen den Polen (konzeptionell) *gesprochen* und *geschrieben* ein Kontinuum von Kommunikationsformen wahrnehmbar, die mehr oder weniger nah bzw. fern vom jeweiligen prototypischen Modell angesiedelt sind. Stilmischungen dieser Art erfolgen dadurch, dass zwischen kommunikativen Formen keine konkreten Barrieren bestehen und keine scharfen Linien gezogen werden können. Typische Sprachmittel der gesprochenen Standardsprache können aus ihrer ursprünglichen Domäne in diejenige der Schriftlichkeit übergehen. Die begriffliche Unterscheidung gilt für Texte jeglicher Sprache. So gibt es sowohl englisch- als auch deutschsprachige Texte, die Berührungszonen von konzeptioneller Mündlichkeit und Schriftlichkeit und Texte, die einen nur minimalen konzeptionell schriftsprachlichen Grad aufweisen. Zwei Beispiele unter unzähligen dafür sind die folgenden schriftlich verfassten Texte der Alltagskommunikation (2a–2b), die auf mehreren Ebenen die allgemeinen Konventionen der schriftlichen Sprache durchbrechen:

(2a) Also ich versteh mich mit einem mädchen wirklich gut und hab se heute angeschrieben und erst hat sie meine nachrichten nich gelesen obwohl sie on war is ja auch nich schlimm aber dann hat sie meine nachricht gelesen und nicht mehr geantwortet wieso ist das so und was denkt ihr wird sie noch antworten? danke[14]

(2b) Technically you are senior to me, however you can take it as my advise, I am 14 batch pass out, right after completing my college I was in the same condition, though I belong to normal family background dad don't have good and permanent job ! I had huge responsibilities I was almost lost in my problems only my dad expected to me like I would start earning and will help him in financial condition, I had no good technical knowledge about stream![15]

Der Doppelbegriff *Nähesprechen* und *Distanzsprechen* von Koch/Oesterreicher (1990: 10) weist auf die Tatsache hin, dass Sprache unterschiedlich kodiert werden kann und dass jede Form der Kodierung – paradigmatisch die Polarformen gesprochene Sprache und Schriftform – unterschiedlichen Regeln folgen. Der Begriff der konzeptionellen Schriftlichkeit ist prinzipiell äquivalent mit demjenigen der Literalität samt den für die Schriftsprache geltenden Regeln.

Ab dem 14. und 15. Jahrhundert entwickelten sich Deutsch und Englisch aus den tendenziell nicht schriftlich kodierten Volkssprachen nach und nach zu standardisierten Schriftsprachen. Wichtige kulturell-gesellschaftliche Grundlage dafür war die Erfindung des Buchdrucks mit beweglichen Lettern und die massenhafte Verbreitung von Büchern und weiterem Schriftmaterial, für die wiederum weitläufig anerkannte Schriftkonventionen erforderlich wurden. Das Regelwerk der Schriftsprache, darunter zuvorderst (aber nicht allein) die Rechtschreibung der Wörter, hat sich in beiden Sprachen über die Jahrhunderte hinweg herausgebildet.

14 Beispiel für eine Frage von leonvfb2000 (2016) auf der Plattform *gutefrage*. https://www.gutefrage.net/frage/sie-liest-meine-whatsapp-nachrichten-und-antwortet-nicht (letzter Zugriff: 26.02.2023).

15 Beispiel für eine Antwort von Something Unique (2018) auf der Plattform *Quora*. https://www.quora.com/Life-Advice-I-am-lost-in-life-What-can-I-do.

Für das Leseverstehen ist es wichtig, die Konventionen zu kennen, nach denen die beiden Schriftsprachen vorgehen. Ein vergleichender Blick auf die Schriftsysteme des Deutschen und des Englischen kann helfen, scheinbar nicht miteinander verwandte, fremd erscheinende Wörter der beiden Sprachen als genetisch verwandt zu erkennen.

3.1 Wörter und Wortgraphematik

Um den Übergang von der Laut- zur Schriftform bei Wörtern nachzuvollziehen, gilt es Wörter sinngerecht als Einheiten wahrnehmen bzw. isolieren zu können. Ohne auf die komplexe Frage „Was ist ein Wort?" einzugehen, soll im Folgenden die Tatsache, dass Sprachen aus Wörtern bestehen und jedes Sprachsystem über einen bestimmten Wortschatz verfügt, eine Überlegungsgrundlage bilden.

Die deutsche und die englische Gegenwartssprache zeigen bis auf den heutigen Sprachstand zahlreiche lexikalische Gemeinsamkeiten auf. Beide Sprachen verfügen über einen umfangreichen gemeinsamen Wortschatz, der unterschiedliche Quellen hat: 1) germanische und indoeuropäische Kognaten; 2) Entlehnungen aus unterschiedlichen Sprachen, vor allem aus den romanischen; 3) Entlehnungen aus den Fachsprachen; 4) Internationalismen. Im Folgenden sollen einige Beispiele für die lexikalischen Gemeinsamkeiten der beiden germanischen „Schwestersprachen" aufgezeigt werden.

Unter den gemeinsamen semantischen Feldern indoeuropäischer Herkunft stehen vor allem Zahlen, Bezeichnungen für Verwandtschaftsbeziehungen und Farben im Vordergrund:

Wortfeld	Deutsch	englisch
Zahlen	eins, zwei, drei, vier, fünf, sechs, sieben, acht, neun, zehn	one, two, three, four, five, six, seven, eight, nine, ten
Verwandtschaftsbezeichnungen	Vater, Mutter, Sohn, Tochter, Bruder, Schwester	father, mother, son, daughter, brother, sister
Farben	rot, blau, gelb, grün, braun, weiß	red, blue, yellow, green, brown, white

Tab. 8: Deutsch-englische Wortpaare indoeuropäischer Herkunft

Zu den früheren Entlehnungen aus den romanischen Sprachen gehören Bezeichnungen für verfeinerte Kulturprodukte aus dem Mittelmeerraum (Tab. 9, erste Zeile) und der christlichen Kultur (Tab. 9, zweite Zeile):

Deutsch	englisch
Tafel, Straße, Pflanze	table, street, plant
Priester, Papst, Altar	priest, pope, altar

Tab. 9: Deutsch-englische Entlehnungen aus romanischen Sprachen

Spätere Entlehnungen erfolgen aus dem Französischen, das für die englische wie die deutsche Sprachkultur als Modell der Hofsprache galt.[16] Beispiele höfischer Entlehnungen:

deutsch	Englisch	Herkunft
Onkel	uncle	franz. *oncle*, lat. *avunculus*
Tante	aunt	neufranz. *tante*, altfranz. *ante*
Kompliment	compliment	franz. *compliment*
Nische	niche	franz. *niche*
Terrasse	terrace	altfranz. *terrasse*

Tab. 10: Deutsch-englische Entlehnungen aus der französischen Hofsprache

Gemeinsame fachsprachliche Entlehnungen erfolgten in großem Umfang vor allem in der Zeit der Renaissance und des Humanismus, durch die Ausweitung des Handels und des Bildungswesens. Beispiele dafür sind Ausdrücke der Kaufmannssprache wie *Risiko/risk* (< it. *rischio*, fr. *risque*), *Bankrott/bankrupt* (< it. *banca rotta*), *Brokat/brocade* (< it. *broccato*, sp. *brocado*).[17]

In dieser Zeit gab es zahlreiche Entlehnungen aus dem Lateinischen und Altgriechischen durch Etablierung der europäischen Nationalsprachen und ihre zunehmende Ersetzung des Lateinischen als Wissenschaftssprache. In einer Zeit

16 Französisch als Hofsprache wurde in England mit dem Sieg 1066 durch William the Conquerer eingeführt. In Deutschland dagegen erreichte das Französische erst im 17. Jahrhundert den Rang einer musterhaften höfischen Sprache, nachdem der Westfälische Friede Frankreich eine führende Rolle unter den europäischen Mächten eingeräumt hatte.

17 *Brokat/brocade* sind Entlehnungen des 16. Jahrhunderts aus dem ital. *broccato* (zu *broccare* ‚durchwirken'). Sie werden als Bezeichnungen für einen oft mit Gold und Silber durchwirkten, kostbaren Seidenstoff verwendet, der dem Adel, dem Klerus und den Herrschern vorbehalten war. Seit der Renaissance blühte der Brokat-Handel in Europa, entsprungen aus wichtigen italienischen Produktionszentren wie Venedig, Florenz, Genua und Mailand.

der zunehmenden Entdeckungen und Innovationen entstand in den unterschiedlichen Wissenschaftssprachen Europas der Bedarf an *termini technici* als Bezeichnungen für die neuen Phänomene. Auf diese Art – und bis heute – verbreiten sich Internationalismen, d.h. Wörter, die in vielen Sprachen der Welt in derselben Bedeutung verwendet werden. Viele Internationalismen stammen aus den technischen und wissenschaftlichen Bereichen. Tab. 11 zeigt einige Beispiele aus dem naturwissenschaftlichen (erste Zeile) und aus dem medizinischen (zweite Zeile) Bereich. In der heutigen globalisierten Gesellschaft bildet vor allem das „Globalenglisch" eine Quelle für weltweit verbreitete Internationalismen, was nicht mehr nur für die Wissenschaftsebene, sondern für unterschiedlichste kommunikative Bereiche der Fall ist. Die Schreibweise und Aussprache der neuen Internationalismen gestalten sich dabei in den verschiedenen Sprachsystemen sehr ähnlich oder sind sogar identisch. Beispiele aus dem technologischen Bereich, vor allem aus der Computersprache, sind in der dritten Zeile enthalten.

Deutsch	englisch
Atom, Ion, Proton, Polymer	atom, ion, proton, polymer
Dysphorie, Leukämie, Dermathitis	dysphoria, leukemia, dermathitis
Computer, Diskette, Spam, Web, Online, Firewall	computer, disk, spam, web, online, firewall

Tab. 11: Deutsch-englische Internationalismen

Insgesamt können in deutsch- und englischsprachigen Texten zahlreiche Wörter gemeinsamen Ursprungs vorkommen, wie das folgende Beispiel von Paralleltexten aus der Produktwerbung eines Schokoladenherstellers[18] zeigt (betreffende Wörter fett markiert):

18 Portal der Firma *Salzburg Schokolade*: http://schoko.at/de/schokowerk (letzter Zugriff: 12.11.2023).

DRAGEES	**DRAGEES**
Welche Dragee-**Spezialität** hätten Sie gerne? **Haselnüsse**, Mandeln, Sultaninen, getrocknete **Bananen, Cornflakes** oder Kürbiskerne, dragiert mit **Milchschokolade** oder dunkler oder **weißer Schokolade**? Soll die Oberfläche schön glänzen oder **matt** sein? Oder doch lieber weihnachtlich duftende Mandeln gestaubt? Oder möchten Sie lieber einen knusprigen Kern, so wie unsere **zwei** färbig dragierten **Pardos-Snacks**? In **Cappuccino** oder **Tiramisu** mit **Kakao** gestaubt? Auch **Schoko**-Linsen mit einer zarten **Zucker**dragierung sind für uns kein **Problem.** Unsere Dragier**meister** sind erfahrene **Experten.** Wenn Sie ganz besondere **Wünsche** haben – reden Sie mit uns, (fast) alles ist möglich.	Which coated **speciality** would you like? **Hazelnuts**, almonds, raisins, **banana** chips, **cornflakes** or pumpkin seeds, coated with **milk chocolate** or dark or **white chocolate**? Should the surface be nice and glossy or **matte**? Or have the Christmassy scent of sugar-dusted almonds? Or would you rather have a crisp centre, as our **two**-colour coated **Pardos snacks** have? In **cappuccino** or **tiramisu**, dusted with **cocoa** powder? **Chocolate** buttons with a tender **sugar** coating are no **problem** for us either. Our coating **masters** are experienced **experts.** If you have very particular **wishes** – talk to us, (almost) everything is possible.

Tab. 12: Deutsch-englische Parallelbeispiele eines Werbetextes

3.2 Interpunktion und Orthografie

Geschriebene Sprache oder Schriftsprache wird in Form von Sprachzeichen gebildet. Als der grundlegende Normkomplex für die Schriftlichkeit ist die Orthografie zu betrachten, d.h. die standardisierte Schreibweise der Wörter einer Sprache.

Zur Orthografie gehören auch die Regeln der Interpunktion. Wenn es keine Konventionen für Zeichensetzung gäbe, wären schriftliche Texte schwer zu verstehen. Dies kann am folgenden Beispiel von Texten gezeigt werden, die nach der Art der sogenannten *Scriptio continua* (‚fortlaufendes Schreiben') verfasst sind (Tab. 13). Es handelt sich dabei sogar um inhaltlich „leichte" Texte, die einer zweisprachigen Textsammlung für Lernanfänger:innen des Deutschen entstammen[19]:

dasisteinekatzesieistindemzimmerdie katzeistkleinsieistweißsiehateinkleines bettdiekatzeschläftindembett	thisisacatitisintheroomthe catislittleitiswhiteithasalittle bedthecatsleepsinthebed

Tab. 13: Deutsch-englisches Beispiel der Scriptio continua

19 Quelle: Elisabeth May, *Das Erste Englische Lesebuch für Kinder und Eltern: Stufe A1 Zweisprachig mit Englisch-deutscher Übersetzung*, Language Practice Publishing 2018: 7.

Um beide Texte zu verstehen, müssen die Wörter und Wortgruppen zunächst durch Leerstellen und Interpunktionszeichen isoliert werden. Nach dem orthografischen Regelwerk der jeweiligen Sprache entstehen dadurch die beiden folgenden Textversionen (Tab. 14):

Das ist eine Katze. Sie ist in dem Zimmer. Die Katze ist klein. Sie ist weiß. Sie hat ein kleines Bett. Die Katze schläft in dem Bett.	This is a cat. It is in the room. The cat is little. It is white. It has a little bed. The cat sleeps in the bed.

Tab. 14: Auflösung der Scriptio continua in Tab. 13

Wie das Beispiel zeigt, sind Großschreibung und Zeichensetzung eine grundlegende Hilfe bei der Erkennung von Wörtern. Die Großschreibung von Nomen im Schriftsystem des Deutschen kann für Fremdsprachenlernende eine erhöhte Erleichterung für das Textverstehen bedeuten.

Das Inventar an Interpunktionszeichen ist in beiden Sprachen sehr ähnlich. Bis zu einem gewissen Grad geht die Zeichensetzung mit der strukturellen Trennung von Sätzen, Nebensätzen, Phrasen und anderen Wortgruppen einher.

Die beiden Schriftsysteme des Deutschen und des Englischen sind alphabetisch, d.h. sie stellen Wörter durch konventionelle graphische Zeichen (Grapheme) dar. Die beiden Sprachen benutzen das lateinische Alphabet; das Deutsche erweitert das Inventar der lateinischen Buchstaben um vier Sonderzeichen (Tab. 15, fett) (nach Berg 2019: 24):

a, b, c, d, e, f, g, h, i, j, k, l, m, n, o, p, q, r, s, t, u, v, w, x, y, z
a, b, c, d, e, f, g, h, i, j, k, l, m, n, o, p, q, r, s, t, u, v, w, x, y, z, **ä, ö, ü, ß**

Tab. 15: Buchstabeninventar Englisch/Deutsch

Für Alphabetschriften wie das Deutsche und das Englische ergibt sich der Zusammenhang zwischen gesprochenen Lauten und geschriebenen Schriftzeichen grundlegend aus Phonem-Graphem-Korrespondenzen, wie z.B. /a/ → <a>, /b/ → <b>.[20] Korrespondenzen sind nicht nur phonographischer Art. Sie entstehen auch in Bezug auf Silbenkonstituenten in graphematischen Kontexten. Auch in der Art und Weise, wie Morpheme graphematisch aufgebaut sind, zeigen die beiden Sprachen morphographische Regularitäten.

Das Schriftsystem des Deutschen gilt als ein insgesamt regelmäßigeres und transparenteres System als das Englische (vgl. Berg 2019: 2). Während im deutschen Schriftsystem Grapheme und Phoneme eng aufeinander bezogen werden können, ist die englische Graphematik durch Idiosynkrasie vieler Wortschreibun-

20 Phoneme in Schrägstriche gesetzt, Grapheme in spitzen Klammern.

gen charakterisiert. Als eng verwandte und alphabetisch verschriftete Sprachen unterscheiden sich Deutsch und Englisch deutlich in der Konsistenz der Graphem-Phonem-Bezüge (vgl. Berg 2019: 3).

Als Angehörige derselben Sprachfamilie standen sich die deutsche und die englische Sprache vor langer Zeit viel näher als heute. Dies zeigt sich, wenn man Wörter des Gegenwartsdeutsch und -englisch mit früheren Formen vergleicht (vgl. Tab. 16).

Deutsch	Althochdeutsch	Altenglisch	Englisch
Fuß	**fuoʒ**	**fōt**	foot
Käse	**Kāsi**	**cēse, cȳse**	cheese
Kamm	**kamb(o)**	**camb, comb**	comb
Nutzen	**nuzza**	**nytt**	need
tief	**tiof**	**deop**	deep
gleich	**gilīh**	**(ge)līc**	like
essen	**eʒʒan**	**etan**	eat
schwingen	**swingan**	**swingan**	swing

Tab. 16: Deutsch-englische Wortpaare diachron

Die Verwandtschaftsverhältnisse zwischen germanischen Sprachen werden u. a. als die gemeinsamen Innovationen gegenüber dem indoeuropäischen Konsonantismus beschrieben – was schon Jacob Grimm („Grimmsches Gesetz", 1822) feststellte. Dieser Lautwandel ist bekannt als die erste Lautverschiebung (vgl. Fanciullo 2007: 115–117). Die zweite Lautverschiebung sonderte nur die hochdeutschen Dialekte von den anderen germanischen Sprachen ab und führte zu phonetischen Unterschieden, die sich in graphemischen Korrespondenzen widerspiegeln (dazu mehr weiter unten).

Auch im Bereich der Orthografie sind Phänomene des Sprachwandels ersichtlich. So sind beispielsweise Goethes Originaltexte durch Merkmale charakterisiert, die man heute als „Fehler" betrachten würde – sowohl grammatischer (u. a. ungewöhnliche Genuszuweisungen wie z. B. *das* – statt *die* – *Erkenntnis* oder *das* – statt *der* – *Lohn*) als auch orthographischer Natur, darunter *frölich* statt *fröhlich*, *emphelen* statt *empfehlen* (cfr. Wilson 2004: 73). Die Erklärung liegt mindestens teilweise darin, dass zu Goethes Zeit ein institutionell geförderter orthographischer Kodex noch nicht vorhanden war. Als erster Kodex dieser Art kann das im Jahr 1880 erschienene *Vollständige orthographische Wörterbuch der deutschen Sprache* von Konrad Duden angesehen werden, das durch das Preußische Bildungsministerium gefördert wurde. Vor der kulturpolitischen Bestrebung, eine einheitliche Rechtschreibung im gesamten deutschsprachigen Gebiet zu erreichen, gab es mehrere Schreibkonventionen, die auf die regionalen Konventionen unterschiedlicher Druck- und Kanzleisprachen zurückzuführen sind.

Auch die englische Orthografie wurde gegen Ende des 15. Jahrhunderts, als sich der Druck mit beweglichen Buchstaben nach England ausbreitete, standardisiert. Das Mittelenglische enthielt eine große Anzahl von Wortentlehnungen aus mehreren Fremdsprachen (vgl. McCrum/Cran/MacNeil 1986: 78), die von hochqualifizierten, meist mehrsprachigen Drucksetzern je nach den orthografischen Konventionen der Originalsprachen realisiert wurden. Daraus entstanden für das Mittelenglische unterschiedliche Schreibmuster, z. B. für den Buchstaben *y*, der im Altenglischen teils einem kurzen, teils einem langen Vokal entsprechen konnte. Im Mittelenglischen wurden gemäß der Orthografie des Französischen je nach Laut zwei unterschiedliche Schreibweisen gesetzt: *u* für den kurzen Vokal (Beispiel: altengl. *mycel* > mittelengl. *muchel* > mod. engl. *much*) und *ui* für den langen Vokal (Beispiel: altengl. *fyr* > mittelengl. *fuir* > mod. engl. *fire*) (vgl. McCrum/Cran/MacNeil 1986: 78–79). Die Rechtschreibreform des Frühneuenglischen wurde von klassischen Gelehrten in Gang gesetzt, deren Reformgedanke phonemorientiert war. So wurde zum Beispiel nach dem Modell des Lateinischen in Fällen wie *nation* oder *essential* das Graphem <t> an Stelle der mittelenglischen Schreibweise mit dem Graphem <c> (*nacion*, *essenciall*) gesetzt. Eine weitere graphemische Substitution war die Ersetzung von *u* durch *o* in der frühen Neuzeit im Englischen in der Nähe von *m*, *n*, *u*. Diese Ersetzung erklärt viele der sogenannten Unregelmäßigkeiten wie *some*, *love* und *ton*. Veränderungen und Ersetzungen dieser Art sind Teile der aktuellen Orthografie und müssen bei einer Beschreibung orthographischer Muster berücksichtigt werden (vgl. Venezky 1970: 38). Viele Wörter wurden gemäß ihrer Etymologie geschrieben, z. B. wurde frühmittelenglisch *det/dette* nach seinem Lateinischem Etymon *debitum* als *debt* standardisiert (vgl. Oxford Dictionary).

Die meisten Rechtschreibkonventionen des modernen Englisch wurden von der phonetischen Schreibweise des Mittelenglischen abgeleitet, ohne auf zwischenzeitlich aufgetretene Klangänderungen zu achten. Ein eklatantes Beispiel dafür ist die sogenannte Frühneuenglische Vokalverschiebung. Viele Wörter werden auch heute so geschrieben, wie sie im späten 15. Jahrhundert ausgesprochen wurden.

Das System der englischen Orthografie ist komplexer als dasjenige des Deutschen. Die orthographischen Normen legen u. a. die Regeln fest, nach denen Phoneme als Grapheme zu schreiben sind und Grapheme als Phoneme gelesen werden sollen. Nun können die meisten englischen Phoneme mit unterschiedlichen Buchstaben verschriftlicht werden und die meisten Buchstaben haben mehrere Aussprachemöglichkeiten (Venezky 1967: 76). Da die Beziehung zwischen dem Klang eines Wortes und seiner Schreibung nicht immer erkennbar ist, bereitet der Umgang mit der englischen Orthografie auch Muttersprachler:innen des Englischen Schwierigkeiten.

Eine Rechtschreibreform, wie sie in Deutschland mehrfach stattgefunden hat, hat es für das moderne Englische nicht gegeben. Anstatt nach neuen orthographischen Regeln zu suchen, um die Graphematik an den neuen Sprachgebrauch anzupassen, fanden die Vereinheitlichungsbemühungen in Bezug auf die englische Sprache vor allem im Bereich der Orthoepie statt. Die erste Beschreibung der standardisierten Aussprache, bekannt als *Received Pronunciation* (‚in bester Gesellschaft akzeptierte Aussprache') oder BBC-Aussprache, greift auf Daniel Jones' *English Pronouncing Dictionary* (1917) zurück (vgl. McCrum/Cran/MacNeil 1986: 21).

Aus der Perspektive des Leseverstehens kann man sich auf die gemeinsamen Regelmäßigkeiten konzentrieren, die sich aus jahrhundertelangem Sprachwandel in der Rechtschreibung beider Sprachen ergeben haben. Wörter der Schriftsprache wie *Haus/house, Mann/man, hier/here, gut/good* können unterschiedlich aussehen, wobei sie bei näherer Betrachtung graphemische Gemeinsamkeiten in den beiden Sprachen aufweisen. Das Nachvollziehen dieser Änderungen kann helfen, deutsch-englische Kognaten in schriftlichen Texten zu erkennen.

Die wichtigsten Regelmäßigkeiten zwischen deutschen (weiß unterlegten) und englischen (grau unterlegten) Graphemen werden in den folgenden Tabellen (Tab. 17: Konsonanten und Konsonantengruppen; Tab. 18: Vokale und Diphthonge) zusammengestellt. Es handelt sich dabei um graphematische Kongruenzen, die in der jeweiligen Standardlautung nicht immer folgerichtig realisiert werden. In manchen Fällen werden die deutsch-englischen Konsonanten- bzw. Konsonantengruppen unterschiedlich geschrieben und unterschiedlich gesprochen (z.B. ***dr**ei* – ***thr**ee; Ta**g*** – *da**y***), in anderen Fällen nur unterschiedlich geschrieben (*Flei**sch*** – ***f**le**sh***; ***V**ater* – ***f**ather*).

b	Dieb, halb	ff	Affe, Schiff	sch	Fleisch	tt	Bett
f	Thief, half	p	ape, ship	sh	flesh	d	bed
b	eben, Grab, sieben	g	Tag, Weg	sch	falsch, Schnee	tz	Katze
v	even, grave, seven	y	day, way	s	false, snow	t	cat
ch	Buch, schwach, sprechen	k	Karte, Keller	ss	besser	v	Vater, vier, voll, Volk
k	book, weak, speak	c	card, celler	tt	better	f	father, four, full, folk
ch	acht, lachen, Licht	k	Kinn	ss	dass, Wasser	z	Herz, zehn, zwei
gh	eight, laugh, light	ch	Chin	t	that, water	t	heart, ten, two
d	Bad, drei, Erde	mm	Lamm, Nummer	t	gut, Wort, Tür, reiten	z	Eleganz, zirka, Zirkus
th	bath, three, earth	mb	Lamb, number	d	good, word, door, ride	c	elegance, circa, circus
f	Bischof, helfen, scharf	pf	Pfad, Pfanne	th	Thaler		
p	Bishop, help, sharp	p	path, pan	d	Dollar		
ff	Pfeffer	pf	Apfel	tt	Mutter, Wetter		
pp	pepper	pp	Apple	th	mother, weather		

Tab. 17: Regelmäßigkeiten zwischen deutschen und englischen Konsonanten- und Konsonantengruppen-Graphemen

a	Lachen, schlachten	ä	Ägypten, Äquator	ei	beißen, reißen	o	Ost, tot
au	laugh, slaughter	e	Egypt, equator	i	bite, rip	ea	East, dead
a	schwach, Waffe	au	laut, Maus, sauer	ei	beide, Heim, Stein	u	Buch, Blut, Schule
ea	weak, weapon	ou	loud, mouse, sour	o	both, home, stone,	oo	book, blood, school
a	Macht, Nacht	e	Feder, Herz	ie	Bier, Knie	u	jung, Pfund
i	might, night	ea	feather, heart	ee	beer, knee	ou	young, pound
a	alt, Kamm, falten	e	geben, leben	ie	Liebe, vierzig		
o	old, comb, fold	i	give, live	o	love, forty		

Tab. 18: Regelmäßigkeiten zwischen deutschen und englischen Vokal- und Diphthong-Graphemen

Obwohl die Verschriftung beider Sprachen durch das lateinische Alphabet erfolgt, unterscheiden sich Deutsch und Englisch deutlich – wie wir gesehen haben – in der Beschaffenheit der Graphem-Phonem-Bezüge. Wortpaare wie *Pfirsich, peach, Zehn, ten, Ding, thing, Ägypt, Egypt, beißen, bite, Buch, book* scheinen unterschiedlich zu sein, weisen aber gleichzeitig gewisse formale Ähnlichkeiten auf. Ihre gemeinsame Herkunft kann durch deutsch-englische graphematische Entsprechungen dokumentiert werden (vgl. Tab. 17–18).

Auch auf Grund unterschiedlicher Entwicklungen im Bereich der deutschen und der englischen Orthografie sind im Wortschatz der beiden Sprachen zahlreiche Wörter vorhanden, die ihre genetische Verwandtschaft „verbergen". Sie zu enthüllen, gehört zu den Strategien des mehrsprachlichen Ansatzes für das Leseverstehen.

Bei einer Vielzahl von deutschen Wörtern, die mit den englischen verwandt sind, kommt die genetische Relation nicht deutlich zum Vorschein, weil die Orthografie des Englisch zuweilen in charakteristischer Weise von der Aussprache differiert. Die englische Rechtschreibung sieht sowohl „stille" Konsonanten als auch „stumme" Vokale vor. Als stille Konsonanten werden z. B. <l> in *half* /hɑːf/; <k> in *knife* /naɪf/; <h> in *white* /waɪt/[21] angesehen. Dazu gehören auch Cluster mit *gh*/*ght*-Kombinationen. Was die Vokallaute angeht, besitzt das Englische stumme Vokale, die versteckte Diphthonge produzieren. Beispiele von Diphthongen sind in Wörtern wie ***out*** (= dt. ***aus***) und *h**ou**se* (= dt. *H**au**s*) enthalten, in denen die zwei Vokale *ou* (dt. *au*) als /aʊ/ zusammen ausgesprochen werden. Als

21 Die Wiedergabe der englischen Wörter nach dem IPO (Internationales Phonetisches Alphabet) entspricht den Angaben des *Oxford Learner's Dictionary*.

versteckte Diphthonge werden diejenigen angesehen, die durch jeweils einen einzigen Vokal graphematisch gekennzeichnet sind, z. B. *ride* /raɪd/; *cane* /keɪn/; *hose* /həʊz/.

Wenn man dies berücksichtigt, können Verwandtschaften zwischen deutschen und englischen Wörtern, die in der Aussprache versteckt sind, durch die Schreibweise erkannt werden – und umgekehrt, wie die Beispiele in Tab. 19 zeigen.[22]

Knecht	/knɛçt/	/naɪt/	knight
weiss	/vaɪ̯s/	/waɪt/	white
Licht	/lɪçt/	/laɪt/	light
lachen	/laxən/	/lɑːf/	laugh
Macht	/maxt/	/maɪt/	might
durch	/dʊʁ̯ç/	/θruː/	through

Tab. 19: Deutsch-englische „nur schriftliche" Kognaten (grau)

Lernenden, die mit den schwierigen Regeln der englischen Orthografie und Aussprache konfrontiert werden, wird die deutsche Sprache sicherlich als die leichter zu erlernende Sprache erscheinen!

In jedem Fall gilt: Wer deutsch-englische graphematische Entsprechungen systematisch zu identifizieren vermag, kann in deutschsprachigen Texten Wörter erkennen, die mit englischen Wörtern etymologisch verwandt sind (vgl. Conant 1974: 165). Das Erfassen solcher Wörter erleichtert es, ihnen Bedeutung zuzuschreiben und sie als „Verständnisinseln" beim Lesen eines fremdsprachigen Textes zu verwenden.

22 IPO-Transkription deutscher Wörter laut *Wiktionary. Das freie Wörterbuch.* <https://de.wiktionary.org/wiki/Wiktionary:Hauptseite> (letzter Zugriff: 20.12.2023).

3.3 Didaktisches Intermezzo

Lerngegenstand	Teilziel	Aufgaben
• Deutsche und englische Orthografie im Vergleich	• selektives Textverstehen (Ermittlung von punktuellen Informationen anhand der Bedeutung einzelner Wörter)	• Unterstreichung von leicht erkennbaren Wörtern • Entlarvung versteckter Verwandtschaften zwischen deutschen und englischen Wörtern • Erstellung von Hypothesen mit Bezug auf ihre Bedeutung

Die Kenntnis der deutschen und englischen Orthografie im Vergleich kann für die Förderung des Leseverstehens fruchtbar gemacht werden. Um dieses Ziel zu erreichen, müssen die Lernenden nicht die einzelnen Phonem-Graphem-Entsprechungen in beiden Sprachen auswendig lernen. Es genügt zu wissen, dass einige deutsch-englische Kognaten nicht unmittelbar als solche erkennbar sind, weil die Lautung bestimmter Wörter durch Phänomene des Sprachwandels beeinflusst wurde – mit weitreichenden Konsequenzen für ihre Verschriftung.

Dieses Bewusstsein kann vor allem für Lernende hilfreich sein, die sich mit einem vorwiegend sprachlichen, wenig bebilderten fremdsprachigen Schrifttext auseinandersetzen müssen. Ihre Aufmerksamkeit wird dann auf Wörter gerichtet, deren Bedeutung sie sofort oder leicht erschließen können, wie Zahlen, Abkürzungen, Eigennamen, Internationalismen. Das Erkennen einzelner Wörter und das Erfassen ihrer Bedeutung unterstützt DaF-Anfänger:innen bei ihrer Leseaufgabe, Verständnisinseln zu schaffen, die als Ausgangspunkt für den Leseverstehensprozess genutzt werden können. Aus unserer mehrsprachigen Perspektive tragen auch Vorkenntnisse der englischen Sprache – in diesem Fall: des englischen Wortschatzes – dazu bei, deutsche Wörter im Text zu isolieren und ihre Bedeutung leichter erfassen zu können.

Als Beispiel für den Einstieg in eine Unterrichtseinheit, die diese Themen inhaltlich behandelt, kann der im Folgenden wiedergegebene Text (Abb. 12) dienen. Er entstammt dem Magazin *Humboldt Kosmos* (Nr. 115, 2023, S. 9), dessen Artikel sich an ein internationales Publikum von Wissenschaftler:innen und Diplomat:innen richten und allesamt zweisprachig (deutsch-englisch) erscheinen.

DaF-Lernende können ihre neu erworbenen Fähigkeiten, sich in einem fremdsprachigen Text zurechtzufinden, an der deutschen Version des Textes üben. Bei der Betrachtung der Textgestaltung fällt folgendes auf: Im Zentrum steht das Bild eines Mannes in einem Regenmantel. Mit Brille, grauem Haar und Bart hat der Mann nicht das typische Aussehen eines Stars oder einer Jetset-Prominenz. Sein gesellschaftlicher Status als Akademiker ergibt sich aus den Angaben zu seiner Person im Kästchen rechts unten auf der Seite: Die Angabe *Prof. Dr. Bjorn Stevens* ist unschwer als Eigenname und akademischer Titel zu erkennen.

Der Haupttext in der unteren Hälfte der Seite enthält offensichtlich die Antwort auf die Frage, die oben links auf der Seite erscheint. Dass es sich um eine Frage handelt, wird durch das hier verwendete Interpunktionszeichen, das Fragezeichen, deutlich. Im Vergleich zum Blocksatz fällt der entsprechende Fragesatz nicht nur durch seine exponierte Position, sondern auch durch seine typographischen Merkmale auf: Großbuchstaben, viel größere Schrift, weiß auf dunklem Hintergrund. Die Textgestaltung vermittelt schließlich die implizite Information, dass die Frage im Laufe eines Interviews mit Prof. Stevens vom Textautor (*Jan Berndorff*) gestellt wurde.

Using computer simulations, researchers can both predict the climate in the coming decades as well as produce short-term weather forecasts for specific regions. But so far, they are not as precise as they might be. In order to calculate the complex processes in the atmosphere and identify local extreme weather events such as heavy rain at an early stage, enormous computing capacity is required. New supercomputers could provide it. The atmospheric physicist Bjorn Stevens is working on it.

In 2022 at his institute in Hamburg, for instance, "Levante" went into operation. The supercomputer can handle 14 quadrillion operations per second. "It will enable us to do long-term simulations with climate models with a grid resolution of three kilometres, for example," says Stevens. The researcher is modifying Levante's code so that simulations run at their optimum. Up to now, global simulations based on models with such fine grids could only be achieved for up to a few months. Levante, however, will make them calculable for several years.

But if you want to understand how heavy rainfall will change with global warming, for example, you need computers that are hundreds of times more powerful than Levante. Stevens and some of his colleagues are calling on climate computing centres internationally to join forces in order to get access to this new generation of supercomputers. In 2024, a machine of this kind is scheduled to go into operation at Forschungszentrum Jülich. ●

Text **JAN BERNDORFF**

In 1998, **PROFESSOR DR BJORN STEVENS** was a Humboldt Research Fellow at the Max Planck Institute for Meteorology in Hamburg where he is now the managing director.

HUMBOLDT **KOSMOS** 115/2023 9

Abb. 12: *Humboldt Kosmos* 115, 2023, S. 9

Nach dieser Art der Einübung in das globale Textverstehen werden die Lernenden aufgefordert, sich einen ersten Einblick in die Textbedeutung zu verschaffen. Dies geschieht durch Unterstreichen aller Wörter im Text, denen sie eine Bedeutung zuordnen können, darunter auch solcher, die zu den semantisch leicht zu identifizierenden Kategorien Zahlen, Abkürzungen, Eigennamen und Internationalismen gehören. Für unser Anliegen von Bedeutung hier sind aber vor allem Wörter, die durch ihre Ähnlichkeit mit bereits bekannten englischen Wörtern erfasst werden können. In diesem Text sind mehrere solche Wörter vorhanden, darunter *Supercomputer* (Titel), *1998, Humboldt, Max-Planck-Institut für Meteorologie in Hamburg, Direktor* (Kästchen), *Klima, Atmosphäre, lokale, enorme, US-amerikanische, 2022, Institut, Hamburg, Sekunde, Simulationen, 3 Kilometern, Code* (linke Textspalte) usw. Durch diese Wörter kann man sich eine bessere Vorstellung darüber machen, wer die abgebildete Person ist: ein Experte auf dem Gebiet der Metereologie. Sie geben außerdem erste Hinweise auf den Textinhalt: Es geht um Supercomputer und Klima.

In manchen Fällen ist die genetische Verwandtschaft zwischen noch unbekannten deutschen und englischen Wörtern nicht klar erkennbar. Die Kompetenz, diese Fälle aufzudecken, kann mit Hilfe der folgenden „Konvertierungstabelle" (Tab. 20) eingeübt werden. Die folgende Tabelle fasst die graphematischen Entsprechungen der bereits gelernten deutschen und englischen Buchstaben (Tab. 17 und 18) zusammen:

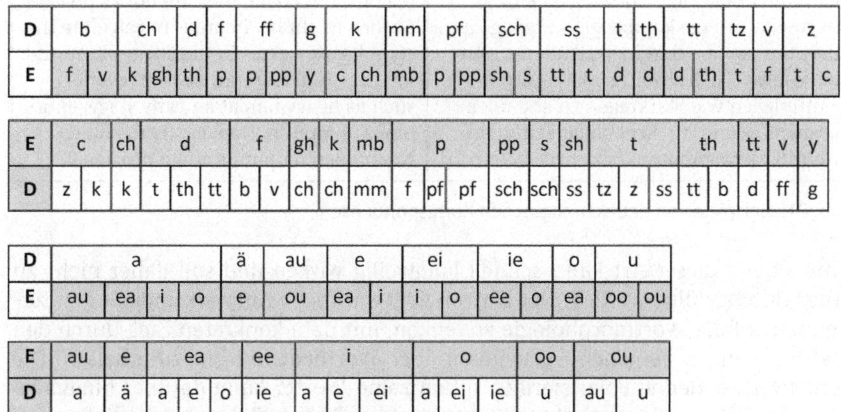

<table>
<tr><th>D</th><td colspan="2">b</td><td colspan="2">ch</td><td>d</td><td>f</td><td colspan="2">ff</td><td>g</td><td colspan="2">k</td><td>mm</td><td colspan="2">pf</td><td colspan="2">sch</td><td colspan="2">ss</td><td>t</td><td>th</td><td colspan="2">tt</td><td>tz</td><td>v</td><td colspan="2">z</td></tr>
<tr><th>E</th><td>f</td><td>v</td><td>k</td><td>gh</td><td>th</td><td>p</td><td>p</td><td>pp</td><td>y</td><td>c</td><td>ch</td><td>mb</td><td>p</td><td>pp</td><td>sh</td><td>s</td><td>tt</td><td>t</td><td>d</td><td>d</td><td>d</td><td>th</td><td>t</td><td>f</td><td>t</td><td>c</td></tr>
</table>

<table>
<tr><th>E</th><td colspan="2">c</td><td>ch</td><td colspan="3">d</td><td colspan="2">f</td><td>gh</td><td>k</td><td>mb</td><td colspan="3">p</td><td>pp</td><td>s</td><td>sh</td><td colspan="3">t</td><td colspan="2">th</td><td>tt</td><td>v</td><td>y</td></tr>
<tr><th>D</th><td>z</td><td>k</td><td>k</td><td>t</td><td>th</td><td>tt</td><td>b</td><td>v</td><td>ch</td><td>ch</td><td>mm</td><td>f</td><td>pf</td><td>pf</td><td>sch</td><td>sch</td><td>ss</td><td>tz</td><td>z</td><td>ss</td><td>tt</td><td>b</td><td>d</td><td>ff</td><td>g</td></tr>
</table>

<table>
<tr><th>D</th><td colspan="4">a</td><td>ä</td><td>au</td><td colspan="2">e</td><td colspan="2">ei</td><td colspan="2">ie</td><td>o</td><td colspan="2">u</td></tr>
<tr><th>E</th><td>au</td><td>ea</td><td>i</td><td>o</td><td>e</td><td>ou</td><td>ea</td><td>i</td><td>i</td><td>o</td><td>ee</td><td>o</td><td>ea</td><td>oo</td><td>ou</td></tr>
</table>

<table>
<tr><th>E</th><td>au</td><td>e</td><td colspan="3">ea</td><td>ee</td><td colspan="3">i</td><td colspan="3">o</td><td>oo</td><td colspan="2">ou</td></tr>
<tr><th>D</th><td>a</td><td>ä</td><td>a</td><td>e</td><td>o</td><td>ie</td><td>a</td><td>e</td><td>ei</td><td>a</td><td>ei</td><td>ie</td><td>u</td><td>au</td><td>u</td></tr>
</table>

Tab. 20: Konvertierungstabelle von deutsch (D)-englischen (E) graphematischen Entsprechungen bei Konsonanten und Konsonantengruppen (obere Reihen), Vokalen und Diphthongen (untere Reihen)

Die Tabelle wird herangezogen, um deutsch-englische Kognaten im deutschen Text zu erkennen. Diese Aufgabe wird ausgeführt, indem man den deutschen Text mit seiner englischsprachigen Variante vergleicht. Ein Wortbeispiel, das eventuell nicht sofort in Verbindung mit seinem englischen „counterpart" gesetzt wird, ist *präzise*. Der Vergleich mit dem englischen Text (Abb. 13, Titelteil) bietet als mögliches Äquivalent *precisely*:

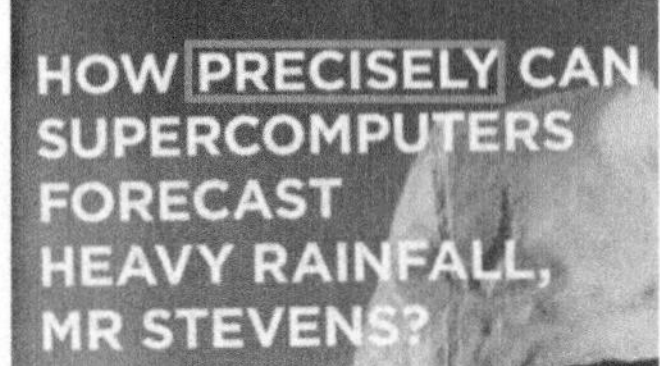

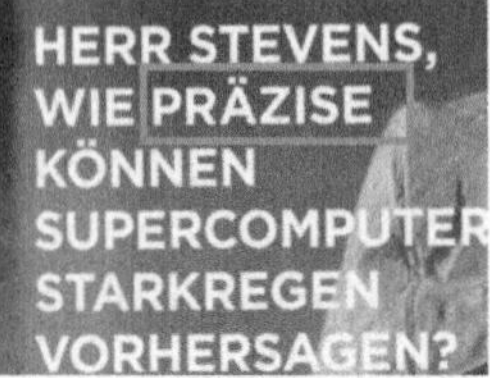

Abb. 13: Beispiel einer durch Textvergleich und Konvertierungstabelle aufscheinenden Wortäquivalenz

Die Konvertierungstabelle bestätigt die möglichen Entsprechungen von englisch *e, c* mit deutsch *ä, z*. Weitere Fälle können im Haupttext gefunden werden, wie die unterstrichenen Beispiele aus seiner ersten Spalte zeigen:

Mit Computersimulationen können Forschende sowohl **d*a*s** **K**lima der **k**ommenden Jahrzehnte als auch kurzfristig das We***tt***er **f*ü*r** bestimmte Regionen vorhersagen. Die Präzision ist bislang allerdings begrenzt. Um die **k**omplexen Vorgänge in der Atmosphäre durchzukalkulieren und beispielsweise frühzeitig lo**k**ale Extremwetterlagen wie Starkregen zu erkennen, braucht es enorme Rechenkapazitäten. Neue Supercomputer können sie liefern.	Using computer simulations, researchers can both predict **th*e*** **c**limate in the **c**oming decades as well as produce short-term wea***th***er forecasts **f*o*r** specific regions. But so far, they are not as precise as they might be. In order to calculate the **c**omplex processes in the atmosphere and identify lo**c**al extreme weather events such as heavy rain at an early stage, enormous computing capacity is required. New supercomputers could provide it.

Tab. 21: Beispiele von deutsch-englischen Korrespondenzen

Eine Übung dieser Art kann schnell langweilig wirken und soll daher nicht zu lange durchgeführt werden. Der Nutzen liegt darin, die Aufmerksamkeit der Lernenden auf die Wortmorphologie zu lenken, mit dem konkreten Ziel, durch den mehrsprachigen Vergleich Aufschlüsse über Wortbedeutungen zu erhalten. Die sprachvergleichende Fokussierung auf einzelne Wörter kann darüber hinaus zu ersten weiteren grammatischen Beobachtungen führen. So kann etwa die vergleichende Betrachtung der Wortgruppenpaare *Computersimulationen/computer simulations*; *Klimamodellen/climate models* zur Wortbildung im englisch-deutschen Sprachvergleich hinleiten.

4 Wörter im Text

Die Verschriftungsgeschichte der beiden Sprachen hat zur Folge, dass die genetische Verwandtschaft von deutsch-englischen Wortpaaren wie *Pforte/port*; *reiten/ride; Knecht/knight; nicht/nought* im jeweiligen System der Graphem-Phonem-Bezüge als nicht mehr durchgängig konsistent erscheint. Dennoch können Wortverwandtschaften– wie wir im Kap. 3 gesehen haben – wenigstens teilweise rekonstruiert werden. Die unterschiedliche Form genetisch verwandter Wörter in beiden Sprachen erklärt sich zum Teil durch Lautwandel in Konsonantismus und Vokalismus und entsprechende Veränderungen in der schriftlichen Kodierung der Phoneme, zum Teil aber auch durch die unterschiedliche Entwicklung der Flexionssysteme im Deutschen und Englischen. Während das Deutsche auch heute noch über ein recht reichhaltiges Kategoriensystem verfügt, das überwiegend (aber nicht ausschließlich) segmental realisiert ist, finden sich im Englischen nur noch Reste eines solchen Systems (vgl. Berg 2019: 2–3). Althochdeutsch und Altenglisch waren sich auch auf der Ebene der Morphologie wesentlich ähnlicher als das heutige Deutsch und Englisch. Allerdings weisen Wörter des Deutschen und Englischen auch im heutigen Sprachstand strukturelle Ähnlichkeiten auf, die als Ergebnis jeweils besonderer Mechanismen der Wortflexion und der Wortbildung gesehen werden können. Thema dieses Kapitels ist die Dimension Wort im Hinblick auf die Form, die das Wort im Text einnehmen kann.

Unser Augenmerk richtet sich dabei vor allem auf die Regeln der Flexion, der Wortbildungsverfahren und der grammatischen Verknüpfung von einzelnen Wörtern zu Wortgruppen in beiden Sprachsystemen, die jeweils auf ihre Weise eine besondere Rolle für die Lesekompetenz aus mehrsprachiger Perspektive spielen.

4.1 Wortbildung

Die Struktur und die Aufbauregularitäten von Wörtern werden u.a. durch Flexion bedingt. Unter Flexion versteht man die Art und Weise, in der ein Wort seine Form verändert, um eine grammatische Funktion im Satz zu erfüllen. Deutsch und Englisch sind – wie alle indogermanischen Sprachen – flektierende Sprachen, d.h., sie haben ein grammatisches System, das auf Veränderungen der Wortform durch Flexion (Endungen und Vokalwechsel) beruht, um grammatische Funktionen wie Kasus, Numerus, Tempus, Person, Modus, Aspekt und dergleichen auszuführen. Beispiele für solche Flexionen im modernen Deutschen und Englischen, die jeweils nach Numerus (Nr. 1–2), Kasus (Nr. 3–4), Person

(Nr. 5–6), Tempus (Nr. 7–8) und Aspekt (Nr. 9)[23] variieren, sind in Tab. 22 aufgeführt.

1.	Numerus	Werk, Werke	work, works
2.		Maus, Mäuse	mouse, mice
3.	Kasus	Werks	work's
4.		wer, wen, wessen	who, whom, whose
5.	Person	wandere, wandert	walk, walks
6.		singe, singt	sing, sings
7.	Tempus	sang, (hat) gesungen	sang, (has) sung
8.		wanderte	walked
9.	Aspekt	wandernd	walking

Tab. 22: Beispiel deutsch-englischer Wortflexion

In den meisten modernen Sprachen ist das ursprüngliche indogermanische Flexionssystem nur noch unvollkommen erhalten und wird nur noch unvollständig dargestellt. Insbesondere das Englische hat viel von der Flexionskomplexität verloren, die sein System einst auszeichnete. Das Deutsche hingegen hat mit seinen verschiedenen Formen der Wortdeklination einen weitaus größeren Anteil davon bewahrt (vgl. Algeo 2010: 64).

Von Flexion ist u. a. dann die Rede, wenn ein Nomen oder Pronomen dekliniert wird. Durch Flexion wird auf die Zählbarkeit des Nomens hingewiesen (Numerusmarkierung, Tab. 22, Nr. 1–2) oder das Genus (maskulin, feminin, neutral) und Kasus (Nominativ, Genitiv usw.) ausgedrückt (Kasusmarkierung, Nr. 3–4). Den Flexionsverfahren gehört zudem an, wenn eine Verbform konjugiert wird, um Person (Nr. 5–6) oder Tempusformen, z. B. Vergangenheit oder Gegenwart (Nr. 7–8), oder Aspekt (Nr. 9) auszudrücken. Flexion realisiert sich meistens durch Wortaffixe (Präfixe und Suffixe): so z. B. in Tab. 22, Nr. 1, wo im deutschen Wort *Werk* und im englischen *work* die jeweiligen *-e*/*-s*-Suffixe den Plural markieren, oder in Tab. 22, Nr. 5–6, wo die Suffixe *-t*, *-s* die dritte Person Singular anzeigen. Nr. 2 zeigt, wie die Pluralform im Deutschen und Englischen durch Veränderung des Stammvokals *maus-*/*mous-* schriftlich gekennzeichnet wird.

23 Die Kategorie Aspekt trifft vor allem für das englische *ing*-Gerundium zu und kann auch für das Deutsche mit Bezug auf einen besonderen nebensatzwertigen Gebrauch von Partizip-I-Phasen verallgemeinert werden, wie etwa im Beispielsatz: *Otto kam die Treppe hinauf, vor Anstrengung heftig keuchend* (aus Duden 2016: 858).

Die Vokalwechsel in Nr. 7 (*sang-/sung-*) sind als Beispiele von Tempusmarkierung anzusehen. Die Änderung des Wurzelvokals findet in den germanischen Sprachen in unterschiedlichen Formen statt. Der Prozess der Mutation des Wurzelvokals, den Jacob Grimm *Umlaut* nannte, erfolgt durch die Antizipation eines *i*-Lauts, wie z. B. bei den ursprünglichen Formen des Dativ Singular (**fōti*) und des Nominativ-Akkusativ Plural (**fōtiz*) von *fot*. Dabei entsteht eine Art Assimilation, bei der sich der Wurzelvokal in Richtung des *i*-Lauts bewegt, aber kurz davor aufhört, was zu **fēti* und **fētiz* führt, beide später auf *fēt* reduziert. Das Englische *man-men*, *foot-feet* zeigt die gleiche Entwicklung wie das deutsche *Mann-Männer*, *Fuss-Füsse*. Nach modernen Rechtschreibkonventionen wird im Deutschen der mutierte Vokal mit einem Sonderzeichen geschrieben, während das Englische einen von der Ausgangsform unterschiedlichen Buchstaben verwendet (vgl. Algeo 2010: 94).

Wie bis hierher bereits deutlich wurde, weisen beide Sprachen vergleichbare Flexionsstrukturen auf, was auf ihre gemeinsame Zugehörigkeit zur germanischen Sprachfamilie zurückzuführen ist.

Sprache	**ahd**	**ae**	**ahd**	**ae**	**ahd**	**ae**
Genus	Feminina		Maskulina		Neutra	
Numerus	Singular					
Kasus						
Nom.	des**ju**	thius	des**er**	thes**e**	di**z** / di**zi**	thit
Akk.	des**a**	th**esa**	des**an**	thes**an**	di**z**	thit
Dat.	des**êrâ**	thes**ârô**	des**emu**	thes**umu**	des**umu**	thes**umu**
Gen.	des**êru**	thes**âru**	des**es**	thes**es**	des**es**	thes**es**
	Plural					
Nom./Akk.	des**ô**	thes**â**	des**ê**	thes**ê**	des**ju**	thius
Dat.	des**êm**	thes**on**	des**êm**	thes**on**	des**êm**	thes**on**
Gen.	des**êrô**	thes**ârô**	des**êrô**	thes**ârô**	des**êrô**	thes**ârô**

Tab. 23: Deklination von Demonstrativa im Althochdeutschen (ahd) und Altenglischen (ae) nach Brunner (1965: 263) und Braune (2018: 342)

Das Althochdeutsche und Altenglische hatten ähnliche, reichhaltig artikulierte Deklinationssysteme. Als Beispiel dafür gilt das Deklinationsmuster der Demonstrativa *desju*, *deser*, *diz*/*thius*, *these*, *thit* (Tab. 23; Suffixe: fett markiert; Ablaut: Unterstreichung).

Im Laufe der Zeit haben beide Sprachen ihre Deklinationssysteme erheblich reduziert. Vor allem aber war dies für das Englische der Fall. Das wird besonders deutlich, wenn man das Deklinationsschema des altenglischen Nomens mit demjenigen des Deutschen und des modernen Englischen vergleicht:

	Altenglisch	**deutsch**	**englisch**
Nom. Sing.	Hund	Hund	hound
Akk. Sing.	Hund	Hund	hound
Gen. Sing.	Hund**es**	Hund**es**/Hund**s**	hound**'s**
Dat. Sing.	Hund**e**	Hund**e**/Hund	hound
Nom. Pl.	Hund**as**	Hund**e**	hound**s**
Akk. Pl.	Hund**as**	Hund**e**	hound**s**
Gen. Pl.	Hund**a**	Hund**e**	hound**s'**
Dat. Pl.	Hund**um**	Hund**en**	hound**s**

Tab. 24: Beispiel der Nomendeklination Altenglisch-Deutsch-Englisch

Das Deklinationssystem des gegenwärtigen Englischen ist weitaus weniger komplex angelegt als dasjenige des Deutschen. Daraus ergeben sich auch ganz unterschiedliche Wege im Unterricht der einen und der anderen Fremdsprache. So wird im Englischunterricht – zu Recht – kein Deklinationsschema für das Nomen vorgestellt, da dies wenig Sinn machen würde. Wie Tab. 24 zeigt, hat das englische Nomen nur noch ein Suffix (*-s*), das sowohl als Marker für den Kasus (Genitiv) als auch für den Numerus (Plural) dient.

Was das mehrsprachige Leseverstehen Deutsch nach Englisch betrifft, kann die Aufmerksamkeit der Lernenden gerade auf diese Überbleibsel eines Deklinationssystems auch des Englischen gelenkt werden. Phänomene des Englischen, die sie bereits kennen und verwenden (z.B. die „unregelmäßige" Pluralform von *foot – feet*), werden so als Ergebnis eines Phänomens des Sprachwandels begriffen. Aus der Erkenntnis der Veränderungen im englischen Flexionssystem lassen sich Parallelen zum Flexionssystem des Deutschen ziehen, das zwar als komplexer, aber ebenfalls als unsystematisch erscheint – weil es im Prinzip auch das Ergebnis von Sprachwandel ist.

Die Auflistung englischer Flexionsstrukturen, die im Deutschen äquivalente Formen haben, fördert ein Sprachbewusstsein dieser Art. Zu den Wortklassen im Deutschen und Englischen, die aufgrund des Sprachwandels ähnliche oder äquivalente Formen aufweisen, gehören Wörter, die mit vergleichbaren morphologischen Affixen gebildet werden (siehe Beispiele in Tab. 23). Weitere Beispiele dieser Art sind die Suffixe *-er, -st*, die bei der Adjektivflexion verwendet werden, um die Steigerungsformen der Adjektive zu kennzeichnen (Beispiel: *neuer* ↔ *newer*; *neuest* ↔ *newest*).

Wie Wörter in Schrifttexten erscheinen, wird darüber hinaus auch durch die Art und Weise bedingt, in der das jeweilige Sprachsystem neue Wörter bildet. Das Deutsche und das Englische produzieren neue Wörter durch vergleichbare Wortbildungsverfahren und zeigen auch damit ihre genetische Verwandtschaft.

Unter *Wortbildung* versteht man die Bildung neuer komplexer Wörter auf der Basis bereits vorhandener sprachlicher Mittel. Unter den diversen Möglichkeiten, neue Wörter zu bilden, kommen aus deutsch-englisch vergleichender Perspektive besonders die Derivation (Ableitung) und die Komposition (Zusammensetzung) zum Tragen. Es handelt sich in beiden Fällen um binäre Wortbildungsverfahren, d.h. um komplexe Wortbildungen, die in zwei Konstituenten segmentierbar sind. Die Basis der Wortbildung stellt dabei die Konstituente, die morphologisch und semantisch determiniert wird (das *Determinatum*). Die Determination erfolgt durch die zweite Konstituente (das *Determinans*). Beispiele der beiden Wortbildungsverfahren sind in Tab. 25 aufgeführt (fett markiert: die jeweilige Basis der Wortbildung):

Wortbildungsprodukte	Deutsch	englisch
Derivation	Auf**merk**samkeit Un**glück** **gratul**ieren **tatsäch**lich	**attent**ion mis**fortune** **gratul**ate **real**ly
Komposition	Meilen**stein** Geburts**tag** kegel**förmig** ausge**blasen**	mile**stone** birth**day** cone-**shaped** **blown** out

Tab. 25: Derivate und Komposita im Deutschen und Englischen

Der Unterschied zwischen den beiden Wortbildungsverfahren besteht im Wesentlichen darin, dass bei der Derivation neue Wörter aus einem Wort oder einem Wortstamm mit einem grammatischen Morphem (oder mehreren Morphemen) gebildet werden. So wird beispielsweise das Wort *Unglück* durch Hinzufügung des Negationsmorphems *un-* an das Wort *Glück* gebildet. Das Nomen *Aufmerksamkeit* wird vom Adjektiv *aufmerksam* abgeleitet, indem das Suffix *-keit* zugefügt wird. Die englischen Wörter *celebration* und *childhood* sind Derivationen aus dem Wortstamm *celebrat-*, bzw. dem Wort *child* durch Hinzufügen eines Suffixes (*-ion, -hood*).

Für das Textverstehen ist die systematische Erkennung von abgeleiteten Wörtern wichtig, da bestimmte Affixe den Wortstamm in einer jeweils bestimmten Weise determinieren. Dies geschieht sowohl mit Konsequenzen auf der morphologischen als auch auf der semantischen Ebene. An den oft genetisch verwandten deutschen und englischen Suffixen kann man die Wortart der gebildeten Wörter erkennen (z.B. *-ion, heit/-ion, -hood, -ness* > Nomina; *-lich, -voll/-ly, -ful* > Adjektive/Adverbien[24]). Je nach Morphemklasse kann in dem abgeleiteten Wort eine bestimmte Bedeutung wahrgenommen werden. So bilden etwa bestimmte Suffixe Abstrakta oder Nomina Agentis, Actionis und Instrumenti.

Die – auch aus vergleichbarer Sicht – wichtigsten Derivationsverfahren des Deutschen und des Englischen sind in Tab. 26 zusammengefasst:

a	**Versetzung in eine andere Wortart**				
	Nomen		Morphem		Ad
	Bruder/brother		-lich/-ly		brüderlich/brotherly
	Adjektiv		Morphem		Nomen
	gesund/sane		-heit/-ty		Gesundheit/sanity
	Nomen	+	Morphem	=	Adjektiv
	Hoffnung/hope		-voll/-ful		hoffnungsvoll/hopeful
	Zeit/time		-los/-less		zeitlos/timeless
	Verbstamm		Morphem		Adjektiv
	interess-/interest-		-ant/-ing		interessant/interesting
b	**Veränderung der Valenzeigenschaft und/oder der Bedeutung des Grundwortes**				
	Verb		Morphem		Verb
	halten/hold	+	be-/be-	=	behalten/behold
	Adjektiv		(Negations)-Morphem		Adjektiv
	realistisch/realistic		un-/un-		unrealistisch/unrealistic

24 In beiden Sprachen stehen die Klassen der Adjektive bzw. Adverbien sehr nah zueinander, indem Vertreter der beiden Klassen oft sowohl attributiv als auch adverbial gebraucht werden können. Ein Beispiel dafür sind deutsche und englische Derivate durch *-lich / -ly*: *ein freundlicher Typ / a friendly person* (attributiver Gebrauch), *freundlich grüßen / friendly ask* (adverbialer Gebrauch).

c	**Bestimmung einer semantischen Nuance (Abstractum)**				
	Adjektiv	+	Morphem	=	Nomen (Abstractum)
	finster, wahr, wirklich/ dark, true, real		-nis, -heit, -keit/ -ness, -th, -ity		Finsternis, Wahrheit, Wirklichkeit/darkness, truth, reality
d	**Bestimmung von Nomina Agentis, Actionis, Instrumenti**				
	Wortwurzel (Verb)	+	Morphem	=	Nomen
	druck-, zusammen-fass-/print-, summar-		-er, -ung/-er, -y		Drucker, Zusammen-fassung/printer, summary

Tab. 26: Derivationsverfahren des Deutschen und Englischen

Bei der Komposition wird ein einfaches Lexem (z.B. *Baum, tree*) mit einem weiteren Lexem zu einem komplexen Wort zusammengebaut. Die beiden Lexeme sind die Konstituenten von Komposita und werden jeweils als Grundwort und Bestimmungswort bezeichnet. Die Bedeutung des Grundworts wird im Verfahren der Komposition durch das Bestimmungswort determiniert. So kann auf der Basis eines einfachen Wortes (z.B. dt. *Haus,* engl. *house*) eine Wortfamilie gebildet werden, wie anhand der Beispiele in Tab. 27 gezeigt wird:

Einfaches Wort		Nr.	Komplexes Wort	
Haus	**house**	1	**Haus**mann	**house**husband
		2	**Haus**besitzer	**house**owner
		3	Pflanzenlager**haus**	plant storage **house**

Tab. 27: Einfache Wörter *versus* Komposita

Wortkomplexität kann durch unterschiedliche Kompositionsverfahren entstehen. In Tab. 27, Nr. 1 werden die komplexen Wörter jeweils aus zwei Lexemen (*Haus* + *Mann*/*house* + *husband*) gebaut. Nr. 2 zeigt komplexe Wörter mit derselben Struktur: die Zusammensetzung von zwei Lexemen, wobei das erste Wortpaar (*Haus-house*) aus einfachen Wörtern, das zweite (*besitzer, owner*) aus Derivationsprodukten besteht (*besitz-*, *own-* + Suffix *-er*, *-er*). In Nr. 3 wird ein komplexes Wort durch drei Simplexwörter (Nomen) gebildet: *Pflanzen* + *Lager* + *Haus*/*plant* + *storage* + *house*. Bei der deutschen Wortbildung *Pflanzenlagerhaus* gesellt sich noch ein Fugenzeichen hinzu (*-n-*). Fugenelemente (außer *-n-* auch *-s-*, *-es-*, *-e-*, usw.) sind charakteristische Vorkommen der deutschen Wortbildung. Die englische Sprache verwendet dagegen nur selten das Fugenelement *-s-* (z.B. *sports car*).

Beim Verfahren der Wortbildung wird die Bedeutung des Grundworts genauer determiniert, wie im Folgenden bildlich dargestellt:

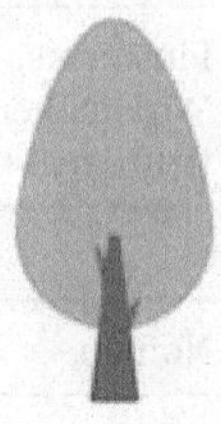

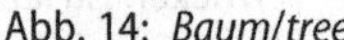

Abb. 14: *Baum/tree*

Abb. 15: *Weihnachtsbaum/Christmas tree*

Abb. 14 zeigt einen „generischen" Baum,[25] Abb. 15 einen Baum, der an Weihnachten geschmückt wird.[26] Komposita können auch mehrgliedrig sein, wie z.B. *Weihnachtsbaumschmuck, Christmas tree ornament.* Determiniert wird immer das rechtsstehende Wort (Grundwort). Bei unserem Beispiel wird dies durch das Bild (Abb. 16) veranschaulicht, auf dem der Schmuck (engl. *ornament*) im Vordergrund steht und die Gestalt des (Weihnachts-)Baums keine Rolle mehr spielt.[27]

Abb. 16: *Weihnachtsbaumschmuck/Christmas tree ornament*

Wie umfangreich ein Kompositum auch immer sein mag, bleibt seine Struktur stets binär, d.h. ein Grundwort wird durch ein zweites Lexem semantisch determiniert. Die einzelnen Wortbestandteile können wiederum selbst Komposita sein. Bei *Weihnachtsbaumschmuck, Christmas tree ornament* ist das Grundwort ein Simplexwort (*Schmuck, ornament*), das durch ein zweigliedriges Lexem

25 Quelle für das Bild *Baum*: <https://stock.adobe.com> Nr. 311586328, (©) kolonko/stock.adobe.com (letzter Zugriff: 12.12. 2023).

26 Quelle für das Bild *Weihnachtsbaum*: <https://stock.adobe.com> Nr. 298056365, (©) deemka studio/stock.adobe.com (letzter Zugriff: 12.12.2023).

27 Quelle für das Bild *Weihnachtsbaumschmuck*: <https://stock.adobe.com> Nr. 535474135, (©) Alexa Joy/stock.adobe.com (letzter Zugriff: 12.12. 2023).

determiniert wird. In anderen Fällen, wie z. B. *Wohngrundstück, residential real estate* ist das Grundwort selbst ein mehrgliedriges Kompositum (*Grundstück, real estate*).

Die beiden Sprachen stellen unterschiedliche Möglichkeiten der graphischen Wiedergabe von Komposita bereit. Beispiele:

	Deutsch	**Englisch**
Zusammenschreibung	Handtasche	handbag
Zusammenschreibung mit Bindestrich	E-Mail	e-mail
Getrenntschreibung	Immobilien Service	real estate agency

Tab. 28: Graphische Wiedergabe deutscher und englischer Komposita

Eine Getrenntschreibung von Komposita wird im Deutschen eigentlich nicht als normgerecht angesehen, kommt aber unter Einfluss des Englischen zunehmend vor allem in der Werbesprache und als Bezeichnung für Firmen, Dienstleistungen und Produkte vor (vgl. Fleischer/Barz 2012: 194).

Die unterschiedliche Schreibweise kann irreführend sein. Viel mehr deutsche als englische Zusammensetzungen werden univerbiert und erhalten dadurch die Eigenschaft „majestätisch", wie sie Mark Twain in seinem humoristischen Essay *Die schreckliche deutsche Sprache* (1880) darlegt:

> Dies Dinger sind keine Wörter, sie sind alphabetische Prozessionen. Und sie sind nicht einmal selten; man kann jederzeit eine deutsche Zeitung aufschlagen und sie majestätisch über die Seite marschieren sehen – und wer nur ein bisschen Phantasie hat, sieht auch die Standarten und hört die Musik noch dazu. (Twain 2010: 59)

Die meisten Komposita der deutschen Alltagssprache bestehen aus höchstens drei, seltener mehr Lexemen. Selbst „Wortmonster", die Mark Twain durch das ironische Prädikat *majestätisch ... marschieren* in unser Blickfeld rückt, bestehen – wenn man sie richtig segmentiert – aus zwei bis maximal vier Lexemen:

Freundschaftsbezeigungen		**zwei Lexeme**	Freundschaft, Bezeigungen	**+ Fugenelement -s-**
Dilettantenaufdringlichkeiten	→	**zwei Lexeme**	Dilettanten, Aufdringlichkeiten	
Generalstadtverordnetenversammlungen		**vier Lexeme**	General, Stadt, Verordnete, Versammlungen	**+ Fugenelement -n-**

Tab. 29: Komplexe Komposita des Deutschen (Beispiele nach Twain 2010: 59–60)

Deutsche Komposita mit mehr als drei Elementen entsprechen meist fachsprachlichen Termini. Auch in der englischen Sprache können lange Wörter gebildet werden[28] – sie werden aber selten zusammengeschrieben, wie Tab. 30 zeigt:

1.	Community Council meeting	**= drei Lexeme**
2.	Real estate office manager	**= vier Lexeme**
3.	World Wildlife Fund membership	**= fünf Lexeme**
4.	United Arab Emirates General Civil Aviation Authority	**= sieben Lexeme**

Tab. 30: Komplexe Zusammensetzungen des Englischen

Könnte man sie zusammenschreiben, so würden diese Wörter nicht weniger „monsterhaft" erscheinen als ihre deutschen Entsprechungen:

1.	communitycouncilmeeting
2.	realestateofficemanager
3.	worldwildlifefundmembership
4.	unitedarabemiratesgeneralcivilaviationauthority

Tab. 31: Zusammengeschriebene englische Zusammensetzungen

Englische Zusammensetzungen können sogar häufiger vorkommen als die deutschen, wie das folgende Beispiel aus dem Artikel *World's first real-time solution for controlling airplane operating costs*[29] zeigt:

(3a) Aircraft direct operating costs

(3b) die direkten Betriebskosten von Flugzeugen

Als Äquivalent für die englische Zusammensetzung (vier Elemente) tritt hier eine deutsche Wortgruppe auf, die aus einer Nominalgruppe (*die Betriebskosten*)

28 Die komplexe Frage, wie deutsche und englische Komposita von nicht-kompositionalen Wortgruppen zu unterscheiden sind, versucht Schlechtweg (2018) anhand mehrerer Faktoren zu beantworten. Zu diesen gehören das Flexionsverhalten des Adjektivs, die Wortbetonung, sowie semantisch-funktionale und kognitive Aspekte. Für unsere Überlegungen ist vor allem wichtig, dass hinsichtlich der Kompositionsverfahren des Deutschen, Englischen und Französischen eine strukturelle Ähnlichkeit zwischen den beiden germanischen Sprachen nachgewiesen wurde.

29 Aus zwei Paralleltexten der Europäischen Union <https://cordis.europa.eu/article/id/430264-aircraft-direct-operating-costs-heading-into-a-smooth-and-rapid-descent/de> (letzter Zugriff 19.12.2023).

besteht, welche durch ein adjektivisches Attribut (*direkten*) und eine Präpositionalgruppe (*von Flugzeugen*) semantisch determiniert wird. Wie das Beispiel zeigt, kann die englische Sprache sogar synthetischer vorgehen als die deutsche.

Als linguistisches Phänomen gehören Komposita zum Bereich der Wortbildung, aber auch zu demjenigen der Syntax. Komposita sind morphosyntaktische Einheiten, die als Einzelwörter erkennbar sind und gleichzeitig als syntaktische Gefüge funktionieren. Als solche kooperieren die zusammengesetzten Wörter und erzeugen damit gemeinsam einen Sinn. Unter dem Aspekt der semantischen Determination können Komposita als eine synthetische Form der Wortgruppe betrachtet werden.

Unabhängig davon, ob sie zusammen (mit oder ohne Bindestrich) oder getrennt geschrieben werden und unabhängig davon, wie komplex sie sind, ist es aus didaktischer Sicht wichtig, darauf hinzuweisen, dass die englischen und deutschen Zusammensetzungen auf die gleiche Weise funktionieren, indem das Grundwort nicht „schriftlinear" (links-rechts) positioniert ist, sondern rechts vom Bestimmungswort steht.

In der westlichen Schriftkultur wird traditionell von links nach rechts geschrieben und gelesen. Die Rechtsposition des Grundworts widerspiegelt die „Nachstellung" des Grundworts in zusammengesetzten Wörtern. Wie Tab. 32 zeigt, ist die Rechtsposition auch für den Nominalkopf der Nominalgruppe charakteristisch (vgl. dazu 4.2).

Nomen	• Blumen**topf** • Hände**druck** • Sand**sturm** • Schul**bus**	• flower**pot** • hand**shake** • sand**storm** • school **bus**
Deverbale Adjektive (Äquivalente)	• wohl**gemeint** • hufeisen**förmig**	• well-**intentioned** • horseshoe-**shaped**
Nominalgruppen	• **ein** gut gemeinter **Plan** • **die** hufeisenförmige **Bar** • letzten **Sonntag** • **ein** langer anstrengender **Tag** • **ein** wunderschön gestalteter **Raum**	• **a** well-intentioned **plan** • **the** horseshoe-shaped **bar** • last **Sunday** • **a** long fatiguing **day** • **a** beautifully designed **room**

Tab. 32: Rechtsposition des Nominalkopfs in deutschen und englischen Nomen und Nominalgruppen

4.2 Wortgruppen

Für das Leseverstehen ist die Bedeutung von Einzelwörtern wichtig: Ihr Erkennen kann dazu beitragen, in einem fremden, möglicherweise unverständlich erscheinenden Text erste Verständnisinseln zu schaffen, von denen aus die Hauptthemen des Textes rekonstruiert werden können. Für ein vertieftes Verständnis sämtlicher Textbedeutungen reicht das Erkennen von Einzelwörtern jedoch nicht aus, da die Bedeutung eines Textes nicht gleichzusetzen ist mit der Addition von einzelnen Wörtern mit ihren isolierten Bedeutungen.

Nicht alle Wörter haben die gleiche Funktion im Text. Traditionell wird zwischen Vollwörtern und Funktionswörtern unterschieden, wobei die Bezeichnung *Vollwort* für Wörter steht, die eine eigenständige lexikalische Bedeutung haben, also vor allem Nomina, Adjektive und Verben. Traditionell werden als Funktionswörter solche Wortarten bezeichnet, die vor allem eine grammatische Funktion im Satz ausüben, darunter Konjunktionen und Adverbien (Requardt 1988: 163)[30].

Wie bereits erwähnt, verfügen Deutsch und Englisch über ein Flexionssystem, das durch Sprachwandel unsystematisch geworden ist. Im Gegensatz zu Sprachen mit einem ausgeprägteren System wie dem Lateinischen werden im Deutschen und Englischen bestimmte grammatische Formen, die durch Kasus oder Tempus/Modus ausgedrückt werden könnten, nicht durch einzelne Wörter, sondern durch Wortgruppen kodiert.

Wortgruppen sind funktional zusammengehörende und gemeinsam verschiebbare Gruppen von einem oder mehreren aufeinanderfolgenden Elementen, die kein finites Verb enthalten. In jeder Wortgruppe fungiert ein Wort als Kopf, d.h. als struktureller und funktionaler Kern, der die Merkmale der anderen Elemente der Gruppe formal beeinflussen kann (vgl. *grammis*, Rubrik *Wissenschaftliche Terminologie*, Lemma *Kopf*). Durch die syntaktische Verknüpfung mit einem anderen Wort oder einer Wortgruppe wird das Kopfwort semantisch determiniert. Im folgenden Beispiel wird der jeweilige Kopf der Nominalgruppe (*Blume, flower*) durch das Artikelwort (*die, the*) modifiziert. Eingebettet in die jeweilige Nominalphrase (*die Blume, the flower*) sind es die Adjektive *blau, blue*, die Attributfunktion haben. Attribute sind mögliche, aber syntaktisch nicht notwendige Erweiterungen der Nominalgruppe:

Blume	die **Blume**	die *blaue* **Blume**	die *blaue* **Blume** der Romantik
flower	the **flower**	the *blue* **flower**	the *blue* **flower** of the Romantic movement

Tab. 33: Erweiterungen von deutschen und englischen Nominalköpfen

30 Eine Definition dieser Art findet nicht allgemeinen Konsens. Für Thielmann sind Funktionswörter Ausdrücke wie *der, irgendeiner, wer, schon, jedoch, und, obwohl* oder *nein*, die eine „sprachorganisierende“, „metakommunikative“ Funktion haben (Thielmann 2021: 125).

Im untenstehenden Paralleltext Lateinisch/Deutsch[31] (englische Übersetzung von uns) kann man z. B. sehen, wie sich die lateinische Sprache einerseits, das Deutsche und das Englische andererseits unterschiedlich verhalten, um mit ähnlichen sprachlichen Mitteln dieselben semantischen Relationen auszudrücken. So wird etwa die Relation von Besitz/Zugehörigkeit durch ein Genitivattribut als Ergänzung zum Nomen ausgedrückt: Während das lateinische Nomen eine eindeutige Genitiv-Form (*lege **Domini***) hat, werden das deutsche und das englische Nomen durch ein Artikelwort (*das Wort **des Herrn***) bzw. durch eine Präposition und einen Artikel (*the word **of the Lord***) begleitet, um die semantische Relation zu verdeutlichen. Ein weiteres Beispiel betrifft einige Aspekte der Modalität, die die lateinische Verbkonjugation zusammen mit Tempus und Numerus ausdrücken kann: Ein Beispiel ist die deontische Modalität, die die Verbform *maneant* (3. Person Pl. Präsens, Aktiv) durch den Modus Konjunktiv wiedergibt. Dafür werden im Deutschen und Englischen besondere Modalverben verwendet (*soll bleiben/shall remain*). Zu den weiteren semantischen Merkmalen, die durch ein flektiertes Wort vermittelt werden, gehört die Diathese (Passiv). Ein Beispiel dafür im Text ist die Verbform *occupentur* (3. Pers. Pl. Präs. Konj.). Auch für diese Form werden sowohl im Deutschen als auch im Englischen ähnlich strukturierte Wortgruppen gebildet, in diesem Fall Verbgruppen mit Hilfsverben (*ist … beschäftigt*/*is … occupied*).

Maneant singuli in cellulis suis, vel iuxta eas, die ac nocte in *lege Domini* meditantes et in orationibus vigilantes nisi aliis iustis occasionibus *occupentur*.	Jeder einzelne *soll* in seiner Zelle oder in ihrer Nähe *bleiben*, Tag und Nacht *das Wort des Herrn* meditierend und im Gebet wachend, es sei denn, er *ist* mit anderen, wohlbegründeten Tätigkeiten *beschäftigt*.	Everyone *shall remain* in his cell or near it, meditating day and night on *the word of the Lord* and watching in prayer, unless he *is occupied* with other well-founded activities.

Tab. 34: Vergleich von flexiven Ausdrücken des Lateinischen und äquivalenten Ausdrücken des Deutschen und Englischen

Beide Sprachen bilden Nominalgruppen durch Nomen und ihre Determinierer. Letztere sind Funktionswörter wie Artikelwörter, Quantifikatoren, Demonstrativa, welche die Nomen hinsichtlich spezifischer semantischer, syntaktischer und morphologischer Aspekte näher bestimmen. Determinierer des Deutschen und des Englischen zeigen die Art der Referenz an, die durch die Nominalgruppe formuliert wird, z. B. Definitheit (*dieser*/*the*), Indefinitheit (*ein/a*), Possessivität (*mein, ihr*/*my, their*). Im Deutschen werden die Artikelwörter im Gegensatz zum

31 Das Exzerpt stammt aus dem 7. Kapitel einer modernisierten Fassung der *Karmelregel* vom Heiligen Albert, Patriarch von Jerusalem, zu Anfang des 13. Jahrhunderts. Quelle: <https://karmelblumen.wordpress.com/2013/05/19/die-karmelregel-paralleltext-lateinisch-deutsch> (letzter Zugriff: 10.07.2023).

Englischen dekliniert (*dem, den*). Deutsche Nomina stehen in morphologischer Kongruenz zu ihren Determinierern, die auch die Morphologie des Adjektivs bestimmen, die sogenannte „starke“, „schwache“ oder „gemischte“ Deklination:

<table>
<tr><th>Genus des Nominal-kopfs
Kasus</th><th>Feminin</th><th>Maskulin</th><th>Neutral</th><th>Plural</th></tr>
<tr><td>Nominativ</td><td rowspan="2">**die** Reise
eine Reise
gut**e** Reise
die gut**e** Reise
eine gut**e** Reise</td><td>**der** Urlaub
ein Urlaub
schön**er** Urlaub
der schön**e** Urlaub
ein schön**er** Urlaub</td><td rowspan="2">**das** Leben
ein Leben
angenehm**es** Leben
das angenehm**e** Leben
ein angenehm**es** Leben</td><td rowspan="2">**die** Tage
Tage
best**e** Tage
die best**en** Tage</td></tr>
<tr><td>Akkusativ</td><td>**den** Urlaub
ein**en** Urlaub
schön**en** Urlaub
den schön**en** Urlaub
ein**en** schön**en** Urlaub</td></tr>
<tr><td>Dativ</td><td rowspan="2">**der** Reise
ein**er** Reise
gut**er** Reise
der gut**en** Reise
ein**er** gut**en** Reise</td><td>**dem** Urlaub
ein**em** Urlaub
schön**em** Urlaub
dem schön**en** Urlaub
ein**em** schön**en** Urlaub</td><td>**dem** Leben
ein**em** Leben
angenehm**em** Leben
dem angenehm**en** Leben
ein**em** angenehm**en** Leben</td><td>**den** Tag**en**
Tag**en**
best**en** Tag**en**
den best**en** Tag**en**</td></tr>
<tr><td>Genitiv</td><td>**des** Urlaub**s**
ein**es** Urlaub**s**
schön**en** Urlaub**s**/ schön**es** Urlaub**s**
des schön**en** Urlaub**s**
ein**es** schön**en** Urlaub**s**</td><td>**des** Leben**s**
ein**es** Leben**s**
angenehm**en** Leben**s**/ angenehm**es** Leben**s**
des angenehm**en** Leben**s**
ein**es** angenehm**en** Leben**s**</td><td>**der** Tage
best**er** Tage
der best**en** Tage</td></tr>
</table>

Tab. 35: Morphologie der deutschen Nominalgruppe

Auch wenn Funktion und Frequenz der Determinierer in den beiden Sprachen nicht immer gleich sind, ist es für das Leseverstehen wichtig, dass Artikelwörter, Quantifikatoren und Possessiva im Sprachvergleich leicht erkennbar sind, weil sie erstens oft eine ähnliche Form haben (*mein/my*; *dieser/this*) und zweitens in einer Nominalgruppe links vor dem Nominalkopf (*dieser schöne Mann/this handsome man*) stehen.

Die Nomen-Artikelwort-Gruppe bildet die „typisch deutsche“ Klammerstruktur mit syntaktischem Mittelfeld:

	Artikelwort	Mittelfeld	Nomen
1	die	Ø	Kluft
2	die	**soziale**	Kluft
3	die	**wirtschaftliche und soziale**	Kluft
4	die	**immer tiefer werdende** wirtschaftliche und soziale	Kluft
5	die	bereits in der Gesellschaft vorhandene, **immer tiefer werdende** wirtschaftliche und soziale	Kluft

Tab. 36: Klammerstruktur der deutschen Nominalgruppe

Eine ähnliche Struktur hat auch die englische Sprache:

	Artikelwort	Mittelfeld	Nomen
1	the	Ø	gap
2	the	**social**	gap
3	the	**economic and social**	gap
4	the	**existing** social	gap
5	the	**ever-growing** economic and social	gap

Tab. 37: Klammerstruktur der englischen Nominalgruppe

Ein grundlegender Unterschied in der Struktur der Nominalklammer besteht darin, dass das Mittelfeld der deutschen Nominalklammer grammatisch beliebig erweiterbar ist. Diese Beliebigkeit ist nur aus pragmatischen Gründen eingeschränkt. Im Englischen wäre eine komplexe Besetzung des Mittelfelds wie in (4a) unüblich. Im äquivalenten Beispiel (4b) wird das Attribut nicht wie in der deutschen Nominalgruppe durch eine Partizipialgruppe im Mittelfeld realisiert, sondern durch einen Relativsatz (kursiv), der dem Nominalkopf der Nominalgruppe folgt:

(4a) Die Beschwerdekammer [habe] **das** *diesem Eintragungshindernis zugrunde liegende* **öffentliche Interesse** nicht berücksichtigt.

(4b) The Board of Appell [...] failed to take account of **the public interest** *that underlies this ground for refusal.* (eur-lex.europa.eu)

In beiden Sprachen können Nominalgruppen verschiedene Arten von Attributen haben, darunter Adjektivgruppen (fett markiert in Tab. 36–37, Nr. 2–3); Partizipialgruppen (Tab. 36–37, Nr. 4–5), Präpositionalgruppen (Tab. 38, Nr. 1a–2a), Relativsätze (Tab. 38, Nr. 1b–2b). Attribute von Nominalgruppen können in beiden Sprachen auch rechts vom Nomen positioniert sein. Im syntaktischen Nachfeld der Nominalklammer stehen oft „schwere" Wortgruppen, vgl. die b-Varianten von (1a)-(2a) in Tab. 38:

	Artikelwort	Mittelfeld	Nomen	Nachfeld
1a	die	immer tiefer werdende	Kluft	**zwischen reichen und armen Ländern**
2a	the	ever-increasing	gap	**between the rich and the poor countries**
1b	die	Ø	Kluft	zwischen Reichen und Armen, **die immer tiefer wird.**
2b	the	Ø	gap	between rich and poor, **which is widening.**

Tab. 38: Nachfeld der deutschen und englischen Nominalgruppe

Die Feststellung des Vorhandenseins einer Nominalklammer im Englischen kann vielleicht das unter Fremdsprachenlernenden verbreitete Klischee relativieren, das Deutsche sei wegen seiner typischen Klammerstruktur eine schwierige Sprache!

In beiden Sprachen können Nominalgruppen durch eine Präposition regiert werden. Wortgruppen mit Präpositionalkopf stellen Präpositionalgruppen dar, wie die folgenden:

(5a) **im** immer tiefer werdenden Graben zwischen reichen und armen Ländern

(5b) **in** the ever-increasing gulf between the rich and the poor countries

Präpositionen gehören zu der Reihe von unflektierbaren Ausdrücken, über die sowohl die deutsche als auch die englische Sprache verfügt, um Gegenstände oder Sachverhalte in eine bestimmte inhaltliche Beziehung zueinander zu setzen. Präpositionen sind in ihrer Form und daher auch in ihrer Funktion leicht erkennbar: Sie stehen in der Regel vor der Wortgruppe, die sie regieren, die häufig ein Nomen, aber auch ein Pronomen (*neben **ihm**/alongside **him***), ein Adjektiv (*für **gewöhnlich**/in **general***) oder ein Adverb (*seit **damals**/since **then***) sein kann.

Präpositionen drücken zwischen den Elementen, die sie miteinander verknüpfen, eine bestimmte semantische Relation aus:

Relation	Beispiele
Lokal	
in, auf, hinter, links von	Das Haus **auf** dem Hügel
in, on, behind, left from	The house **on** the hill
Temporal	
vor, nach, während	die Stunde **vor** Mitternacht
before, after	The hour **before** midnight
Kausal/Konzessiv	
zwecks, aufgrund, trotz, aus	Schmerzen **aufgrund** einer Erkältung
for the purpose of, due to, despite, from	Pain **from** a cold
Instrumental	
durch, mittels	Hilfe **durch** die Kraft des Wortes
through, by means of	help **through** the power of the word

Tab. 39: Durch deutsche und englische Präpositionen ausgedrückte semantische Relationen

Ähnlich wie Präpositionen verhalten sich Subjunktionen. Auch Subjunktionen sind unflektierbare Ausdrücke, die ein bestimmtes Verhältnis anzeigen. Subjunktionen setzen propositionale Argumente miteinander in Beziehung, die oft durch Sätze bzw. Verbgruppen formuliert werden. Beispiele:

(6a) Der Blitz des Apparates leuchtete nur mich aus, **während** die Umgebung im Finsteren kaum zu erkennen war.

(6b) The flash of the camera would light up only me, **while** the surrounding areas in the dark would barely be visible.

(7a) Ich nahm meinen Schirm mit, **weil** es regnete.

(7b) I took along my umbrella, **as** it was raining.

(8a) **Obwohl** es seine erste Rede war, verlief sie reibungslos.

(8b) **Although** it was his first speech, it went smoothly.

Die Subjunktionen in (6) drücken Gleichzeitigkeit aus, in (7) Kausalität, in (8) Konzessivität. Zu den wichtigsten Relationen, die durch deutsche und englische Subjunktionen (Tab. 40) ausgedrückt werden, gehören die folgenden:

Relation	Deutsch	englisch
Temporalität	*während, als, wenn, seitdem, indem, indessen, solange, sooft, nachdem, kaum, bevor*	*while, as, when, since, as long as, until, so often, after, once, just, before*
Kausalität	*weil, da, zumal, denn, umso mehr als*	*because, since, for the purpose of, due to, despite, by*
Finalität	*damit, dass, um zu*	*so, so then, so that, thus, therefore*
Konditionalität	*wenn, falls, im Falle, dass, sofern*	*if, in case, provided (that), as long as*
Konzessivität	*obgleich, obwohl, auch wenn, trotzdem*	*although, despite, even if, nevertheless*
Vergleich	*als, als dass, (so) … wie, als ob … wenn, wie wenn*	*just like, just as, as if*

Tab. 40: Deutsche und englische Subjunktionen mit ihren wichtigsten Relationen

In beiden Sprachen kann die Funktion einer Präposition oder Subjunktion auch durch eine Wortgruppe erfüllt werden:

(9a) **Anhand** von konkreten Projektbeispielen wird versucht, den Stand der Bildungsdiskussion zu beschreiben.

(9b) **On the basis of** examples of concrete projects, the attempt is made to describe the status of the cultural discussion.

(10a) **Provided that** he pays a fine, he will not have to go to jail. (formal)

(10b) **Unter der Voraussetzung, dass** er eine Geldstrafe bezahlt, wird er freigelassen.

Die deutsche und die englische Sprache können je nach Art des Kopfes weitere Wortgruppen bilden, darunter auch Adverbgruppen. Beispiele hierfür sind: *genau* ***deswegen****, exactly* ***for this reason***. Die vergleichende Betrachtung ähnlich strukturierter Wortgruppen des Deutschen und des Englischen macht Lernende auf deren Funktionalität aufmerksam.

Als äquivalente Funktionswörter des Deutschen und des Englischen sind W-Wörter formal leicht zu erkennen. W-Wörter sind Wörter, darunter Interrogativadverbien, -pronomen und -artikel, die eine ähnliche Funktion im Satz haben (vor allem als Einleiter einer Ergänzungsfrage) und mit <w> beginnen (vgl. Fandrych/Thurmair 2021: 292). In der Grammatik des Englischen gibt es einen solchen Zusammenhang zwischen Wörtern, die mit <wh> beginnen: Es handelt sich dabei allerdings um ein stummes <h> (Kap. 3.2), das phonetisch als vollwertiges Äquivalent zum deutschen <w> anzusehen ist. Das Hauptinventar der deutschen und englischen äquivalenten W-Wörter ist hier tabellarisch dargestellt:

wer, wann, warum, was, wo, welch-, wie
who, when, why, what, where, which, how[32]

Tab. 41: Deutsche und englische W-Wörter

W-Wörter ähneln sich in ihren unterschiedlichen Funktionen als W-Pronomen (11)-(12) und W-Artikel, die eine Nominalgruppe einleiten (13)-(14). Als einleitendes W-Pronomen (Genitiv-Attribut) einer Nominalgruppe (15)-(16) werden deutsche sowie auch englische W-Gruppen typischerweise zu Einleitern von Frage- und Nebensätzen (vgl. *grammis,* Rubrik *Wissenschaftliche Terminologie*, Lemma *W-Pronomen*). Beispiele:

(11a) Rotkäppchen, **wohin** gehst du so früh?
(11b) **Where** are you going so early, Little Red Cap?

(12a) Sie sagt uns nicht, **wohin** sie geht!
(12b) She is not telling us **where** she's going!

(13a) **Welche** Daten sammelt Google?
(13b) **Which** Data does Google collect?

(14a) Keine Ahnung, **welche** Daten Google sammelt.
(14b) I have no idea **which** data Google collects.

(15a) **Wessen** Interessen werden in der Kommunalpolitik vertreten?
(15b) **Whose** interests are represented in local politics?

(16a) **Woher** soll man da wissen, wessen Interessen in der Kommunalpolitik vertreten werden?
(16b) **How** are you supposed to know whose interests are being represented in local politics?

Die formale Erkennung deutscher Wortgruppen durch den Vergleich mit ähnlich strukturierten Wortgruppen des Englischen kann eingeübt werden, um zu verstehen, welche Wörter in einer grammatischen Beziehung zueinander stehen, um eine syntaktische Funktion im Satz zu erfüllen. Gleichzeitig kann auf diese Weise auch die besondere Funktion erkannt werden, die eine bestimmte Wortgruppe im Satz erfüllt.

Eine zentrale Rolle im Satz – wie wir im Kap. 5 näher betrachten werden – spielt die Verbgruppe, die aus mindestens einer finiten Verbform besteht (17). Die sogenannten Verbalkomplexe können auch aus mehreren Verbformen bestehen (18),

32 Das englische Wort *how*, das ein ‚w' enthält, aber nicht damit beginnt, stellt den Ausnahmefall dar, der die Regel bestätigt. Englisch *how* geht auf altenglisch *hu* und protogermanisch **hwo* zurück, dessen Stamm die Quelle auch für Deutsch *wie* und Englisch *why* ist (vgl. *Online Etymology Dictionary*, Lemma *how*).

von denen mindestens eine finit ist (vgl. *grammis*, Rubrik *Systematische Grammatik*, Lemma *Verbalkomplex*):

(17a) Ich **verschlief**, weil mein Wecker nicht klingelte.
(17b) I **overslept** because my alarm didn't go off.

(18a) Ich **muss** Paris komplett **verschlafen haben**.
(18b) I **must have slept** through Paris.

Die deutsche und die englische Sprache strukturieren ihre Verbgruppen und Verbalkomplexe auf ähnliche Weise, um Prädikate auszudrücken. Wie Tab. 42 exemplarisch darstellt, werden in beiden Sprachen äquivalente Klassen von Verben als finite Verbformen verwendet, um infinite Verbform oder eine Gruppe von mehreren infiniten Verbformen zu einem Verbalkomplex zu vervollständigen:

Finite Verbform	Grammatisch-semantische Funktion	Weitere Elemente des Prädikats	Beispiele	
			deutsch	englisch
Hilfsverb	Bildung von zusammengesetzten Tempora und Passivformen des Vollverbs	+ Infinitiv/ Partizip II	• Isabel **wird** später ***essen***. • Ich **habe** schon ***gegessen***. • Sie **werden** ***gerufen***.	• Mike **will** ***eat*** later. • I **have** already ***eaten***. • They **were** ***called***.
Kopulaverb	Bildung des Prädikats zusammen mit dem Prädikativ	+ Nomen/ Adjektiv	• Ich **bin** ***Nora***. • Sie **sieht** ***glücklich*** **aus**.	• I **am** ***Nora***. • She **looks** ***happy***.
Modalverb	Modifizierung der durch das Vollverb vermittelten Bedeutung des Prädikats	+ Infinitiv	• Wir **müssen** darüber hinaus ***gehen***. • Ich **kann** Ihrem Antrag nicht ***nachkommen***, Herr Schmidt.	• We **must** ***go*** beyond it. • I **cannot** ***accede*** to your request, Mr Smith.

Tab. 42: Verbalkomplexe des Deutschen und des Englischen

Trotz zahlreicher morphologischer und grammatischer Divergenzen gibt es nicht wenige deutsche und englische Verben, die sich ähneln, z. B. Hilfs- und Modalverben wie *haben/have*; *können/can*; *müssen/must*; *wollen/will*. Deutsche Verbklassen dieser Art sind in ihrer Funktion insgesamt leicht zu erkennen, wenn man das Funktionieren der englischen Modalverben bereits kennt.

4.3 Didaktisches Intermezzo

Lerngegenstand	Teilziel	Aufgaben
• Wortbildung und Wortgruppen des Deutschen und des Englischen	• selektives Textverstehen (Ermittlung von punktuellen Informationen)	• Erkennen formaler und logischer Relationen zwischen Wörtern in/und zu Wortgruppen

Wie das vorangegangene Kap. 3 widmet sich auch Kap. 4 vor allem dem Bereich der Lexik. Ging es zuvor um das Erkennen von einzelnen (isolierten) Wörtern im deutsch-englischen Vergleich unter Einbeziehung der wichtigsten Regeln für sprachliche Zeichenkombinationen in beiden Sprachen, so werden Wörter nun vor allem in ihren komplexeren Bildungsmöglichkeiten (Wortbildung) und zugleich in ihrer kohäsiven Einbettung in den Text betrachtet. Wörter, ob einfach oder in Form von Wortbildungen und Wortgruppen, sind auf zwei wichtigen Ebenen vergleichbar: in ihrer Struktur selbst und als Ausgangs- und Knotenpunkte für thematische Verknüpfungen im Text.

Im Folgenden soll ein Beispiel für die pragmatische Anwendung des neu erworbenen Wissens über Wortbildungsprozesse im Deutschen und Englischen vorgestellt werden. Als Textvorlage kann erneut der zweisprachig publizierte Text aus dem Magazin *Humboldt Kosmos* dienen. Der Text ist den Studierenden bereits bekannt, was den Vorteil hat, dass sie sich direkt dem Vergleich der Wortbildungen und Wortgruppen in beiden Sprachen widmen können. Abb. 17 reproduziert den Text zusammen mit seiner englischen Version (ohne Bild).

Mit Computersimulationen können Forschende sowohl das Klima der kommenden Jahrzehnte als auch kurzfristig das Wetter für bestimmte Regionen vorhersagen. Die Präzision ist bislang allerdings begrenzt. Um die komplexen Vorgänge in der Atmosphäre durchzukalkulieren und beispielsweise frühzeitig lokale Extremwetterlagen wie Starkregen zu erkennen, braucht es enorme Rechenkapazitäten. Neue Supercomputer können sie liefern. Der US-amerikanische Atmosphärenphysiker Bjorn Stevens arbeitet daran.

2022 ging an seinem Institut in Hamburg beispielsweise „Levante" in Betrieb. Der Supercomputer bewältigt 14 Billiarden Rechenoperationen pro Sekunde. „Er wird langfristige Simulationen mit Klimamodellen ermöglichen, die eine Gitterauflösung von zum Beispiel 3 Kilometern haben", sagt Stevens. Der Forscher modifiziert den Code von Levante so, dass die Simulationen optimal laufen. Globale Simulationen, die auf Modellen mit solch feinen Gittern basieren, waren bisher nur für bis zu einigen Monaten möglich. Levante hingegen wird sie für mehrere Jahre ermöglichen.

Doch um etwa zu verstehen, wie sich Starkregenfälle mit der Erderwärmung verändern werden, braucht man Computer, die noch Hunderte Male leistungsfähiger sind als Levante. Stevens und einige Kolleg*innen fordern, dass sich Klimarechenzentren international zusammenschließen, um Zugang zu dieser neuen Generation Supercomputer zu erlangen. 2024 soll ein solches Gerät am Forschungszentrum Jülich in Betrieb gehen. ● *Text* **JAN BERNDORFF**

PROFESSOR DR. BJORN STEVENS kam 1998 mit einem Humboldt-Forschungsstipendium ans Max-Planck-Institut für Meteorologie in Hamburg, wo er heute Geschäftsführender Direktor ist.

Using computer simulations, researchers can both predict the climate in the coming decades as well as produce short-term weather forecasts for specific regions. But so far, they are not as precise as they might be. In order to calculate the complex processes in the atmosphere and identify local extreme weather events such as heavy rain at an early stage, enormous computing capacity is required. New supercomputers could provide it. The atmospheric physicist Bjorn Stevens is working on it.

In 2022 at his institute in Hamburg, for instance, "Levante" went into operation. The supercomputer can handle 14 quadrillion operations per second. "It will enable us to do long-term simulations with climate models with a grid resolution of three kilometres, for example," says Stevens. The researcher is modifying Levante's code so that simulations run at their optimum. Up to now, global simulations based on models with such fine grids could only be achieved for up to a few months. Levante, however, will make them calculable for several years.

But if you want to understand how heavy rainfall will change with global warming, for example, you need computers that are hundreds of times more powerful than Levante. Stevens and some of his colleagues are calling on climate computing centres internationally to join forces in order to get access to this new generation of supercomputers. In 2024, a machine of this kind is scheduled to go into operation at Forschungszentrum Jülich. ● *Text* **JAN BERNDORFF**

In 1998, **PROFESSOR DR BJORN STEVENS** was a Humboldt Research Fellow at the Max Planck Institute for Meteorology in Hamburg where he is now the managing director.

Abb. 17: Zweisprachiger Text aus *Humboldt Kosmos* 115, 2023, S. 9

Während in den beiden vorangegangenen didaktischen Intermezzi vor allem die Fähigkeit zur ersten Orientierung im fremdsprachlichen Text und das Erkennen von Einzelwörtern (Internationalismen, Zahlen, Eigennamen etc.) im Vordergrund standen, geht es nun darum, durch das Herausarbeiten morphologisch ähnlicher Wortbildungen die Mechanismen zu identifizieren, nach denen deutsche und englische komplexe Wörter und Wortgruppen aufgebaut sind. Dies kann exemplarisch an deutschen Komposita und ihren englischen Entsprechungen geschehen. Letztere können ebenfalls sowohl Komposita als auch Wortgruppen sein. DaF-Lernenden fällt es dabei vor allem am Anfang leichter, sich mit Nominalkomposita zu beschäftigen, da deutsche Nomen durch die Großschreibung gut erkennbar sind. Diese Fokussierung ist aber auch aus inhaltlicher Sicht wichtig, da Nomen zu den Hauptträgern der thematischen Information des Textes gehören. Der Vergleich mit dem Englischen kann zum Erfassen der einzelnen Konstituenten führen, aus denen die (zusammengeschriebenen) Komposita der deutschen Sprache bestehen.

Die Fokussierung darauf, wie Wörter gebildet werden (in unserem Fall Nominalkomposita) hilft den Lernenden, besser in die Thematik eines Textes einzusteigen und durch das Feststellen der Frequenzen von Wörtern und Wortteilen dessen Hauptthema zu erfassen. Der sprachvergleichende Fokus auf einzelne Wörter gibt Aufschluss über Wortbedeutungen und führt zu weiteren Beobachtungen über ihr Umfeld. Beobachtet werden die Wörter, die links und rechts des jeweils fokussierten Worts stehen, in einer linearen Sukzession. Auf diese Weise entsteht die Frage, wie die einzelnen Wörter im Satz zueinander in Beziehung stehen, wie sie zusammengehören und welche Bedeutungen sich aus ihren möglichen Verbindungen ergeben. Nach dem Worterkennen geht es nun um das Ausfindigmachen von Wortgruppen und schließlich um das Erkennen ihrer Funktion als Satzkonstituenten.

Eine Aufgabe, die als Einstieg zur Erkennung der Wortgruppen führen kann, ist die Unterstreichung von deutsch-englischen parallelen Wortgruppenstrukturen. Um einen didaktischen Vorgang dieser Art zu veranschaulichen, nehmen wir als Vorlage den Haupttext der deutschen und englischen Version des *Humboldt Kosmos*-Artikels (Abb. 17). Untersucht werden Nominal- und Präpositionalgruppen. Ziel der Untersuchung ist es, Wortgruppen zu identifizieren, die als „erweiterte Verständnisinseln“ dienen. Der Vergleich mit dem Englischen gibt den Lernenden die Möglichkeit, erste Beobachtungen über die syntaktischen Mechanismen der deutschen Sprache anzustellen.

Bei dieser komplexen Aufgabe wird in mehreren Schritten vorgegangen. In einem ersten Schritt werden zuerst die Nomen im deutschen Text und danach ihre englischen Entsprechungen unterstrichen (Tab. 43 fett markiert; Wortgruppen als englische Entsprechungen deutscher Komposita unterstrichen).

Mit **Computersimulationen** können **Forschende** sowohl das **Klima** der kommenden **Jahrzehnte** als auch kurzfristig das **Wetter** für bestimmte **Regionen** vorhersagen. Die **Präzision** ist bislang allerdings begrenzt. Um die komplexen **Vorgänge** in der **Atmosphäre** durchzukalkulieren und beispielsweise frühzeitig lokale **Extremwetterlagen** wie **Starkregen** zu erkennen, braucht es enorme **Rechenkapazitäten.** Neue **Supercomputer** können sie liefern. Der US-amerikanische **Atmosphärenphysiker Bjorn Stevens** arbeitet daran. **2022** ging an seinem **Institut** in **Hamburg** beispielsweise **„Levante"** in **Betrieb.** Der **Supercomputer** bewältigt 14 **Billiarden Rechenoperationen** pro **Sekunde.** „Er wird langfristige **Simulationen** mit **Klimamodellen** ermöglichen, die eine **Gitterauflösung** von zum **Beispiel** 3 **Kilometern** haben", sagt **Stevens.** Der **Forscher** modifiziert den **Code** von **Levante** so, dass die **Simulationen** optimal laufen. Globale **Simulationen,** die auf **Modellen** mit solch feinen **Gittern** basieren, waren bisher nur für bis zu einigen **Monaten** möglich. **Levante** hingegen wird sie für mehrere **Jahre** ermöglichen. Doch um etwa zu verstehen, wie sich **Starkregenfälle** mit der **Erderwärmung** verändern werden, braucht man **Computer,** die noch **Hunderte Male** leistungsfähiger sind als **Levante. Stevens** und einige **Kolleg*innen** fordern, dass sich **Klimarecherchezentren** international zusammenschließen, um **Zugang** zu dieser neuen **Generation Supercomputer** zu erlangen. **2024** soll ein solches **Gerät** am **Forschungszentrum Jülich** in **Betrieb** gehen.	Using **computer simulations**, researchers can both predict the **climate** in the coming **decades** as well as produce short-term **weather** forecasts for specific **regions.** But so far, they are not as *precise* as they might be. In order to calculate the complex **processes** in the **atmosphere** and identify local **extreme weather events** such as **heavy rain** at an early stage, enormous **computing capacity** is required. New **supercomputers** could provide it. The **atmospheric physicist Bjorn Stevens** is working on it. In **2022** at his **institute** in **Hamburg,** for instance, **„Levante"** went into **operation.** The **supercomputer** can handle 14 **quadrillion operations** per **second.** „It will enable us to do long-term **simulations** with **climate models** with a **grid resolution** of three **kilometres,** for **example,"** says **Stevens.** The **researcher** is modifying **Levante**'s **code** so that **simulations** run at their optimum. Up to now, global **simulations** based on **models** with such fine **grids** could only be achieved for up to a few **months. Levante,** however, will make them calculable for several **years.** But if you want to understand how **heavy rainfalls** will change with **global warming,** for example, you need **computers** that are hundreds of **times** more powerful than **Levante. Stevens** and some of his **colleagues** are calling on **climate computing centres** internationally to join forces in order to get **access** to this new **generation** of **supercomputers.** In **2024,** a **machine** of this kind is scheduled to go into **operation** at **Forschungszentrum Jülich.**

Tab. 43: Deutsche und englische Version vom Haupttext des Artikels in *Humboldt Kosmos*

Die Nominalkomposita im deutschen Text und ihre entsprechenden Ausdrücke im englischen sind in Tab. 44 aufgelistet. Die einzelnen Konstituenten der Komposita sind graphisch hervorgehoben. Bei einer Übung dieser Art werden die Lernenden dazu aufgefordert, die deutschen Komposita in ihre unmittelbaren Konstituenten zu zerlegen, indem sie einen vergleichenden Blick auf die englischen „counterparts" werfen.

1.	Computer**simulationen**	computer **simulations**
2.	Extrem***wetter*****lagen**	extreme ***weather*** **events**
3.	Stark**regen**	heavy **rain**
4.	Rechen**kapazitäten**	computing **capacity**
5.	Super**computer** (3x)	super**computers** (3x)
6.	Atmosphären**physiker**	atmospheric **physicist**
7.	Rechen**operationen**	**operations**
8.	Klima**modelle**	climate **models**
9.	Gitter**auflösung**	grid **resolution**
10.	Stark***regen*****fälle**	heavy ***rain*****falls**
11.	Erd**erwärmung**	global **warming**
12.	Klima***recherche*****zentren**	climate ***computing*** **centres**

Tab. 44: Segmentierung der deutschen Komposita durch Vergleich mit ihren englischen Äquivalenten

Für Fremdsprachenlernende ist die korrekte Segmentierung deutscher Komposita keine selbstverständlich zu lösende Aufgabe. So könnte beim Beispiel *Starkregen* auch an eine Segmentierung mit *Star-* gedacht werden, und damit an ein Etwas (hier: „Kregen"), das einem Star angehört. Oder bei *Erderwärmung* könnte die Segmentierung *Erder-wärmung* angenommen werden. Beide Wortteile, *Erder* und *Wärmung* (wie auch *Kregen*) könnten als morphologisch durchaus plausible Vertreter des deutschen Wortschatzes aufgefasst werden. Woher also sollten vor allem Anfangslernende wissen, wo die Grenzen der Worteinheiten liegen? Die englischen Ausdrücke können helfen, Wortgrenzen zu erkennen und durch ihre graphische Hervorhebung den Überblick über die Bestandteile des jeweiligen Kompositums im Englischen und Deutschen auch visuell zu unterstützen.

Die Grenzen der einzelnen Wortbestandteile lassen sich somit aus dem Vergleich mit den englischen Entsprechungen ableiten. Als Beispiel seien hier *Computersimulation* und *computer simulation* genannt, durch deren Nebeneinanderstellung die Bedeutung des deutschen Wortes sofort erkennbar wird. Ohne diesen Vergleich könnte das deutsche Wort dagegen auf den ersten Blick als ein Konglomerat von Buchstaben und damit als fremd erscheinen. Dies gilt in noch stärkerem Maße für Komposita wie *Gitterauflösung*, deren Bestandteile keine Internationalismen (wie im Fall von *Computersimulation*), sondern Vertreter des germanischen Wortschatzes sind und daher DaF-Anfängern noch unvertraut sein dürften. Hier kann das englische Äquivalent *grid resolution* helfen, zumindest die

Bedeutung des deutschen Grundwortes zu erkennen. In ähnlicher Weise kann bei *Extrem**wetter**lagen* durch das Äquivalent *extreme **weather** events* die mittlere Konstituente *Wetter* ins Bewusstsein gerückt werden. Bei einer einsprachigen Lektüre laufen gerade die mittleren Konstituenten oft Gefahr, übersehen zu werden. Dabei können sie für die thematische Entfaltung des Textes eine wichtige Rolle spielen. In diesem Sinne ist hier gerade *Wetter* ein wichtiges Wort, weil es den Mittelpunkt der Themenkette *Klima/Wetter* bildet, die zum inhaltlichen Gesamtstoff des Interviews gehört.

Die Unterscheidung der Konstituenten ermöglicht es, ihren textuellen Zusammenhang mit anderen Wörtern nachzuvollziehen und die thematischen Stränge des Textes in ihrer Hierarchie zu erkennen. Wie eingangs erwähnt, ist eine korrekte Segmentierung für das Verstehen von Wortbildungen von grundlegender Bedeutung. Es ist bekannt, dass deutsche Komposita oft als „Wortmonster" wirken. Die zwölf in Tab. 44 zusammengestellten Komposita bestehen aus zehn bis 21 Buchstaben, drei Komposita sind aus jeweils drei Konstituenten aufgebaut. Das Wissen, dass lange und komplexe Komposita segmentiert werden können, erleichtert deren Verstehen. Den Lernenden wird bewusst, dass die Bedeutung der einzelnen Komposita nicht wie bei einfachen Fremdwörtern als solche memoriert werden muss. Vielmehr kann die Grundbedeutung der meisten deutschen Komposita aus den Bedeutungen ihrer Konstituenten „addiert" werden. Dies kann den Lernenden die Angst vor dem „Monster" nehmen und eine der häufigsten Schwierigkeiten beim Verstehen deutscher Texte beheben (vgl. Erben 2000: 160).

In einem nächsten Schritt wird im deutschen Text das Feld links vom jeweiligen Nomen berücksichtigt und nach Determinierern und Attributen der Nominalgruppe im Mittelfeld der Nominalklammer gesucht.[33] Die Fokussierung auf die Nominalklammer ist didaktisch sinnvoll, um Erkenntnisse über die Formenvielfalt und das Funktionieren deutscher Determinierer zu gewinnen, auch im Vergleich mit ihren englischen Äquivalenten. So werden im deutschen Text Nominalgruppen, die mindestens eines dieser Elemente aufweisen, isoliert und aufgelistet. Wie Tab. 45 (linke Spalte) zeigt, kommen in diesem Text als links von Nomen positionierte Attribute fast nur Adjektive vor. Insgesamt gibt es kaum Beispiele von reichlich besetzten Mittelfeldern, was die Analyse der Nominalklammerstruktur deutscher Nominalgruppen erleichtert. In Bezug auf die Determinierer sind im Text vor allem Artikelwörter vorhanden. Bestimmte Artikel werden in der Tabelle durch einfache, unbestimmte Artikel durch doppelte Unterstreichung hervorgehoben. In zwei Fällen kommen Artikelwörter in verkürzter Form vor (Nr. 15 *zum*, Nr. 29 *am*), weil sie als Verschmelzung mit einer Präposition (*zu*/*an*) als ein einziges Wort dargestellt werden. Dadurch können

33 Die Hervorhebung der Klammerstrukturen als Besonderheit der deutschen „Klammersprache" (Weinrich 1986) ist eine nützliche didaktische Strategie, die sich im DaF-methodologischen Diskurs seit langem etabliert hat (u. a. Thurmair 1991).

sie für DaF-Anfangslernende in ihrer Funktion versteckt bleiben. Es treten zudem vereinzelte Beispiele weiterer Formen von Determinierern im Text auf: Possessiva wie *seinem* (Nr. 10), Demonstrativa wie *dieser* (Nr. 27), *solch* (Nr. 21). Ziemlich zahlreich sind die Quantifikatoren: *14 Billiarden* (Nr. 12), *3* (Nr. 16), *einige* (Nr. 22, 26), *mehrere* (Nr. 23), *Hunderte* (Nr. 25). Dies gibt Anlass, Zahlen in ihrer Funktion als Determinierer zu erkennen, was vielleicht keine Selbstverständlichkeit für die Lernenden darstellt. Eine weitere wichtige Beobachtung, zu der die Übung führen kann, gilt den häufig vorkommenden Nullartikeln (Ø) und der gleichzeitig damit einhergehenden Möglichkeit, das Mittelfeld der entsprechenden Nominalklammer besetzt vorzufinden, wie *bestimmte Regionen* (Nr. 3), *lokale Extremwetterlagen* (Nr. 6), *enorme Rechenkapazitäten* (Nr. 7), *Neue Supercomputer* (Nr. 8), *langfristige Simulationen* (Nr. 14), *globale Simulationen* (Nr. 20). Für die unterschiedlichen Fälle gibt es im englischen Text Nominalgruppen mit gleicher Struktur: Nomen + Determinierer (Nr. 1, 10, 11, 14, 17); Nomen + Determinierer + Attribut (Nr. 4, 9, 21, 27); Nomen + Quantifikator (Nr. 12, 16, 22, 23, 25, 26; Nomen + Nullartikel + Attribut (Nr. 3, 6, 7, 8, 13, 20). Die vergleichende Beobachtung des linken Felds der Nominalgruppen bestätigt somit die strukturelle Ähnlichkeit dieser Wortgruppen in den beiden germanischen Sprachen. Zu beobachten sind auch nicht genau entsprechende Strukturen, z.B. stehen die Artikelwörter der deutschen Nominalgruppen in Nr. 2 und 6 im Genitiv; die äquivalenten Ausdrücke im englischen Text bestehen dagegen aus Präpositionalgruppen. Manchmal stehen im englischen Text Nomen + Nullartikel-Strukturen als Äquivalente für die deutschen Nomen + Determinierer-Strukturen (Nr. 15, 19, 24, 29), manchmal werden als Determinierer unterschiedliche Mittel verwendet, wie in Nr. 18 Determinativartikel vs. Nomen im Sächsischen Genitiv; Nr. 26 Quantifikator vs. Possessiv. In Nr. 28 steht das Attribut links vom Nomen in der deutschen Version, rechts davon in der englischen.

1. das Klima	1. the climate
2. der kommenden Jahrzehnte	2. [in] the coming decades
3. Ø bestimmte Regionen	3. Ø specific regions
4. die komplexen Vorgänge	4. the complex processes
5. der Atmosphäre	5. [in] the atmosphere
6. Ø lokale Extremwetterlagen	6. Ø local extreme weather events
7. Ø enorme Rechenkapazitäten	7. Ø enormous computing capacity
8. Ø Neue Supercomputer	8. Ø New supercomputers
9. Der US-amerikanische Atmosphärenphysiker Bjorn Stevens	9. The atmospheric physicist Bjorn Stevens
10. **seinem** Institut	10. **his** institute
11. Der Supercomputer	11. The supercomputer
12. **14 Billiarden** Rechenoperationen	12. **14 quadrillion** operations
13. Ø langfristige Simulationen	13. Ø long-term simulations
14. eine Gitterauflösung	14. a grid resolution
15. zum Beispiel	15. for Ø example
16. **3** Kilometern	16. **three** kilometres
17. Der Forscher	17. The researcher
18. den Code	18. Levante's code
19. die Simulationen	19. Simulations
20. Ø globale Simulationen	20. Ø global simulations
21. solch feinen Gittern	21. such fine grids
22. **einigen** Monaten	22. a few months
23. **mehrere** Jahre	23. several years
24. der Erderwärmung	24. global warming
25. **Hunderte** Male	25. **hundreds of** times
26. **einige** Kolleg*innen	26. **his** colleagues
27. **dieser** neuen Generation Supercomputer	27. **this** new generation of supercomputers
28. ein solches Gerät	28. a machine of this kind
29. am Forschungszentrum Jülich	29. at Ø Forschungszentrum Jülich.

Tab. 45: Nominalgruppen im Text

Die Lernenden sollten sodann den Kasus des Determinierers berücksichtigen: wenn dieser nicht im Kasus Nominativ oder Akkusativ steht und die entsprechende Nominalgruppe rechts von einer anderen Nominalgruppe positioniert ist, könnte die rechts stehende Nominalgruppe Attribut der davor stehenden Nominalgruppe sein. Ein Beispiel hierfür sind im Text die aufeinanderfolgenden Nominalgruppen *das Klima* (Nr. 1) und *der kommenden Jahrzehnte* (Nr. 2). Der Vergleich mit der englischen Parallelstruktur (*the climate in the coming decades*), die eine Präpositionalgruppe als Attribut hat, bestätigt, dass es sich auch in der deutschen Version um eine Nominalgruppe mit Attribut handelt.

Im nächsten Analyseschritt wird geprüft, ob links von der Nominalklammer eine Präposition steht. Ist dies der Fall, werden die entsprechenden Wortgruppen als Präpositionalgruppen identifiziert. Tab. 46 listet die im deutschen Text vorhandenen Präpositionalgruppen auf:

1. **für** bestimmte Regionen 2. **in** der Atmosphäre 3. **an** seinem Institut 4. **in** Hamburg 5. **in** Betrieb 6. **mit** Klimamodellen 7. **von** zum Beispiel 3 Kilometern 8. **von** Levante 9. **auf** Modellen	10. **mit** solch feinen Gittern für bis zu einigen Monaten 11. **für** mehrere Jahre 12. **für** bis zu wenigen Monaten 13. **mit** der Erderwärmung 14. **zu** dieser neuen Generation Supercomputer 15. **am** Forschungszentrum Jülich 16. **in** Betrieb

Tab. 46: Präpositionalgruppen im Text

Die aufgelisteten Präpositionalgruppen erfüllen im Text eine jeweils unterschiedliche syntaktische Funktion. Darüber soll in dieser didaktischen Phase noch nicht detailliert gesprochen werden. Lernende werden möglicherweise feststellen, dass in einem Fall (Nr. 7) die Präpositionalgruppe *zum Beispiel* im „Mittelfeld" der einrahmenden Präpositionalgruppe steht.

Ein weiterer Analyseschritt besteht darin, die Aufmerksamkeit der Lernenden auf die Präpositionalgruppen zu lenken, die rechts von den Nominalgruppen stehen. Ziel dieser Aufgabe ist es herauszufinden, ob es sich um Attribute der jeweiligen Nominalgruppe handelt. Das Ergebnis der Analyse wird tabellarisch dargestellt (Präpositionen fett, Nominalgruppen kursiv markiert):

1.	*das Wetter* **für** bestimmte Regionen	*weather forecasts* **for** specific regions
2.	*die komplexen Vorgänge* **in** der Atmosphäre	*the complex processes* **in** the atmosphere
3.	*Der US-amerikanische Atmosphärenphysiker Bjorn Stevens* **an** *seinem Institut* **in** Hamburg	*The atmospheric physicist Bjorn Stevens* **at** *his institute* **in** Hamburg
4.	*langfristige Simulationen* **mit** Klimamodellen	*long-term simulations* **with** climate models
5.	*eine Gitterauflösung* **von** zum Beispiel 3 Kilometern	*a grid resolution* **of** three kilometres
6.	*den Code* **von** Levante	Levante's code[34]
7.	*Starkregenfälle* **mit** der Erderwärmung	*heavy rainfalls* **with** global warming
8.	*Zugang* **zu** dieser neuen Generation Supercomputer	*access* **to** this new generation of supercomputers
9.	*ein solches Gerät* **a**m Forschungszentrum Jülich	*a machine of this kind* [...] **at** Forschungszentrum Jülich.

Tab. 47: Lineare Sukzession der Nominal- und Präpositionalgruppen im Text

34 Die Relation der Zugehörigkeit wird in der deutschen Wortgruppe durch die Präposition *von*, hier durch den Kasus Genitiv ausgedrückt.

Der Vergleich mit den englischen Parallelstrukturen und ihren Bedeutungen dient der Überprüfung der Funktion der Präpositionalgruppen und kann bei der Klärung mehrdeutiger Fälle sehr hilfreich sein. Ein mehrdeutiger Fall könnte in folgendem Satz enthalten sein:

(19a) Doch um etwa zu verstehen, wie sich **Starkregenfälle mit der Erderwärmung** verändern werden ...

Soll die Präpositionalgruppe *mit der Erderwärmung* als Attribut zu *Starkregenfällen* interpretiert werden? Die englische Version spricht dagegen:

(19b) But if you want to understand how **heavy rainfalls** will change ***with global warming*** ...

In der englischen Version stehen die Nominalgruppe *heavy rainfalls* und die Präpositionalgruppe *with global warming* diskontinuierlich. Sie werden durch das Prädikat *will change* unterbrochen. Dadurch kann eine Interpretation der Präpositionalgruppe als Attribut der Nominalgruppe ausgeschlossen werden.

Ein ähnlicher Fall deutsch-englischer Asymmetrie in der linearen Abfolge von Nominal- und Präpositionalgruppe liegt im folgenden Satz vor:

(20a) 2024 soll **ein solches Gerät am Forschungszentrum Jülich** in Betrieb gehen.

(20b) In 2024, **a machine of this kind** is scheduled to go into operation ***at Forschungszentrum Jülich.***

Das Englische macht deutlich, dass *am Forschungszentrum Jülich* nicht als Attribut der Nominalgruppe, sondern als Komplement des Prädikats *in Betrieb* gehen anzusehen ist.

Ziel dieser Art von Übungen ist die Sensibilisierung für pragmatische Fragen im Zusammenhang mit der Stellung der Konstituenten im Satz.

5 Sätze im Text

Wie wir in den vorangegangenen Kapiteln gesehen haben, kann das Erkennen von einzelnen Wörtern und Wortfamilien in einem fremdsprachigen Text dazu beitragen, wichtige thematische Elemente zu erfassen und damit eine erste Annäherung an das Textverständnis zu erreichen. Dies scheint vor allem dann der Fall zu sein, wenn es sich um Wörter handelt, die einen vollständigen semantischen Wert vermitteln, wie dies bei vielen Nomen und Verben der Fall ist. Wörter allein können nur eine Idee über das thematische Gerüst des Textes vermitteln. Um die Ausführung und die Entwicklung des Themas des Textes zu verstehen, ist es notwendig, die Verknüpfungen der Wörter zu syntaktischen Einheiten nachzuvollziehen. Nachdem in Kap. 4 dargestellt wurde, wie Wortgruppen im Deutschen und Englischen durch bestimmte Funktionalwörter und morphologische Strukturen aufgebaut sind, geht es nun darum, Verbgruppen als Kern größerer syntaktischer Einheiten zu identifizieren und die jeweilige Zusammenhörigkeit von Wörtern zu erkennen, die im Satz eine bestimmte Funktion als Verbkomplemente erfüllen, d.h. als Subjekt, Objekt, Prädikativ oder Adverbial. Wortgruppen, die eine Funktion als Satelliten des Verbs (Ergänzungen oder Angaben) erfüllen, werden in der Dependenzgrammatik (vgl. u.a. Engel 1988) *Satzglieder* genannt.

Auch in diesem Kapitel soll ein besonderes Augenmerk auf Strukturen des Deutschen und des Englischen gelegt werden, die ähnlich gestaltet sind und ein vergleichbares Verhalten zeigen. Als typologisch ähnliche Sprachen weisen sie viele solcher syntaktischer Strukturen auf. Das bewusste Wahrnehmen dieser syntaktischen Ähnlichkeiten und Divergenzen kann das Leseverstehen für Lernende des Deutschen nach Englisch erleichtern und die Entwicklung der Lesekompetenz beschleunigen.

Die Wahrnehmung sprachlicher Texte (anders z.B. als die Wahrnehmung von Bildern) erfolgt linear, wobei Texte nicht einfach linear – Wort für Wort – erschlossen werden. Bei der Lektüre eines Textes entsteht eine Art „inkrementeller syntaktischer Analyse“ (vgl. Crocker/Pickering/Clifton 2000: 5), d.h. ein linearer Prozess der Bedeutungskonstruktion, der mit der Hypothese beginnt, die bei der Wahrnehmung des ersten Wortes formuliert wird. Die erste Hypothese wird anhand der im Leseprozess nach und nach wahrgenommenen Bedeutungen verifiziert. Dies kann zu einer Abfolge von Interpretationsfehlern und ihrer Reparatur führen, wie der folgende englische Beispielsatz verdeutlicht (vgl. Crocker/Pickering/Clifton 2000: 5ff.):

(19a) The horse raced past the barn fell.

Beim linearen Verständnis des Satzes wird das Wort *raced* zunächst einmal als flektierte Form des Verbs *to race* interpretiert. Diese Deutung wäre in einem anderen Satz, z.B. *The horse raced past the barn*, richtig. In diesem Satz fordert die Wahrnehmung des letzten Wortes (*fell*) dazu auf, diese Hypothese zu überprüfen und zu korrigieren: *raced* muss hier als Partizip Perfektform des Verbs *to race* im Relativsatz *raced past the barn* und somit als Attribut der Nominalgruppe *the horse* verstanden werden.

Lineares Lesen kann auch Mehrdeutigkeit erzeugen, wie der in Abb. 18 wiedergegebene Text verdeutlicht:[35]

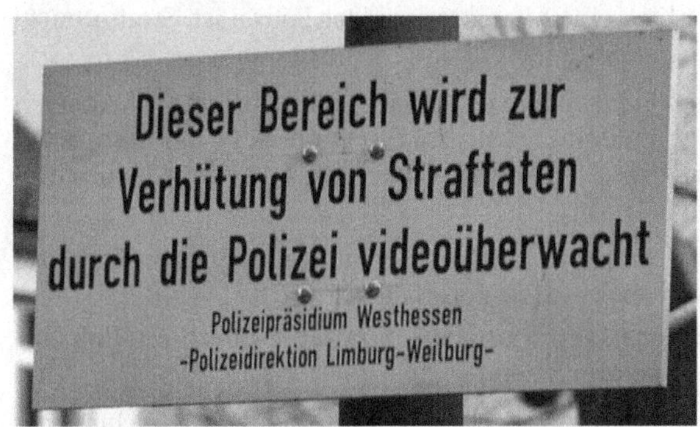

Abb. 18: Bahnhofschild in Limburg an der Lahn

Je nachdem, wie man die syntaktische Funktion der im Satz enthaltenen Wortgruppen interpretiert, kann der Satz auf dem Schild in Abb. 18 als (a) oder (b) gedeutet werden (Satzgliedabgrenzung in eckigen Klammern angegeben):

(22a) [Dieser Bereich] wird [zur Verhütung von Straftaten] [durch die Polizei] videoüberwacht.

(22b) [Dieser Bereich] wird [zur Verhütung von Straftaten durch die Polizei] videoüberwacht.

Die doppeldeutige Anlage des Satzes wirft folgende Fragen auf:

- Handelt es sich um das Ziel einer Verhütung von Straftaten der Allgemeinheit anhand einer Videoüberwachung durch die Polizei (22a)?
- Handelt es sich um eine Verhütung potenzieller Straftaten durch die Polizei anhand einer Videoüberwachung (22b)?

35 Es handelt sich um den Text auf einem Bahnhofschild, das 2004 in Limburg an der Lahn angebracht wurde (vgl. das online-Nachrichtenblatt „Mittelhessen“ vom 20.05.2022, <https://www.mittelhessen.de/lokales/kreis-limburg-weilburg/limburg/limburg-halten-kameras-die-polizei-von-straftaten-ab-1940791> (letzter Zugriff: 20.12.2023).

Im ersten Fall wird die Wortgruppe *zur Verhütung von Straftaten* als Angabe des Prädikats *wird ... videoüberwacht* interpretiert. Die Wortgruppe *durch die Polizei* wird als selbständiges Satzglied in der Funktion des Verbkomplements betrachtet. Im zweiten Fall wird als Angabe des Prädikats die Wortgruppe *zur Verhütung von Straftaten* zusammen mit der Präpositionalgruppe *durch die Polizei* angesehen. Dabei gilt die Präpositionalgruppe als Teil eines Satzglieds in attributiver Funktion der Nominalgruppe *Straftaten.* Die beiden Hypothesen lassen im Bereich des Weltwissens keinen Zweifel zu: Die Wahl fällt zu Gunsten der Version (22a) aus, da es bekanntlich eine Charakteristik der Polizei ist, Straftaten zu verhindern und nicht, solche zu begehen.

Auf rein syntaktischer (nicht thematischer) Ebene gesehen, sind die beiden Hypothesen an die jeweilige Konstituentengrenze gebunden. In der gesprochenen Sprache wird die alternative Abgrenzung durch eine unterschiedliche Intonationskontur deutlich gemacht:

(22c) Dieser Bereich / wird zur Verhütung von Straftaten / durch die Polizei videoüberwacht \ (steigend – steigend – fallend)

(22d) Dieser Bereich wird / zur Verhütung von Straftaten durch die Polizei \ videoüberwacht \ (steigend – fallend)

Im Bereich der Schriftlichkeit kann Intonation durch Interpunktionszeichen wiedergegeben werden, wie in der variierten Wiedergabe von (22a) unter (22e):

(22e) Dieser Bereich wird zur Verhütung von Straftaten videoüberwacht. Durch die Polizei.

In der Schriftsprache markiert der Punkt das Ende eines Satzes. Als Schreibsätze können Sinneinheiten in Satzfragmenten – wie *durch die Polizei* in (22a) – notiert werden, wenn gesprochene Sprache abgebildet wird (vgl. Duden 2016: 1079).

Im Vergleich zum Hörverstehen, bei dem in der Regel keine wiederholte Wahrnehmung möglich ist, wird das Verstehen schriftlicher Texte dadurch erleichtert, dass man visuell auf bereits gelesene Einheiten zurückgreifen und potenziell mehrdeutige Passagen genauer analysieren kann. L2-Leser:innen neigen im Allgemeinen dazu, das Verständnis fremdsprachiger Texte auf syntaktische Indikatoren zu stützen, die ihnen aus ihrer L1 bekannt und für diese typisch sind (vgl. Lutjeharms 1998). Der Transfer von der L1 auf die L2 kann falsche syntaktische Freunde erzeugen, die zu Verständnisfehlern führen (vgl. Kaiser/Peyer 2011: 341). So verarbeiten Lernende mit romanischer L1 in deutschen Sätzen in der Regel das Satzglied an erster syntaktischer Stelle als Agens, auch wenn die Position durch das Objekt besetzt ist (vgl. Jacksons 2008). Um einen negativen L1-Transfer zu verhindern, kann ein mehrsprachiger Ansatz hilfreich sein. In unserem Fall kann sich die bewusste Wahrnehmung, wie die beiden germanischen Sprachen auf syntaktischer Ebene funktionieren, als günstig erweisen und die Lesekompetenz des Deutschen als L3 fördern.

In diesem Kapitel werden äquivalente Mechanismen bei der Bildung deutscher und englischer Sätze betrachtet und die Struktur und Stellung der Satzglieder verglichen.

5.1 Satzbildung

Die meisten deutschen und englischen Sätze entstehen durch die syntaktische Verknüpfung eines Verbalkomplexes mit mindestens einem Komplement. Wenn ein Satz aus einem Prädikat und einem einzigen Komplement besteht, stellt dieses in den meisten Fällen das Subjekt dar. Die folgenden Beispiele zeigen Nominalgruppen (*die blaue Blume*, *a blue flower*), die im Satz die Rolle des Subjekts übernehmen, indem die entsprechenden Satzglieder durch Prädikate (*ist ein zentrales Symbol der Romantik*, *is a central symbol of inspiration*) determiniert werden:

(23a) Die blaue Blume **ist** ein zentrales Symbol der Romantik.

(23b) A blue flower **was** a central symbol of inspiration for the Romantic movement.

Die Dependenzgrammatik (Engel 1988) unterscheidet zwischen Satzgliedern, die eine Ergänzungsfunktion haben und jenen, die als Angabe fungieren. Ergänzungen sind valenznotwendig. Dies bedeutet, dass das Verb spezifische Leerstellen eröffnet, die nur Ausdrücke mit bestimmten Formeigenschaften (z. B. Kasus) sättigen können. Angaben dagegen besetzen keine spezifischen Leerstellen und können je nach kommunikativen Bedürfnissen frei hinzugefügt werden.

Die Anzahl der Komplemente, die zusammen mit einem Verbalkomplex einen Satz bilden, wird durch das Prädikat bedingt. Deutsche und englische Verben haben die Fähigkeit, bestimmte Ergänzungen zu fordern, damit der Satz einen Sinn bekommt, und ihre Form festzulegen. So bestehen deutsche und englische Sätze je nach Verb und dessen Valenz aus einer bestimmten Anzahl von obligatorischen Ergänzungen.

In beiden Sprachen gibt es null- bis dreiwertige Verben. Avalente Verben des Deutschen und des Englischen haben ein grammatisches Subjekt (*es*, *it*), das durch kein lexikalisches Subjekt ersetzt werden kann. Beispiele:

(24a) [Es] regnet. (*Die Katze regnet.)

(24b) [It] rains. (*The cat rains.)

Intransitive Verben wie *schlafen/sleep* benötigen zur Bildung von grammatischen Sätzen mindestens eine syntaktische Ergänzung, in der Regel ein Subjekt, das in der aktiven Diathese die semantische Rolle Agens (25) spielt, in der passiven diejenige des Patiens (26) übernimmt. Beispiele:

(25a) [Das Feuer] brennt.

(25b) [Fire] burns.

(26a) [100 % der gesammelten Öle] wurden verbrannt.

(26b) [100 % of the collected oils] were burned.

Bivalente Verben (z. B. *lieben/love*) fordern zwei Ergänzungen. Diese können ein Subjekt und ein Objekt in der Agens- und Patiens-Rolle wie in (27) sein:

(27a) [Der Konzern] macht [Schätzungen im Hinblick auf künftige Entwicklungen].

(27b) [The Group] makes [estimates concerning the future].

Dreiwertige Verben wie *geben/give* verlangen in der Regel ein Subjekt, ein direktes und ein indirektes Objekt, um Agens, Patiens und Rezipient auszudrücken. Beispiele:

(28a) [Ich] wünsche [Ihnen] [einen erholsamen Urlaub].

(28b) [I] wish [you] [a relaxing holiday].

Bestimmte Verben fordern ein Adverbial (29) oder ein Präpositionalobjekt (30) in unterschiedlichen semantischen Rollen.[36] Bei (29) handelt es sich um Situierung im RAUM, bei (30) um Verweis auf das MATERIAL:

(29a) [Sie] wohnt [*ein Stockwerk unter mir*].

(29b) [She] lives [*one floor below me*].

(30a) [Das klassische Drama] besteht [*aus fünf Akten*].

(30b) [The classic model of play] consists [*of three acts*].

In allen aufgeführten Fällen von Sätzen, die je nach Prädikat null bis drei Satzglieder erfordern, können fakultative Ergänzungen hinzugefügt werden, d. h. Komplemente, die eine Leerstelle des Verbs füllen. Im Beispiel (31) wird der deutsche Satz um das dreiwertige Verb *geben* mit Subjekt und direktem Objekt gebildet. Der englische Satz, mit dem äquivalenten Verb *give*, wird zudem durch ein indirektes Objekt ergänzt:

(31a) [Tim] gibt [Ratschläge, die auf seinen persönlichen Erfahrungen und Fachkenntnissen basieren].

(31b) [Tim] offers [advice [**to people**] based on his experiences and understanding of the business world].

In beiden Sprachen können die finiten Verben auch durch freie Angaben ergänzt werden, d. h. Komplemente, die unabhängig von Verbvalenz in verschiedenen Kontexten vorkommen können. Ihre Anzahl im Satz ist frei und im Prinzip unbegrenzt. In (27) stellt eine Angabe das jeweilige Adverbial *im Hinblick auf künftige*

36 Die für die linguistische Forschung umstrittene Frage nach der syntaktischen Abgrenzung von Adverbial und Präpositionalobjekt ist für die Valenztheorie zentral. Angenommen werden dabei semantische Rollen, die bestimmten „semantischen Nischen" entsprechen (BASIS, DESTINATUM, DISZIPLIN, MATERIAL, RESPONS usw.), die Präpositionalobjekte kodieren können (Höllein 2019: 106). Eine Zusammenstellung sämtlicher „Nischen" bietet Höllein (2019: 288–289).

Entwicklungen / concerning the future dar. In (32) kommen zwei Angaben, in (33) drei (kursiv markiert) Angaben vor:

(32a) [Das] gibt [mir] [*immer*] [ein gutes Gefühl], [*wenn ich verreist bin*].
(32b) [That] [*always*] gives [me] [a positive feeling], [*when I am on a journey*].

(33a) [Es] regnet [*oft*] [*hier*], [*fast jeden Tag*].
(33b) [It] rains [*a lot*] [*here*], [*almost every day*].

Die Komplementfunktion wird durch Wortgruppen unterschiedlicher Art realisiert. Subjekt, Objekt und Prädikativ werden im deutschen und englischen Satz häufig durch Nominal- (wie in 25, 26, 27, 30, 31) oder Pronominalgruppen (wie in 24, 28, 29, 32, 33) realisiert. Sie können aber auch satzförmig sein:

(34a) [Es] ist [umstritten], [*ob diese Methode zulässig ist*].
(34b) [It] is [controversial] [*whether this method is allowed*].

Adverbialia werden oft durch Präpositionalgruppen (35) kodiert, können aber auch durch Nominalgruppen wie in (29) oder (36) realisiert werden:

(35a) [*Im heißen Sommer 2006*] war [der Energieverbrauch] [hoch].
(35b) [Energy consumption] was [high] [*in the hot summer of 2006*].

(36a) [*Nächste Woche*] werden [wir] wissen, [ob es die Einigung gibt oder nicht].
(36b) [We] shall know [*next week*] [whether or not the agreement has been reached].

Adverbialia bestimmen unterschiedliche Umstände (z.B. Ort, Zweck), je nachdem, welche Relation durch die jeweilige Subjunktion (fett markiert) ausgedrückt wird, z.B. Temporalität (37) oder Finalität (38). Durch die Einbeziehung satzförmiger Adverbialia entstehen – wie es in diesen Beispielen der Fall ist – komplexe Sätze:

(37a) [**Als** 1989 die Mauer endlich fiel,] erfüllte sich [der Traum aller Deutschen].
(37b) [**When** the Wall finally fell in 1989,] [the dreams of the Germans] come true.

(38a) [**Um** die Probleme der Berliner während der Zeit der Berliner Mauer **zu** verstehen,] besuchten [wir] [zunächst] [wichtige Orte].
(38b) [**To** connect with the problems faced by the Berliners during the time of the Berlin wall] [we] [first] did [some extensive sightseeing].

Aus DaF-didaktischer Perspektive soll der Blick nicht nur auf gleichartig gestaltete syntaktische Strukturen des Deutschen und des Englischen gerichtet werden, die ein vergleichbares Verhalten zeigen. Es kann vielmehr nützlich sein, Divergenzen hervorzuheben, die auch typologisch ähnliche Sprachen aufweisen. Das bewusste Wahrnehmen dieser syntaktischen Ähnlichkeiten und Divergenzen kann das Leseverstehen für Lernende des Deutschen nach Englisch erleichtern und die Entwicklung der Lesekompetenz beschleunigen. In diesem Sinne besteht der nächste Schritt darin, Lernende, die sich der tendenziell ähnlichen Struktur deutscher und englischer Wortgruppen bewusst geworden sind, auf die tendenziell unterschiedliche Grundstruktur von Sätzen und Verbalkomplexen in beiden Sprachen vorzubereiten

Für das Ziel des Leseverstehens ist die Hervorhebung von Verbalkomplexen sehr wichtig, um auch komplexe Texte in syntaktisch-semantische Einheiten zu zerlegen und so einen schrittweisen Zugang zur Textkomplexität zu ermöglichen.

5.2 Wortstellung

Im vorliegenden Kapitel geht es um die sogenannte Wortstellung, d.h. um das Wissen über Stellungsregularitäten im Satz, die die deutsche und die englische Sprache kennzeichnen. Der Terminus bezieht sich also auf die Stellung der Satzglieder und nicht der einzelnen Wörter im Satz. Es geht vor allem darum, die unterschiedlichen Regeln der Subjekt-Verb-Abfolge zu verdeutlichen.

Hinsichtlich der Wortstellung ist das Englische als SVO-Sprache zu sehen (SVO = Subjekt – Verb – Objekt; mit *Verb* ist das finite Verb gemeint). Sowohl Hauptsätze als auch Nebensätze des Englischen weisen eine reguläre SV-Abfolge auf (König/Gast 2012: 189). Diese Abfolge ist festgelegt und wird für grammatische Zwecke genutzt. Beispiele (Hauptsätze: [A], *while*-Nebensätze: [B]; Subjekte unterstrichen, Verbformen fett):

(39a) [A] <u>Some children</u> **may lose** their first tooth as young as four, [B] while <u>others</u> **may lose** it as late as seven.

(39b) [B] While <u>they</u> **lose** teeth on a regular basis, [A] <u>new teeth</u> **continue** to grow in.

Im Gegensatz zum Englischen kann das Deutsche nicht prinzipiell als SVO-Sprache angesehen werden. Nur das reguläre Auftreten des konjugierten Verbteils an der Zweitstelle in Aussagesätzen kann dazu führen, die SVO-Abfolge als „kanonische Ordnung“ (Blasco Ferrer 1999: 155) zu bezeichnen. Im Deutschen gibt es aber drei unterschiedliche Verbstellungstypen: Verbletzt-, Verbzweit- und Verberststellung (vgl. Duden 2022: 51 ff.). Selbst in den häufig vorkommenden V2-Strukturen von Deklarativsätzen ist die präverbale Satzgliedstelle im Deutschen nicht für das Subjekt reserviert (vgl. Duden 2016: 788 f.), wie die folgenden Beispiele zeigen (Subjekte fett, Verben unterstrichen):

(40) **Das Erdmännchen** <u>ist</u> eine Säugetierart aus der Familie der Mangusten.

(41) Bei der Geburt <u>sind</u> **Augen und Ohren der Jungen** <u>geschlossen</u>.

Die Stellungsvariabilität der Satzglieder in englischen Sätzen ist tendenziell geringer als diejenige, die in deutschen Sätzen zu beobachten ist (vgl. Fischer 2013: 77). Die reguläre Stellung für die meisten Verbergänzungen im Englischen ist postverbal (vgl. Dryer 2011: 1). Links vom Verb des englischen Satzes können aber auch mehrere Satzglieder stehen. In den folgenden Beispielen ist das Verb fett markiert und die Satzglieder im Vorfeld sind durch eckige Klammern gekennzeichnet. So ist leicht zu erkennen, dass der erste Satz ein Satzglied im Vorfeld hat, der zweite zwei, der dritte drei Satzglieder:

(42) [The meerkat] **is** a small carnivoran belonging to the mongoose.

(43) [When a predator is spotted], [the meerkat performing as sentry] **gives** a warning bark.

(44) [Despite this altruistic behavior], [meerkats] [sometimes] **kill** young members of their group.

Links vom Verb, im Vorfeld des deutschen Satzes, steht in der Regel genau ein Satzglied, das das Subjekt (45) oder ein anderes Satzglied (46) sein kann.

(45) [Die meisten Experten] **schätzen** die Gefahr, von einem Hai attackiert zu werden, als extrem gering **ein**.

(46) Aber [am Rande der Stadt] **wurden** die Bohrer durch etwas anderes aus seinem Kopf **vertrieben**.

Die Verbposition im Englischen ist relativ zum Subjekt definiert: Bei Topikalisierung eines anderen Satzgliedes, wie in (47), rückt sie mit der Position des Subjekts (unterstrichen) nach hinten (vgl. Fischer 2013: 183):

(47) But [on the edge of town], drills **were driven out** of his mind by something else.

Englische Satzbaumodelle, die deutsche Äquivalente haben, sind u. a. V1-Konditionalsätze (vgl. Cornelsen 2017: 193). Beispiele:

(48a) **Were** the virus to reappear, hospitals would now be ready for it.

(48b) **Sollte** das Virus wieder auftauchen, wären die Krankenhäuser jetzt darauf vorbereitet.

Vergleichbare Strukturen liegen auch in englischen Sätzen vor, die mit *hardly* und (oft, aber nicht obligatorisch) *never* oder *never before* beginnen (vgl. Rossiter 2020: 156), und in deutschen Sätzen, die im Vorfeld *kaum* oder ein Negationsadverb haben. Beispiele:

(49a) ***Hardly*** **had** I **left** the house, than it started to rain.

(49b) ***Kaum*** **hatte** ich das Haus verlassen, fing es an zu regnen.

(50a) ***Never*** **had** we **understood** one another so clearly.

(50b) ***Noch nie*** **hatten** wir uns so gut **verstanden**.

Betrachtet man schließlich deutsche und englische Fragesätze (Ja/Nein-Fragesätze), so zeigt sich eine ähnliche Struktur bei denjenigen, die den konjugierten Teil des Verbs in Spitzenstellung positionieren. Beispiele:

(51a) **Is** he working hard today?

(51b) **Muss** er heute viel arbeiten?

Ähnliches ergibt sich bei W-Fragen, die mit Interrogativa gebildet sind und eine V2-Struktur aufweisen. Beispiele:

(52a) Who **is** working hard today?

(52b) Wer **muss** heute viel arbeiten?

Ein bewusst vergleichender Blick auf die syntaktischen Strukturen des Deutschen und des Englischen soll keinesfalls sprachsystemische Divergenzen ausblenden (vgl. Kretzenbacher 2009: 89). Ein mehrsprachig orientierter didaktischer Ansatz kann in diesem Fall auch dazu beitragen, negativen Transfer zu vermeiden, wie er durch eine unreflektierte Übernahme syntaktischer Strukturen der L1 oder L2 in Deutsch als L3 entstehen kann.

Eine gewisse Herausforderung für DaF-Lernende stellt in der Regel die für das Deutsche typische Verbalklammerstruktur (Satzklammer) dar, die durch zweiteilig konjugierte Verben gebildet wird.[37] Der bereits in Kapitel 4 erwähnte amerikanische Schriftsteller Mark Twain bezeichnet in seiner humoristischen Rede *The Horrors of the German Language* (Adress to the Vienna Press Club, 1897) den deutschen Satzbau als zu den „Schrecken der deutschen Sprache" gehörend. In nichts weniger als „auf den Brücken der Stadt", wenn nicht sogar auf „Reichsbrücken", schreibt er, gäbe es für deutsche Sätze den benötigten Raum:

> Dort kann man einen edlen, langen deutschen Satz ausdehnen, die Brückengeländer entlang, und seinen ganzen Inhalt mit einem Blick übersehen. Auf das eine Ende des Geländers klebe ich das erste Glied eines trennbaren Zeitwortes und das Schlußglied klebe ich an's andere Ende – dann breite ich den Leib des Satzes dazwischen aus. (Twain 1897)

Das Bild der Brücke ist tatsächlich gut dafür geeignet, die deutsche Satzklammer anschaulich zu machen (Kretzenbacher 2009: 92):

37 Die kognitive Komplexität der diskontinuierlichen Strukturen kann durch die Beobachtungen von Schlechtweg (2018) bestätigt werden, welcher zeigt, dass Wörter, die als Produkt der Wortbildung anzusehen sind, leicht zu memorisieren sind.

Vorfeld	**Vorverb**	**Mittelfeld**	**Nachverb**	**Nachfeld**
Der Trainer	bringt	der Katze einen Trick	bei.	
Mit Geduld	hat	er ihn ihr	beige-bracht,	ob sie nun lernen will oder nicht.
Obwohl die Katze faul ist,	lernt	sie aus Liebe zum Trainer schließlich den Trick,		denn Liebe erreicht alles.
Morgen	bringt	die Katze den Trick, den sie neu erlernt hat, zum ersten Mal	zur Aufführung,	nicht wahr?
Das	muss	ich mir auf jeden Fall	anschauen.	
	Komm	doch	mit	in den Zirkus!
Oder	bist	du gegen Katzen-tricks	allergisch,	Leo?

Abb. 19: Die Satzklammer als Brücke nach Kretzenbacher (2009: 92)[38]

Wie die Grafik zeigt, wird die Verbalklammer (auch *Verbklammer*) aus den aufgespaltenen Formen konjugierter Verben gebildet, bei denen die konjugierte Verbform (*Vorverb*) in der Zweit- oder Erst-Position erscheint, während die restlichen Teile des Verbs die Endstellung des Satzes (*Nachverb*) einnehmen. Die Klammerstruktur, die auch für VL-Sätze (als *Nebensatzklammer*) und für die Nominalgruppe (als *Nominalklammer*, vgl. Kap. 4) kennzeichnend ist, eröffnet syntaktische Felder. Im Satz werden diese mit Komplementen des Verbs gefüllt (vgl. Duden 2022: 55 ff.).

So wird in deutschen Sätzen die Stellung vor dem Verb (*Vorfeld*) normalerweise von einem einzigen Satzglied besetzt, wobei das Satzglied im Vorfeld (wie oben erwähnt) die Funktion des Subjekts oder eine andere syntaktische Funktion einnehmen kann. Im Mittelfeld können sich null bis mehrere Satzglieder befinden. Die Nachfeldposition kann nicht von allen Arten von Satzgliedern eingenommen werden (vgl. Duden 2022: 97). Beispiele:

---

38 Quelle für das Bild der Brücke: https://stock.adobe.com/it/search?k=bridge&asset_id=131993557.

	Vorfeld	Vorverb	Mittelfeld	Nachverb	Nachfeld
1	Wir	**müssen**	oft erst mal	**zeigen**,	was Forschung bewegen kann.
2	Nach fünf Jahren in den USA	**kehren**	viele Wissenschaftler nach Deutschland	**zurück.**	

Tab. 48: Beispiele für die Besetzung deutscher Satzfelder

Die Vorfeldposition vom Satz 1 in Tab. 48 ist durch das Subjekt besetzt. Im Mittelfeld sind zwei Satzglieder in einer Adverbialfunktion (*oft*, *erst*) sowie die Modalpartikel *mal* vorhanden. Im Nachfeld steht ein Nebensatz. Im Vorfeld von (2) (Tab. 48) befindet sich ein Zeitadverbial. Im Mittelfeld sind das Subjekt (*viele Wissenschaftler*) und ein Raumadverbial (*nach Deutschland*) angesiedelt. Das Nachfeld ist leer.

In deutschen Sätzen gibt es grundsätzlich keine grammatikalischen Einschränkungen für die Erweiterung des Mittelfeldes. Die Mittelfeldbesetzung muss pragmatischen Kommunikationsanforderungen gerecht werden. Dies gilt auch für das Mittelfeld der deutschen Nominalgruppe.

Aufgrund ihrer typischen Klammer- und Feldstrukturen kann die deutsche Sprache eine hohe Dichte von semantischen Relationen ausdrücken. Diese hohe Dichte wird durch außergewöhnlich „kompakte" syntaktische Einheiten realisiert, die sich wiederum als besonders komplex für das Leseverstehen erweisen (vgl. Bosco Coletsos 2007; Soffritti 1990).

Um sich mit dieser Form an syntaktischer Komplexität auseinanderzusetzen, kann es für DaF-Lernende hilfreich sein, die Erkenntnis zu aktivieren, dass auch das Englische Klammerstrukturen aufweist. Die Klammerstruktur ist nicht nur eine deutsche, sondern eine „typisch germanische" Besonderheit, die für Sprachen anderer Sprachfamilien weitgehend unbekannt ist. Bei DaF-Lernenden kann dies dazu führen, dass sie diskontinuierliche syntagmatische Einheiten in deutschsprachigen Texten nicht als solche erkennen und Wörter, die nicht derselben Einheit angehören, irrtümlich kombinieren, was zu Fehlinterpretationen der Textbedeutung führt (vgl. Kaiser/Peyer 2011: 342).

Wie soeben erwähnt, kann die Vorstellung, die syntaktische Klammer sei ein ausschließliches Merkmal der deutschen Sprache, revidiert werden. Eine Klammerstruktur kann nicht nur in der englischen Nominalgruppe (Kap. 4), sondern auch im englischen Verbalkomplex beobachtet werden. Die englische Sprache hat ebenfalls geteilte Verbstrukturen, die sogenannten *split structures* bei Verben (Nelson 1958: 295). Diese ermöglichen es, auch im englischen Satz syntaktische Felder zu erkennen:

	Vorfeld	Vorverb	Mittelfeld	Nachverb	Nachfeld
1	The spiritual beings	**have**	not yet	**given up**	the resistance against me.
2	I	**looked**	the word	**up**	in a dictionary

Tab. 49: Beispiele für englische Klammerstrukturen

Beispiel Nr. 1 in Tab. 49 zeigt die Verbform *have ... given up* (*present perfect* von *give up*), die eine Grammatikalklammer bildet, in deren Mittelfeld das Adverbial *not yet* steht. Beispiel 2 (Tab. 49) zeigt eine durch ein *phrasal verb* gebildete Lexikalklammer (*looked ... up*). Im Unterschied zum Deutschen weist die Klammerstruktur des Englischen jedoch eine nur geringe Mittelfeldbelegung auf (vgl. Fischer 2013: 80), die nicht in gleichem Maße erweitert werden kann:

(53a) He forgot to **shut** the lights **off** before he left.

(53b) He forgot to **shut off** the lights before he left

(54a) I **called** my uncle **up**

(54b) I **called** my uncle from America **up**

(54c) (?) I **called** my uncle from America who had been trying to reach me for several weeks without success **up.**

Aus der Perspektive eines mehrsprachigen Ansatzes ist es wichtig zu betonen, dass die syntaktische Klammer (sowohl in der Nominalgruppe als auch im Verbalkomplex) im Englischen überhaupt vorhanden ist, wenn auch in rudimentärer Form. Die Hervorhebung dieses gemeinsamen syntaktischen Modells kann bei Deutsch-L3-Lernenden einen positiven Transfer auslösen und eine wichtige kognitive Grundlage für das Erfassen der Variabilität dieses Modells bilden.

Die ursprüngliche reguläre Wortstellung des Deutschen und des Englischen entspricht einer syntaktischen Abfolge, die für das Wort bzw. die Wortgruppe mit dem wichtigsten Informationsgehalt die letzte Position festlegt. Die „Fokussierung nach rechts" zeigt sich in der Struktur der *compounds*/Zusammensetzungen sowie der Nominalgruppen:

Nomen	flower**pot** hand**shake** sand**storm** school **bus**	Blumen**topf** Hände**druck** Sand**sturm** Schul**bus**
Deverbale Adjektive (Äquivalente)	well-**intentioned** horseshoe-**shaped**	wohl**gemeint** hufeisen**förmig**
Nominalgruppen	**a** well-intentioned **plan** **the** horseshoe-shaped **bar** last **Sunday** **a** long fatiguing **day** **a** beautifully designed **room**	**ein** gut gemeinter **Plan** **die** hufeisenförmige **Bar** letzten **Sonntag** **ein** langer anstrengender **Tag** **ein** wunderschön gestalteter **Raum**.

Tab. 50: „Fokussierung nach rechts" in deutschen und englischen Zusammensetzungen und Nominalgruppen

Auch Wortbildungen wie *davon*/*thereafter*, die ursprünglich auf Wortgruppen zurückgehen, zeigen, dass im Mittelhochdeutschen sowie im Mittelenglischen die Präposition oftmals nachgestellt wurde (DWSD, Lemma *von*; Wiktionary, Lemma: *thereafter*).

Als wichtigster Bedeutungsträger im Satz wird der Verbalkomplex angesehen. Historische Argumente belegen, dass für die germanischen Sprachen die Satzgliedfolge mit dem Prädikat an letzter Stelle (VL-Satz) als das grundlegende Modell anzusehen ist (vgl. Fichtner 1979: 99; Duden 2022: 52). Dieses Modell spiegelt sich in der typischen Struktur des deutschen Nebensatzes wider. Während in Hauptsätzen die finite Verbform in der Regel entweder die erste (V1-Stellung) oder die zweite Linearposition (V2-Stellung) einnimmt, sind typische Nebensätze des Deutschen durch die Letztstellung des finiten Verbs (VL-Stellung) gekennzeichnet, wie Beispiel (55) zeigt. Die VL-Struktur kann auch in Sätzen vorkommen, die auf Grund ihrer syntaktischen und pragmatischen Verwendung als selbständige Sätze einzustufen sind, z. B. Wunschsätze wie (56) oder Ausrufesätze wie (57) (vgl. Blühdorn 2013: 150):

(55a) Wenn ich 2002 **gewusst hätte**, was ich heute **weiß**, dann **hätte** ich damals gegen den Bericht Oomen-Ruijten **gestimmt**.

(55b) **Had** I **known** in 2002 what I **know** now, I **would have voted** against the Oomen-Ruijten report.

(55c) **Hätte** ich 2002 **gewusst**, was ich heute **weiß**, dann **hätte** ich damals gegen den Bericht Oomen-Ruijten **gestimmt**.

(56a) Wenn ich es nur **gewusst hätte**!

(56b) If I only **had known**!

(57a) Was Musik alles **kann**!

(57b) What music **can do**!

In (55)–(57) sind die Finita fett markiert, die VL-Positionen durch Unterstreichung hervorgehoben. Wie die Beispiele zeigen, gibt es für VL-Strukturen keine englischen Entsprechungen: Als Äquivalent des VL-Konditionalsatzes in (55a) steht in (55b) ein V1-Konditionalsatz, eine Struktur, die auch im Deutschen durchaus möglich wäre (55c).

Zusammenfassend: Abgesehen von der VL-Struktur, die nur im Deutschen beibehalten wurde, zeigen deutsche und englische Sätze mehr strukturelle Ähnlichkeiten als Divergenzen auf, wobei das Englische die typisch germanische Klammerstruktur mit rechts-Fokussierung auch im Verbalkomplex in nur rudimentärer Form beibehalten hat.

Der Abbau der grammatischen Morphologie führt in beiden Sprachen zu einer gewissen Unbestimmtheit der semantischen Relationen und zu einer grundsätzlich unterschiedlichen Wortstellung. Im Englischen wird der Verlust der Kasuskennzeichnung teilweise durch den Gebrauch von Präpositionen kompensiert. Die Kennzeichnung der syntaktischen Funktionen Subjekt, direktes und indirektes Objekt im Satz ergibt sich zum Teil anhand der Topologie (vgl. Fischer 2017: 33). Im folgenden Beispiel sehen wir im deutschen Satz das Subjekt (*Ich*) im Vorfeld, das Dativobjekt (*meinem Sohn*) in der ersten nachverbalen Stellung und das Akkusativobjekt (*ein frisches Gericht*) in der zweiten nachverbalen Stellung (58a). Die Reihenfolge der beiden Objekte könnte auch umgekehrt sein (58b) – wobei die Struktur dieses Beispielsatzes nur mit bestimmten Akzentuierungen akzeptabel ist. Im Englischen ist die Reihenfolge indirektes (*my son*) – direktes Objekt (*a freshly made meal*) obligatorisch (58c), es sei denn, die semantische Verknüpfung zwischen dem Prädikat und dem indirekten Objekt wird durch eine Präposition kodiert (58d) (vgl. Rossiter 2020: 154):

(58a) Ich habe [meinem Sohn] [ein frisches Gericht] zubereitet.

(58b) Ich habe [ein frisches Gericht] [meinem Sohn] zubereitet.

(58c) I prepared [my son] [a freshly made meal].

(58d) I prepared [a freshly made meal] [for my son].

Als Ausgleich für den stärkeren Abbau der Morphologie werden im Englischen tendenziell mehr finite Verbformen als Prädikate von Hauptsätzen verwendet, was – verglichen mit dem syntaktischen Stil deutscher Texte – zu kürzeren Sätzen führt (vgl. Hawkins 1986; Fischer 2013: 67). Dies soll an folgendem Beispiel verdeutlicht werden. Es handelt sich um die Segmentierung in syntaktische Einheiten des Incipits von Theodor Fontanes Roman *Effi Briest* (1896) und seiner englischsprachigen Übersetzung[39], aus der vier deutsche versus sieben englische Segmente resultieren (finite Verbformen fett hervorgehoben; finite Verbformen in Nebensätzen kursiv):

39 Theodor Fontane, *Effi Briest*, translated and abridged by William A. Cooper. New York, The German Publication Society, 1914, abrufbar in Internet Archive, <https://archive.org/details/EffiBriest/mode/2up> (letzter Zugriff: 19.12.2023).

1	In Front des schon seit Kurfürst Georg Wilhelm von der Familie von Briest bewohnten Herrenhauses zu Hohen-Cremmen **fiel** heller Sonnenschein auf die mittagsstille Dorfstraße, während nach der Park- und Gartenseite hin ein rechtwinklig angebauter Seitenflügel einen breiten Schatten erst auf einen weiß und grün quadrierten Fliesengang und dann über diesen hinaus auf ein großes, in seiner Mitte mit einer Sonnenuhr und an seinem Rande mit Canna indica und Rhabarberstauden besetzten Rondell ***warf***.	1	In front of the old manor house occupied by the von Briest family since the days of Elector George William, the bright sunshine **was pouring** upon the village road, at the quiet hour of noon.
		2	The wing of the mansion looking toward the garden and park **cast** its broad shadow over a white and green checkered tile walk and **extended** out over a large round bed, with a sundial in its entre and a border of Indianshot and rhubarb.
2	Einige zwanzig Schritte weiter, in Richtung und Lage genau dem Seitenflügel entsprechend, **lief** eine ganz in kleinblättrigem Efeu stehende, nur an einer Stelle von einer kleinen weißgestrichenen Eisentür unterbrochene Kirchhofsmauer, hinter der der Hohen-Cremmener Schindelturm mit seinem blitzenden, weil neuerdings erst wieder vergoldeten Wetterhahn ***aufragte***.	3	Some twenty paces further, and parallel to the wing of the house, there **ran** a churchyard wall, entirely covered with a small-leaved ivy, except at the place where an opening ***had been made*** for a little white iron gate.
		4	Behind this **arose** the shingled tower of Hohen-Cremmen, whose weather vane ***glistened*** in the sunshine, having only recently been regilded.
3	Fronthaus, Seitenflügel und Kirchhofsmauer **bildeten** ein einen kleinen Ziergarten umschließendes Hufeisen, an dessen offener Seite man eines Teiches mit Wassersteg und angekettetem Boot und dicht daneben einer Schaukel ***gewahr wurde***, deren horizontal gelegtes Brett zu Häupten und Füßen an je zwei Stricken ***hing*** – die Pfosten der Balkenlage schon etwas schief stehend.	5	The front of the house, the wing, and the churchyard wall **formed**, so to speak, a horseshoe, inclosing a small ornamental garden, at the open side of which ***was seen*** a pond, with a small footbridge and a tied-up boat.
		6	Close by **was** a swing, with its crossboard hanging from two ropes at either end, and its frame posts beginning to lean to one side.
4	Zwischen Teich und Rondell aber und die Schaukel halb versteckend **standen** ein paar mächtige alte Platanen.	7	Between the pond and the circular bed **stood** a clump of giant plane trees, half hiding the swing.

Tab. 51: Segmentierung des Romananfangs *Effi Briest* und seiner englischen Übersetzung

Die erste Einheit im deutschen Text entspricht einem komplexen Satz mit Prädikat *fiel* und satzförmiger Angabe: Einleitendes Element des Nebensatzes ist die Subjunktion *während*, das Prädikat ist *warf*. Die entsprechende englische Version sieht zwei Sätze vor: Die Prädikate sind *was pouring* und *cast*. Ähnliches gilt für die zweite Einheit des deutschen Textes. Es handelt sich dabei um einen Satz, der aus dem Prädikat mit finitem Verb *lief* und seiner durch die Nominalgruppe *eine ... Kirchhofsmauer* realisierten Subjektergänzung besteht. Die Raumangabe im Vorfeld vervollständigt den Satz. Der im Satz enthaltene Relativsatz (*hinter*) *der ... aufragte* dient als Attribut der Nominalgruppe in Subjekt-Funktion. Auch hier entscheidet sich die englische Version für zwei Sätze, die um die Verbformen *ran* und *arose* gebildet werden. Die syntaktische Struktur des ersten Satzes wird durch den Einschub einer weiteren finiten Verbform (*had been made*) im Vergleich mit der entsprechenden Stelle im deutschen Text, an der die kompakte Nominalstruktur ***eine*** *ganz in kleinblättrigem Efeu stehende, nur an einer Stelle von einer kleinen weißgestrichenen Eisentür unterbrochene* ***Kirchhofsmauer*** vorkommt, wesentlich erleichtert. Im dritten Segment des originalen deutschen Romananfangs sind drei finite Verbformen zu erkennen. Das Prädikat des Satzes stellt das finite Verb *bildeten* dar. Seine Prädikativergänzung wird durch die Nominalgruppe *ein ... Hufeisen* realisiert. Die Verbformen *gewahr wurde* und *hing* fungieren als Prädikate von Relativsätzen. Diese werden durch die Relativa *dessen* und *deren* eingeleitet und beziehen sich jeweils – in attributiver Funktion – auf die Nominalgruppen *ein ... Hufeisen* und *einer Schaukel*. Die englische Version widerspiegelt auch dieses Segment des deutschen Textes mit zwei Sätzen. Satz 5 entspricht der syntaktischen Struktur des Originaltextes mit dem Vorhandensein eines Hauptsatzes (Prädikat *formed*) und eines Relativsatzes (Relativum: *which*, Prädikat: *was seen*). Satz 6 beruht auf dem Prädikat *was*, für das es im deutschen Original keine Entsprechung gibt. Die Segmente 4 versus 7 stellen sowohl in der deutschen als auch in der englischen Version einfache Sätze dar und bilden damit eine Ausnahme im wiedergegebenen Teil des Incipits.

5.3 Didaktisches Intermezzo

Lerngegenstand	Teilziel	Aufgaben
• Sätze des Deutschen und des Englischen	• detailliertes Textverstehen (Ermittlung der Textbedeutung „Segment für Segment")	• Erkennen der Verbalkomplexe • Segmentierung des Textes in syntaktische Einheiten • Erkennen der Wortgruppen in ihren syntaktischen und semantischen Funktionen

Deutsche und englische Sätze sind grundsätzlich unterschiedlich strukturiert. Die deutsche Sprache hat die nach rechts fokussierende, syntaktische Klammerstruktur des Germanischen besser als das Englische bewahrt. Diese Charakteristik ermöglicht die Konstruktion der syntaktischen „Denkmäler", von denen Mark Twain redet:

> Ein durchschnittlicher Satz in einer deutschen Tageszeitung ist ein erhabenes und imposantes Kuriosum; er nimmt etwa eine Viertelspalte ein; er enthält alle zehn Wortarten – nicht in der üblichen Reihenfolge, sondern durcheinander; er besteht hauptsächlich aus zusammengesetzten Wörtern, die der Verfasser an Ort und Stelle erfindet und die in keinem Wörterbuch zu finden sind – sechs oder sieben Wörter in einem, ohne Gelenke oder Naht, das heißt ohne Bindestriche; er behandelt vierzehn oder fünfzehn verschiedene Themen, jedes umhegt von seiner eigenen Parenthese, hier und da versehen mit ein paar Sondereinschüben, die ihrerseits drei oder vier der kleineren umschließen, sodass Gehege innerhalb der Gehege entstehen; schließlich werden sämtliche dieser Über- und Untereinschübe zwischen zwei riesige Königsparenthesen gepfercht, von denen die eine in der ersten Zeile des majestätischen Satzes platziert wird und die andere in der Mitte der letzten – *danach erst kommt das* VERB, und man erfährt zum ersten Mal, wovon dieser Mensch überhaupt redet; und hinter das Verb, nur als Verzierung, sowie ich erkennen kann – schaufelt der Autor noch *„haben sind gewesen gehabt haben geworden sein"* oder irgendein ähnliches Wortcollier, und fertig ist das Denkmal. (Twain 2010: 15–17)

In seiner humoristischen Beschreibung spielt Mark Twain durch seine Hinweise auf *Parenthese, Gehege* und *Einschübe* auf die Klammerstruktur des deutschen Satzes an, die durch die Verbalklammer realisiert wird. Er erwähnt auch die Eröffnung eines Nachfelds („hinter das Verb ..."), bedingt durch die Position des Nachverbs („danach erst kommt das Verb"). Twains Intuition einer durch die Verbalklammer ausgelösten Feldstruktur des deutschen Satzes hat eine linguistische Fundierung. Aus seiner Englisch-L1-Perspektive wirkt die nach rechts tendierende Feldstruktur des deutschen Satzes wie eine verfremdende Erscheinung der deutschen Sprache.

In englischen Sätzen – wie wir gesehen haben – nimmt der Verbalkomplex entweder die zweite oder die Spitzenstellung ein. Das Englische behält die germanische Klammerstruktur nur in rudimentärer Form bei, während die konservativere Haltung des Deutschen es ermöglicht, lange Sätze – auch Nebensätze – mit reichlich ausgebauten Mittelfeldern zu realisieren. Nur was Twain als „Wortcollier" bezeichnet, die Aufreihung von mehreren infiniten Verbformen nach dem Verb, hat mit einer morphologischen Charakteristik zu tun, die er irrtümlicherweise als typisch deutsch beschreibt: Auch englische Verbalkomplexe können aus mehreren Verbformen bestehen, von denen nur eine finit ist. Im Englischen kann ebenfalls eine Gruppe infiniter Verbformen durch ein finites Hilfsverb oder Modalverb zum Verbalkomplex vervollständigt werden, der wiederum sehr komplex ausgebaut werden kann, wie z. B. in (56):

(56) She **may** ***have been going to have been interviewed*** for a job.

Zusammenfassend: Um DaF-Leseverstehen durch den deutsch-englischen Sprachvergleich zu fördern, ist es sinnvoll, komplexe Texte in syntaktisch-semantische Einheiten zu zerlegen. Diese erweisen sich für Anfangslernende als kognitiv zugänglicher im Vergleich zu Blocktexten und ermöglichen somit einen schrittweisen Zugang zur Textkomplexität. Um einen Leseprozess dieser Art zu unterstützen, kann ein mehrsprachiger Ansatz hilfreich sein, bei dem das progressive Leseverfahren am fremdsprachigen Text durch den vergleichenden Blick auf den parallelen Text in der bereits vertrauten englischen Sprache eingeübt wird.

Als Einstieg in eine entsprechende Lern-Lehr-Einheit wird hier als Textvorlage das Incipit von Friedrich Engels' *Anteil der Arbeit an der Menschwerdung des Affen* verwendet.[40] Der berühmte deutsche Philosoph, Gesellschafts- und Wirtschaftstheoretiker, der 1848 zusammen mit Karl Marx das *Kommunistische Manifest* verfasst hatte, konzipierte diesen Text (1895–1896 in *Die Neue Zeit* erschienen) bereits 1876 als einleitenden Teil eines größeren Werks, das den Titel *Die drei Grundformen der Knechtschaft* hätte tragen sollen. Das Projekt wurde nicht verwirklicht und sogar die dafür vorgesehene Einleitung blieb fragmentarisch. Obwohl in vielen Sprachen der Welt bereits übersetzt und verfügbar, kann ein Text dieser Art gerade in seiner Originalfassung für Studierende von Fächern wie der Philosophie oder Politikwissenschaft von großem Interesse sein. Der Text ist in Tab. 52 wiedergegeben. Finite Verbformen in zweiter Position (Vorverben der Verbalklammer) sind fett hervorgehoben (infinite Teile der Verbklammer – Nachverben – fett und unterstrichen); Finita in letzter Position unterstrichen.

> Die Arbeit **ist** die Quelle alles Reichtums, **sagen** die politischen Ökonomen. Sie **ist** dies – neben der Natur, die ihr den Stoff <u>liefert</u>, den sie in Reichtum <u>verwandelt</u>. Aber sie **ist** noch unendlich mehr als dies. Sie **ist** die erste Grundbedingung alles menschlichen Lebens, und zwar in einem solchen Grade, daß wir in gewissem Sinn <u>sagen müssen</u>: Sie **hat** den Menschen selbst <u>**geschaffen**</u>.
>
> Vor mehreren hunderttausend Jahren, während eines noch nicht fest bestimmbaren Abschnitts jener Erdperiode, die die Geologen die tertiäre <u>nennen</u>, vermutlich gegen deren Ende, **lebte** irgendwo in der heißen Erdzone – wahrscheinlich auf einem großen, jetzt auf den Grund des Indischen Ozeans versunkenen Festlande – ein Geschlecht menschenähnlicher Affen von besonders hoher Entwicklung. Darwin **hat** uns eine annähernde Beschreibung dieser unsrer Vorfahren <u>**gegeben**</u>. Sie **waren** über und über <u>**behaart**</u>, **hatten** Bärte und spitze Ohren, und **lebten** in Rudeln auf Bäumen.
>
> Wohl zunächst durch ihre Lebensweise veranlaßt, die beim Klettern den Händen andre Geschäfte zuweist als den Füßen, **fingen** diese Affen <u>**an**</u>, auf ebner Erde sich der Beihilfe der Hände beim Gehen zu entwöhnen und einen mehr und mehr aufrechten Gang anzunehmen. Damit **war** *der entscheidende Schritt getan für den Übergang vom Affen zum Menschen.*

40 Online verfügbar in Projekt Gutenberg, <https://www.projekt-gutenberg.org/engels/anteil/anteil.html>.

Alle noch jetzt lebenden menschenähnlichen Affen **können** aufrecht **stehn** und sich auf den beiden Füßen allein **fortbewegen**. Aber nur zur Not und höchst unbehilflich. Ihr natürlicher Gang **geschieht** in halb aufgerichteter Stellung und **schließt** den Gebrauch der Hände **ein**. Die meisten **stützen** die Knöchel der Faust auf den Boden und **schwingen** den Körper mit eingezogenen Beinen zwischen den langen Armen **durch**, wie ein Lahmer, der auf Krücken geht. Überhaupt **können** wir bei den Affen alle Übergangsstufen vom Gehen auf allen vieren bis zum Gang auf den beiden Füßen noch jetzt **beobachten**. Aber bei keinem von ihnen **ist** der letztere mehr als ein Notbehelf **geworden**.

Wenn der aufrechte Gang bei unsern behaarten Vorfahren zuerst Regel und mit der Zeit eine Notwendigkeit werden sollte, so **setzt** dies **voraus**, daß den Händen inzwischen mehr und mehr anderweitige Tätigkeiten zufielen. Auch bei den Affen **herrscht** schon eine gewisse Teilung der Verwendung von Hand und Fuß.

Tab. 52: Anfangsteil des Essays von Friedrich Engels *Anteil der Arbeit an der Menschwerdung des Affen*

Als erster Analyseschritt wird die Aufmerksamkeit auf die finiten Verbformen gelenkt. Anschließend wird die Verbstellung analysiert: Zweit- und (in traditionellen Schrifttexten seltener vorkommendende) Spitzenstellungen führen zur Suche nach dem Vorhandensein eines Nachverbs in der Peripherie des Satzes (Verbalklammer). Verben in Letztposition werden zunächst als Prädikate von Nebensätzen identifiziert.

Die Unterstreichung der Finita in der englischen Version des Textes (Tab. 53)[41] dient hier als *tertium comparationis*, um die syntaktischen Besonderheiten des Deutschen zu fokussieren:

Labour is the source of all wealth, the political economists **assert**. And it really **is** the source – next to nature, which supplies it with the material that it converts into wealth. But it **is** even infinitely more than this. It **is** the prime basic condition for all human existence, and this to such an extent that, in a sense, we **have to say** that labour created man himself.

Many hundreds of thousands of years ago, during an epoch, not yet definitely determinable, of that period of the earth's history known to geologists as the Tertiary period, most likely towards the end of it, a particularly highly-developed race of anthropoid apes **lived** somewhere in the tropical zone – probably on a great continent that has now sunk to the bottom of the Indian Ocean. Darwin **has given** us an approximate description of these ancestors of ours. They **were** completely **covered** with hair, they **had** beards and pointed ears, and they **lived** in bands in the trees.

41 *The Part played by Labour in the Transition from Ape to Man.* Ins Englische übersetzt von Clemens Dutt, erschienen in Progress Publishers, Moscow, 1934, abrufbar unter: <https://www.marxists.org/archive/marx/works/1876/part-played-labour/>.

First, owing to their way of living which meant that the hands had different functions than the feet when climbing, these apes **began to lose** the habit of using their hands to walk and **adopted** a more and more erect posture. This **was** *the decisive step in the transition from ape to man.*

All extant anthropoid apes **can stand** erect and **move** about on their feet alone, but only in case of urgent need and in a very clumsy way. Their natural gait **is** in a half-erect posture and **includes** the use of the hands. The majority **rest** the knuckles of the fist on the ground and, with legs drawn up, **swing** the body through their long arms, much as a cripple **moves** on crutches. In general, all the transition stages from walking on all fours to walking on two legs **are** still **to be observed** among the apes today. The latter gait, however, **has** never **become** more than a makeshift for any of them.

It **stands to reason** that if erect gait among our hairy ancestors became first the rule and then, in time, a necessity, other diverse functions must, in the meantime, have devolved upon the hands. Already among the apes there **is** some difference in the way the hands and the feet **are employed**.

Tab. 53: Englische Version des Essays

Aus dieser ersten Phase der Analyse können Beobachtungen wie die folgenden angestellt werden:

- Deutsche und englische Nebensätze sind in der Regel unterschiedlich strukturiert. In deutschen Nebensätzen ist das Finitum typischerweise am Satzende.
- Durch die typische Endstellung des Finitums lassen sich im Deutschen Nebensätze leicht von Hauptsätzen unterscheiden. Im englischen Text dagegen können Hauptsätze und Nebensätze nicht so leicht auf diese Art voneinander unterschieden werden.
- Formale Zeichen englischer Nebensätze sind Einleiter wie Relativpronomen (Beispiele im Text: ... *next to nature,* ***which*** *supplies it with the material* ***that*** *it converts into wealth*) oder subordinierende Konjunktionen (... *we have to say* ***that*** *labour created man himself*).
- Auch die deutsche Sprache verwendet Relativpronomen und Subjunktionen als Nebensatzeinleiter. Relativpronomina stehen am linken Rand der Nebensatzklammer (... *neben der Natur,* ***die*** *ihr den Stoff liefert,* ***den*** *sie in Reichtum verwandelt*). Subjunktionen (... *in einem solchen Grade,* ***daß*** *wir in gewissem Sinn sagen müssen*) übernehmen die Position der linken Klammer.
- Englisch *that* und Deutsch *das, daß* im Text sind als äquivalente Entwicklungen des indoeuropäischen Pronominalstamms **te-*, **to-* zu sehen. Das indoeuropäische Demonstrativpronomen übernimmt in den westgermanischen Sprachen auch die Funktion des bestimmten Artikels und teilweise des Relativpronomens (DWDS, Lemma: *der/die/das*). In allen germanischen Sprachen findet sich auch der Gebrauchswechsel vom Demonstrativum zur Subjunktion. Dementsprechend wird das englische *that* multifunktional verwendet, im Text z.B. als Relativpronomen (... *the material* ***that*** *it* ***converts*** *into*

wealth) und subordinierende Konjunktion (... ***that*** *labour* ***created*** *man himself*). Das deutsche Wort wird in seinen unterschiedlichen Funktionen als Pronomen (*das*) und als Konjunktion (*dass/daß*) seit dem 16. Jahrhundert graphisch unterschieden (vgl. DWSD, Lemma: *dass*). Im Text sind nur Beispiele der Verwendung als Konjunktion vorhanden: ... ***daß*** *wir in gewissem Sinn* ***sagen müssen***; ... ***daß*** *den Händen inzwischen mehr und mehr anderweitige Tätigkeiten* ***zufielen***.

- Wie die Beispiele im Text zeigen, können auch englische Nebensätze eine embryonale Klammerstruktur (... *that* ***has*** *now* ***sunk***; ... *other diverse functions* ***must****, in the meantime,* ***have devolved***) bilden.

In einem zweiten Schritt wird der Text in syntaktische Einheiten zerlegt, mit dem Ziel, die Textbedeutungen Stück für Stück wahrzunehmen. Diese Übungsphase wird am Beispiel der ersten sechs Texteinheiten veranschaulicht und tabellarisch dargestellt (Tab. 54). Als syntaktische Einheiten werden komplexe Sätze erkannt, d.h. solche, die aus einem Satz und mindestens einem satzartigen Komplement bestehen. Koordinierte Sätze wie Nr. 2 und 3 in Tab. 54 werden als jeweils eigenständige Sätze betrachtet. Für die Erkennung der syntaktischen Einheiten im deutschen Text kann davon ausgegangen werden, dass Prosa-Texte überwiegend aus deklarativen Sätzen bestehen. Sätze dieser Art weisen im Deutschen in der Regel ein Finitum in der zweiten Position auf. Als Grundregel für die Identifikation syntaktischer Einheiten im deutschen Text kann darüber hinaus tendenziell davon ausgegangen werden, dass Finita in Endstellung Prädikate von Nebensätzen sind. Wie sich diese grammatikalischen Regeln in der Realität des Textes widerspiegeln, kann mit Hilfe der englischen Version des Textes nachvollzogen werden. Die Satzglieder sind in eckige Klammern gesetzt:

1.	[Die Arbeit ist die Quelle alles Reichtums], **sagen** [die politischen Ökonomen].	[Labour is the source of all wealth], [the political economists] **assert**.
2.	[Sie] **ist** [dies – neben der Natur, die ihr den Stoff liefert, den sie in Reichtum verwandelt].	And [it] [really] **is** [the source – next to nature, which supplies it with the material that it converts into wealth].
3.	Aber [sie] **ist** [noch] [unendlich mehr als dies].	But [it] **is** [even] [infinitely more than this].
4.	[Sie] **ist** [die erste Grundbedingung alles menschlichen Lebens], und zwar [in einem solchen Grade, daß wir in gewissem Sinn sagen müssen: Sie hat den Menschen selbst geschaffen].	[It] **is** [the prime basic condition for all human existence], and [this to such an extent that, in a sense, we **have to say** that labour created man himself].

5.	[Vor mehreren hunderttausend Jahren, während eines noch nicht fest bestimmbaren Abschnitts jener Erdperiode, die die Geologen die tertiäre nennen, vermutlich gegen deren Ende,] **lebte** [irgendwo in der heißen Erdzone] – [wahrscheinlich] [auf einem großen, jetzt auf den Grund des Indischen Ozeans versunkenen Festlande] – [ein Geschlecht menschenähnlicher Affen von besonders hoher Entwicklung.]	[Many hundreds of thousands of years ago, during an epoch, not yet definitely determinable, of that period of the earth's history known to geologists as the Tertiary period, most likely towards the end of it], [a particularly highly-developed race of anthropoid apes] **lived** [somewhere in the tropical zone] – [probably] [on a great continent that has now sunk to the bottom of the Indian Ocean].
6.	[Darwin] **hat** [uns] [eine annähernde Beschreibung dieser unsrer Vorfahren] **gegeben**.	[Darwin] **has given** [us] [an approximate description of these ancestors of ours].

Tab. 54: Textzerlegung in syntaktische Einheiten

Auch diese Übung kann zu wichtigen verallgemeinerbaren Beobachtungen führen:

- Nicht alle Nebensätze im Deutschen weisen eine VL-Struktur auf. In der präverbalen Position von Nr. 1 findet sich ein Satz mit V2-Struktur, der sich im Kontext nicht als autonomer, sondern als Nebensatz darstellt (Blühdorn 2013: 161).[42] Die beiden Sätze *Die Arbeit ist die Quelle alles Reichtums / Labour ist he source of all wealth* in Nr. 1 sind als Objektsätze und Ergänzungen zu den in den Hauptsätzen enthaltenen Verben *sagen/assert* erkennbar. Ähnliches gilt für den deutschen V2-Satz *Sie hat den Menschen selbst geschaffen* in der vierten Einheit, die wiederum als notwendiges Komplement für das Verb *sagen* im Matrixsatz *daß wir in gewissem Sinn sagen müssen* fungiert.[43]
- Die erste Satzposition (Vorfeld) wird im deutschen Text in der Regel von einem einzigen Satzglied besetzt.
- Das Satzglied im Vorfeld kann aus einem einzigen Wort (Nr. 2, 3, 4, 6) oder aus längeren Wortgruppen bestehen: bei Nr. 5 handelt es sich um eine komplexe Präpositionalgruppe, die die Temporalpräposition *vor* als Kopf hat und im Satz die Funktion eines Zeitadverbials erfüllt.

42 V2-Nebensätze werden oft als „abhängige Hauptsätze" (*dependent main clause*) angesehen (vgl. Ferraresi/Meyer 2013).

43 Als Matrixsatz wird ein Satz bezeichnet, der einen anderen Satz einbettet. Die Formulierung dient dazu, jegliches Missverständnis zu klären, das die traditionelle Gegenüberstellung von *Nebensatz* und *Hauptsatz* verursachen könnte. Die Vorstellung dabei ist, dass der Nebensatz nicht neben dem Hauptsatz steht, dass viele Nebensätze sich vielmehr innerhalb des Hauptsatzes befinden: Der Hauptsatz ist in diesem Sinn ihre Matrix (Duden 2016: 1067).

- Im Vergleich zu deutschen sind englische Sätze anders strukturiert. Für englische Sätze gilt die Regel nicht, dass das Vorfeld nur von einem Satzglied besetzt sein kann. Englische Sätze (Nr. 1, 2, 5) können mehr als ein Satzglied in der präverbalen Stellung haben.
- Die Regel des deutschen Vorfelds unterstützt das Leseverstehen. Bei einer komplex strukturierten Wortgruppe hilft es zu wissen, dass sie als einziges das Vorfeld besetzendes Satzglied zu identifizieren ist. Dagegen kann die englische präverbale Position von mehreren komplexen Wortgruppen besetzt werden, wie etwa der Fall im äquivalenten Teilsatz (59) des deutschen Satzglieds im Vorfeld von Nr. 5:

(59) Many hundreds of thousands of years ago, during an epoch, not yet definitely determinable, of that period of the earth's history known to geologists as the Tertiary period, most likely towards the end of it, a particularly highly-developed race of anthropoid apes **lived** [...].

Wahrnehmungen dieser Art, die durch empirische Textbeobachtung und Sprachvergleich gewonnen werden, können das Sprachwissen der Lernenden entscheidend bereichern.

Im nächsten Schritt steht die Frage nach der syntaktischen und semantischen Funktion der eingeklammerten Wortgruppen im Mittelpunkt. Dazu werden die deutschen Sätze nach dem topologischen Feldermodell (Wöllstein 2014) analysiert (Tab. 55). Leere Klammerpositionen werden durch das ∅-Zeichen gekennzeichnet. Im Mittelfeld von (5) und (6) werden die jeweils vorhandenen zwei Satzglieder durch eckige Klammern getrennt.

	Vor-vorfeld	Vorfeld	Vorverb	Mittelfeld	Nachverb	Nachfeld
1.		Die Arbeit ist die Quelle alles Reichtums,	**sagen**	die politischen Ökonomen.	∅	∅
2.		Sie	**ist**	dies	∅	– neben der Natur, die ihr den Stoff liefert, den sie in Reichtum verwandelt.
3.	Aber	sie	**ist**	noch unendlich mehr als dies.	∅	

	Vor-vorfeld	Vorfeld	Vorverb	Mittelfeld	Nachverb	Nachfeld
4.		Sie	**ist**	die erste Grundbedingung alles menschlichen Lebens,	∅	und zwar in einem solchen Grade, daß wir in gewissem Sinn sagen müssen: Sie hat den Menschen selbst geschaffen.
5.		Vor mehreren hunderttausend Jahren, während eines noch nicht fest bestimmbaren Abschnitts jener Erdperiode, die die Geologen die tertiäre nennen, vermutlich gegen deren Ende,	**lebte**	[irgendwo in der heißen Erdzone – wahrscheinlich auf einem großen, jetzt auf den Grund des Indischen Ozeans versunkenen Festlande –] [ein Geschlecht menschenähnlicher Affen von besonders hoher Entwicklung.]	∅	∅
6.		Darwin	**hat**	[uns] [eine annähernde Beschreibung dieser unsrer Vorfahren]	**gegeben.**	∅

Tab. 55: Analyse der deutschen Sätze nach dem Feldermodell

Satz für Satz werden Satzglieder vom Prädikat aus erfragt. Je nachdem, welche Leerstellen das Verb eröffnet, wird in den Satzfeldern nach Satzgliedern gesucht, die sie sättigen können. Um ihre Bedeutung zu ermitteln, werden die jeweiligen Wortgruppen in ihrer Konstitution genau analysiert. Der englische Text kann dabei helfen, die wechselseitigen Verknüpfungen und Bezüge von Wörtern im deutschen Text zu rekonstruieren.

Im Satz 1 eröffnet das Verb *sagen* zwei Fragen: nach dem WER (Subjekt/Agens) und nach dem WAS (Objekt/Patiens) der Handlung (WER SAGT WAS?). Im ersten Satz gibt es zwei Satzglieder: das erste im Vorfeld, das zweite im Mittelfeld. Da der Satz nur aus zwei Satzgliedern besteht, fällt es nicht schwer, dem satzförmigen Satzglied im Vorfeld die Objektfunktion zuzuschreiben und die Nominalgruppe im Mittelfeld als Satzsubjekt zu identifizieren. Für das Leseverstehen ist es erforderlich, die Semantik des Verbs und der Satzglieder wahrzunehmen und in Beziehung zueinander zu setzen. Was Satz 1 betrifft, sind sowohl die Wortgruppe im Mittelfeld als auch der Satz im Vorfeld linear aufgebaut und leicht zu verstehen.

1.	*Die Arbeit ist die Quelle alles Reichtums,*	**sagen**	*die politischen Ökonomen.*
	Objektergänzung	WER SAGT WAS?	**Subjektergänzung**

Tab. 56: Funktionen der Satzglieder in Tab. 55, Nr. 1

Sätze 2–4 sind symmetrisch aufgebaut: Das Prädikat entspricht in allen Fällen der dritten Person Singular des Verbs *sein*, das bivalent ist und zwei Fragen öffnet (WER/WAS IST WER/WAS/WIE?). Die erste Leerstelle wird durch das Pronomen *sie* in Subjekt-Funktion besetzt. Das Pronomen *sie* bleibt – wie alle Pronomen – fast inhaltslos, solange es nicht auf einen Referenten bezogen wird: In diesem Fall handelt es sich um die Nominalgruppe *Die Arbeit*, das Subjekt des im Vorfeld von Satz 1 eingebetteten V2-Nebensatzes. Das Prädikat des Nebensatzes im Vorfeld von 1 wird auch hier (wie in den Sätzen 2–4) durch die Verbform *ist* realisiert.

Das Verb *sein* fordert außer dem Subjekt ein Prädikativ. Im Satz 2 wird diese Funktion vom Pronomen *dies* erfüllt. Das Pronomen bezieht sich auf das Prädikativ des ersten *ist*-Satzes, die Nominalgruppe *die Quelle alles Reichtums* (die englische Version bestätigt dies, indem im zweiten Satz die Nominalgruppe *the source* wiederholt wird). Die Pronominalgruppe *dies* wird durch eine Präpositionalgruppe spezifiziert, deren Kopf die Präposition *neben* darstellt.[44] Die Nominalgruppe, die als Komplement der Präposition *neben* dient, hat ein komplexes Attribut, das aus einem ersten Relativsatz besteht (*die ihr den Stoff liefert*), der als Matrixsatz des zweiten Relativsatzes (*den sie in Reichtum verwandelt*) fungiert. Für das inhaltliche Textverstehen ist es notwendig, dass die Pronomen und ihre Referenten aufeinander bezogen werden (hier: *die → die Natur*; *ihr → der Arbeit*; *den → der Stoff*; *sie → die Arbeit*).

Das Prädikativ im dritten Satz stellt die einzige Wortgruppe im Mittelfeld dar, deren Kopf der Komparativ *mehr als* ist. Im vierten Satz ist das Prädikativ durch eine komplexe Nominalgruppe kodiert, deren Kopf aus dem Kompositum *Grundbedingung* besteht, determiniert durch den Artikel *die*. Ein flektiertes adjektivisches Attribut (*erste*) steht links vom Nomen, ein Genitivattribut (*alles menschlichen Lebens*) befindet sich im Nachfeld der Nominalklammer. Im Nachfeld des Satzes kommt ein Nebensatz vor (*...* ***in einem solchen Grade, daß*** *wir in gewissem Sinn sagen müssen*), dessen Einleiter (fett) eine graduierte konsekutive Rela-

44 Die Präpositionalgruppe wird im Nachfeld positioniert, weil direkt vor ihr ein Gedankenstrich vorkommt. In der Schriftsprache signalisiert der Gedankenstrich eine Pause und er suggeriert damit die Interpretation, das nachträgliche Sprachmaterial sei die Fortsetzung einer bereits abgeschlossenen syntaktischen Struktur. Fortsetzungen, Nachträge und Expansionen im Allgemeinen werden als typische Phänomene der gesprochenen Sprache beschrieben (Duden 2016: 1227).

tion ausdrückt. Der Konsekutivsatz dient als Matrixsatz des V2-Nebensatzes *Sie hat den Menschen selbst geschaffen*, der Objekt-Funktion des Prädikats *sagen müssen* des Matrixsatzes ausübt.

<table>
<tr><td>2.</td><td>Sie</td><td>ist</td><td colspan="2">dies – neben der Natur, die ihr den Stoff liefert, den sie in Reichtum verwandelt.</td></tr>
<tr><td></td><td>Subjektergänzung</td><td>WER IST WAS?</td><td colspan="2">Objektergänzung</td></tr>
<tr><td>3.</td><td>sie</td><td>ist</td><td colspan="2">noch unendlich mehr als dies.</td></tr>
<tr><td></td><td>Subjektergänzung</td><td>WER IST WAS?</td><td colspan="2">Objektergänzung</td></tr>
<tr><td>4.</td><td>Sie</td><td>ist</td><td>die erste Grundbedingung alles menschlichen Lebens,</td><td>und zwar in einem solchen Grade, daß wir in gewissem Sinn sagen müssen: Sie hat den Menschen selbst geschaffen.</td></tr>
<tr><td></td><td>Subjektergänzung</td><td>WER IST WAS?
IN WELCHEM GRAD?</td><td>Objektergänzung</td><td>Konsekutive Adverbialangabe</td></tr>
</table>

Tab. 57: Funktionen der Satzglieder in Tab. 55, Nr. 2–4

Satz 5 dreht sich um das Verb *leben*, konjugiert im Präteritum. Als Subjekt dazu eignet sich eine Nominalgruppe der dritten Person Singular wie diejenige im Mittelfeld: Es handelt sich dabei um eine komplexe Nominalgruppe mit *Geschlecht* als Nominalkopf. Der Name wird durch das Artikelwort *ein* determiniert und durch ein Genitivattribut spezifiziert, das wiederum eine komplexe Struktur aufweist: Seine Nominalbasis *menschenähnlicher Affen* ist mit der Präpositionalgruppe *von besonders hoher Entwicklung* in attributiver Funktion verbunden. Außer dem Subjekt fordert das Verb *leben* ein Adverbial, um die Frage nach dem WO (WER LEBT WO?) zu beantworten. Ein entsprechendes Adverbial ist das zweite Satzglied im Mittelfeld. Auch hier handelt es sich um eine komplexe Wortgruppe, deren Kopf das Adverb *irgendwo* darstellt. Das semantisch unbestimmte Adverb *irgendwo* wird durch eine komplexe Präpositionalgruppe in attributiver Funktion spezifiziert (*in der heißen Erdzone*), der sich eine weitere (komplexe) Präpositionalgruppe als Apposition zugesellt: *auf einem großen, jetzt auf den Grund des Indischen Ozeans versunkenen Festlande.* Im Vorfeld des Satzes ist eine adverbiale Zeitangabe, die durch eine Präpositionalgruppe realisiert wird. Diese besteht aus dem präpositionalen Kopf *vor* und der Nominalgruppe *mehreren hunderttausend Jahren.* Als Apposition dazu dient eine zweite Präpositionalgruppe, eingeleitet von *während.* Diese Präposition wird durch die Nominalgruppe *eines ... Abschnitts* ergänzt. Im Mittelfeld der Nominalklammer steht ein Partizipialattribut (*noch nicht fest bestimmbaren*), rechts vom Nomen ein Genitivattribut (*jener Erdperiode*). Rechts von diesem befindet sich ein Relativsatz (*die die Geologen die tertiäre nennen*) in attributiver Funktion der Nominalgruppe *jener Erdperiode.* Es folgt schließlich ein weiteres Attribut in Form einer Präpositionalgruppe, eingeleitet durch *gegen.* Die Präposition *gegen* wird durch die Nominalgruppe *deren Ende* ergänzt. Das Relativpronomen im Genitiv *deren* bezieht sich auf die im Text letztvorkommende feminine Wortgruppe (= *jene Erdperiode, die die Geologen die tertiäre nennen*).

5.	*Vor mehreren hunderttausend Jahren, während eines noch nicht fest bestimmbaren Abschnitts jener Erdperiode, die die Geologen die tertiäre nennen, vermutlich gegen deren Ende,*	***lebte***	*irgendwo in der heißen Erdzone – wahrscheinlich auf einem großen, jetzt auf den Grund des Indischen Ozeans versunkenen Festlande –*	*ein Geschlecht menschenähnlicher Affen von besonders hoher Entwicklung.*
	Temporale Angabe	WER LEBTE WO? WANN?	**Lokalergänzung**	**Subjekt**

Tab. 58: Funktionen der Satzglieder in Tab. 55, Nr. 5

Das Prädikat im Satz 6 besteht aus der Verbform *hat ... gegeben.* Die drei Leerstellen, die das Verb *geben* eröffnet, werden durch die Nominalgruppe *Darwin* in Subjektfunktion, das Pronomen *uns* als Dativobjekt und eine komplexe Nominalgruppe als direktes Objekt gesättigt. Die Nominalgruppe besteht aus dem Nominalkopf *Beschreibung* mit seinem Artikelwort *eine,* dem Partizipialadjektiv in attributiver Funktion *annähernde* im Mittelfeld und dem Genitivattribut *dieser unsrer Vorfahren* rechts vom Nominalkopf:

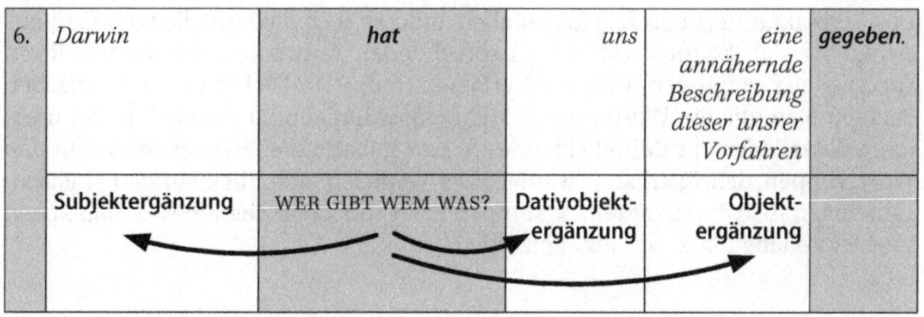

6.	*Darwin*	***hat***	*uns*	*eine annähernde Beschreibung dieser unsrer Vorfahren*	***gegeben.***
	Subjektergänzung	WER GIBT WEM WAS?	**Dativobjektergänzung**	**Objektergänzung**	

Tab. 59: Funktionen der Satzglieder in Tab. 55, Nr. 6

Durch den vergleichenden Blick auf den englischsprachigen Text können generalisierende Beobachtungen über strukturelle Besonderheiten des deutschen Satzes angestellt werden, die für das autonome Leseverstehen relevant sind. Zu den Beobachtungen, die sich aus der Durchführung der letzten Übung ergeben und die das bereits erworbene Grammatikwissen bereichern können, gehören die folgenden:

- Im deutschen Satz kann das Subjekt an erster Stelle vor dem Prädikat (Vorfeld) oder weiter rechts im Mittelfeld stehen.
- Es kommen Subjekte vor, die aus mehreren Wörtern bestehen, und solche, die aus einem einzigen Wort, z.B. einem Pronomen oder einem Eigennamen, bestehen.
- Im Deutschen kann ein Satz mit jeglichem Satzglied – Ergänzung oder Angabe – beginnen.
- Im Mittelfeld deutscher Sätze können eines oder mehrere Satzglieder stehen.
- Das Nachfeld scheint für Expansionen reserviert zu sein.
- Das Feldermodell eignet sich nur zur Beschreibung deutscher Sätze.

Der Nutzen einer punktuellen Analyse der Struktur deutscher Wortgruppen in ihrer Funktion als Satzglieder kann didaktisch sehr wirksam sein, wobei wenige Beispiele ausreichen, um zu relevanten Überlegungen zu gelangen, die den Erwerb grammatischen Wissens beschleunigen, vor allem durch die aktive Beteiligung der Lernenden am Erkennungsprozess.

Für ein vertieftes Leseverstehen, das über eine erste globale Erfassung der kommunikativen Funktion und der Hauptthemen eines Textes hinausgeht, ist Grammatikwissen unerlässlich. Das Verstehen der einzelnen Sätze eines Textes kann systematisch aufgebaut werden, indem auf das Verb als grammatisches und semantisches Zentrum des Satzes fokussiert wird. Aufgrund seiner Valenz weckt das Verb Erwartungen darüber, welche Satzglieder im Satz vorhanden sein müssen, damit der Satz einen Sinn ergibt.

Das Verb garantiert den Zugang zu allen anderen Satzgliedern, die vom Verb aus erfragt werden können. Um die entsprechenden Antworten, die die jeweiligen Satzglieder formulieren, richtig zu erfassen, muss die Dichte der semantischen Beziehungen, die die Wortgruppen kodieren, wahrgenommen werden. Bei mehreren Satzgliedern im Mittelfeld eines Satzes müssen die Grenzen zwischen den Wortgruppen richtig erkannt werden. Der vergleichende Blick auf den englischsprachigen Text hilft, diese Textkompetenzen mit dem Ziel eines erfolgreichen Leseverstehens „Satz für Satz“ einzuüben.

6 Textverknüpfungen

Wie wir in den vorangegangenen Kapiteln gesehen haben, bestehen Texte aus Sätzen (sowie nichtsatzförmigen Ausdrücken) und diese bestehen wiederum aus Wörtern. Texte sind nicht aus einer einfachen Abfolge von Wörtern gebildet: In Sätzen sind Wörter in Gruppen angeordnet, die als Satzglieder fungieren und verschiedenartig verknüpft sein können. Auch satzübergreifend sind Wörter in Texten miteinander verbunden. Dadurch werden in Texten semantische Relationen zwischen Wörtern, Wortgruppen und Satzteilen erstellt, die an der Textoberfläche sichtbar sind. In einem kohärenten Text werden unterschiedliche Referenten durch geeignete referentielle Mittel eingeführt und in ein kohärentes Netz von Referenzbeziehungen gestellt. Um einem Text Sinn zuzuschreiben, muss der von den Textproduzenten intendierte Referenzbereich rekonstruiert werden (vgl. Strohner 2006: 194).

Semantische Referenzbeziehungen werden im Text in erster Linie durch Verben ausgedrückt, die auf diejenigen Situationen und Geschehnisse verweisen, in denen die Referenten vorkommen und beteiligt sind. Sprachmittel dieser Art werden als textkohäsive Elemente erfasst und analysiert. Sprachvergleichend lassen sich auf der Ebene der Textkohäsion äquivalente Mittel des Deutschen und Englischen beobachten, die ähnlichen kommunikativen Zwecken dienen. Beide Sprachen verwenden u. a. Proformen und Mittel der expliziten Konnexion (Konnektoren).

Texte sind komplexe sprachliche Gebilde. Um einem Text seine Bedeutungen zuordnen zu können, ist es unerlässlich, funktionalsyntaktische Kohärenznetze im Text zu erkennen und dabei unter anderem wahrzunehmen, wie Gegenstände in Raum und Zeit angeordnet sind, aus welchem Grund und unter welchen Bedingungen Ereignisse zustande kommen. Zum Aufbau der Textkohärenz dienen die auf der Kohäsionsebene erkennbaren sprachlichen Mittel, indem sie referentielle Funktion ausüben, d. h. auf Einheiten einer konzeptuellen Welt hinweisen, die aus unserem Bewusstsein projiziert wird (vgl. Vater 2005: 11). Textkohärenz entsteht durch komplexe, nichtlineare und vielschichtige Vernetzungen von Beziehungen zwischen Referenten, die unterschiedlicher Art sein können: referentiell im engeren Sinne, aber auch lokal, temporal, kausal, usw. Die Dichte der semantischen Relationen, die sich aus den grammatischen Verknüpfungen ergibt, bedingt – neben anderen Faktoren – die Textkomplexität. Zur Bewältigung der Aufgabe des Leseverstehens komplexer Texte kann bei DaF-Lernenden der kognitive Prozess des Erkennens von Mechanismen der Textkohärenz in englischsprachigen Texten gesteuert und gefördert werden, so dass sie äquivalente Mechanismen in deutschsprachigen Texten identifizieren können.

6.1 Textkohäsion durch referentielle Mittel

In beiden Sprachen dienen sprachliche Ausdrücke wie Pronomen, Proformen, Possessiva und Demonstrativa als referentielle Mittel, um den jeweiligen Bezug zwischen den im Text genannten Personen, Gegenständen, Begebenheiten, Situationen und der außersprachlichen Realität zu verdeutlichen. Diese referentiellen Ausdrücke stehen ihrerseits in wechselseitigen Beziehungen zueinander. Je nach der Art der Relation, die sie ausdrücken, bilden sie besondere Arten von semantischen Verweisnetzen im Text, u. a. referentielle, lokale, temporale, kausale Kohärenznetze (vgl. Rickheit/Sichelschmidt/Strohner 2002: 70). So geht es bei der referentiellen Kohärenz um die Einführung und Wiederaufnahme von Mitteln, die auf semantisch-pragmatisch eng mit ihnen verbundene Referenten im Text verweisen (vgl. Averintseva-Klisch/Bryant/Peschel 2019: 19). Analog dazu entstehen im Text durch spezifische Mittel Vernetzungen von räumlichen, zeitlichen und kausalen Referenzbeziehungen.

Als Kohärenzstifter spielen in beiden Sprachen Pronomen und Proformen unterschiedlicher Art eine zentrale Rolle. Personal- und Relativpronomen, Possessiva, Demonstrativa, deiktische Adverbien wie *da-* und *there-*Adverbien (*damals, damit, dabei; thereafter, therebetween, thereby* usw.) werden im Text stellvertretend für Nominalgruppen und andere Satz- und Textteile verwendet. Beispiele:

(60a) Kennst du Peter? **Der** studiert Jura.

(60b) Do you know Peter? **He** is studying at the Faculty of Law.

(61a) Sie mochten die Insel Pantelleria. Sie wollen wieder **dorthin** fahren.

(61b) They loved the island of Pantelleria – they want to go **there** again.

Alle Proformen haben einen größeren Bedeutungsumfang und einen kleineren Bedeutungsinhalt als die Sprachelemente, für die sie stehen. Sie gewährleisten damit Textökonomie. Pronomen und deiktische Adverbien dienen vor allem der Herstellung referentieller Kohärenz im Text.

Neue Referenten (eine Person, ein Gegenstand, etwas Abstraktes) werden in einem Text häufig durch eine Nominalgruppe eingeführt, wodurch eine Referenzkette entstehen kann (vgl. Thurmair 2003: 80). Oft trägt der neue Referent durch den unbestimmten Artikel (*ein, eine, ein; a*) das Merkmal ‚nicht bekannt' (vgl. Brinker/Cölfen/Pappert 2018: 30). Die Wiederaufnahme des Referenzträgers durch eine „unmarkierte", neutrale Referenzkette (vgl. Weinrich 1993, S. 410) erfolgt durch den bestimmten Artikel (*die, der, das – die*; *the*) oder durch eine andere Nominalgruppe, die aus unterschiedlichen Gründen als eine Variante der ersten Gruppe erscheinen kann. Mittel dieser Art lassen den Referenzträger nun als bekannt erscheinen. Bei den folgenden Wiederaufnahmen desselben Referenten im Text werden aus textökonomischen Gründen überwiegend Pronomen verwendet. Nach einer Reihe von Pronomen kann dann Renominalisierung auftreten (vgl. Thurmair 2003: 81), oft um Referenz-Ambivalenzen zu vermeiden. In der Linearität des Textes kann die Pro-Form anaphorisch oder kataphorisch auftreten (vgl. Brinker/Cölfen/Pappert 2018: 29–31):

(62a) Wir haben **das** so in Viersen gesehen: [*eine große Kuhle in der Mitte der Fußgängerzone*, mit ***der*** jeder spielt].

(62b) We found **this** in Viersen: [*a huge hollow in the center of the pedestrian zone* ***that*** everyone plays with].

In (62) ist das jeweilige Determinativum *das/this* kataphorisch (vorverweisend) verwendet, weil es sich auf den folgenden Satzteil (durch eckige Klammern eingegrenzt) bezieht. Die Relativpronomen *der/that* beziehen sich dagegen anaphorisch (rückverweisend) auf Wortgruppen (jeweils *eine große Kuhle in der Mitte der Fußgängerzone / a huge hollow in the center of the pedestrian zone*), die eine vorangehende Position im Text innehaben.

Die textkohäsive Technik der thematischen Wiederaufnahme durch die Verwendung von Pronominalketten kann mit Hilfe bereits erworbener Kompetenzen in der englischen Sprache gezeigt und geübt werden, wobei die Aufmerksamkeit der Lernenden auf die morphologischen Unterschiede der Pronominalformen in den beiden Sprachen gelenkt werden kann:

(63a) **Nicos** Start an der neuen Schule ist schwierig. **Er** findet keine Freunde. **Nico** fragt den Hausmeister, ob **er** sich nicht nützlich machen kann: die Türen aufschließen zum Beispiel. So fing es an. Mittlerweile hilft **Nico** überall. **Er** repariert Computer, verkauft Süßigkeiten am Kiosk und streicht Wände in der Schule.

Den Schulleiter, Herrn Müller, begeistert das, im Gegensatz zu vielen Mitschülern, die **Nico**s Engagement uncool finden und **ihn** das auch spüren lassen. **Nico** ist jedes Mal froh, wenn die Klingel zur letzten Stunde läutet und **er** alleine in der Schule werkeln kann. Auch wenn **Nico** bei **seinen** Mitschülern nicht beliebt ist, so ist **er** doch irgendwie zufrieden mit **seiner** Situation. Im Traum sieht **er** sich dann schon mal als der beliebte Hausmeister von morgen, dem die Schüler endlich dankbar sind.[45]

(63b) **Ethan** suddenly came to **his** senses, startled by a cricket. The chirps irritated **him** enough to sit upright, but **he** couldn't muster the energy to locate and squash the bug. A pulsing headache underlined the obnoxious noise. Eeeet. Eeeet. Eeeet.

After **his** attention refocused, **Ethan** surveyed **his** surroundings. Trees towered above him, letting orange rays of sunlight filter through. Grass, wildflowers, shrubs, and moss thrived as far as **he** could see. **He** was stationed beside a particularly dense patch of overgrowth, which **he** assumed served as the cricket's base.

45 Übersicht des Dokumentarfilms *Herr Rücker* (2009), <https://www1.wdr.de/kultur/film/dokmal/dokumentarfilme/herr-ruecker-100.html> (letzter Zugriff: 23.12.2023).

> Unfamiliarity sent shivers down **his** spine. **Ethan** had no clue where **he** was, or how **he** ended up there. **His** eyes darted back-and-forth, searching for a landmark. **He** didn't recognize anything, but **he** noticed a fresh trail of shoeprints that stopped at an exposed root. **Ethan** connected the dots; **he** must've tripped while running through the woods.[46]

Die Beispieltexte zeigen, dass in beiden Sprachen Pronomen ko-referentiell zu Nomen wie *Nico* und *Ethan* oder zu Nominalgruppen verwendet werden. Wie die Pronominalketten belegen, weisen sowohl deutsche (*er – ihn*) als auch englische (*he – him*) Personalpronomen Kasus und Genus auf. In beiden Texten werden die Referenten durch eine Nominalgruppe eingeführt (*Nico, Ethan*) und durch Pronominalformen wiederaufgenommen (anaphorischer Verweis). Pronominalisierung und Renominalisierung werden alternierend eingesetzt, wobei durch Pronominalisierung eine synthetisch-variierende Ausdrucksweise erzielt wird, durch Renominalisierung mögliche Ambiguitäten vermieden werden.

Im deutschen Text finden sich zudem Proformen, die auf nicht-nominale Texteinheiten verweisen (64a)-(65a). Denselben Mechanismus kennt auch die englische Sprache, wie die Übertragungen der entsprechenden Textstellen (64b)-(65b) zeigen:

(64a)	So fing **es** an. Mittlerweile hilft Nico überall. Er repariert Computer, verkauft Süßigkeiten am Kiosk und streicht Wände in der Schule.	(64b)	That's how **it** started. Nico now helps everywhere. He fixes computers, sells sweets at kiosks and paints walls at school.
(65a)	Den Schulleiter, Herrn Müller, begeistert **das**, im Gegensatz zu vielen Mitschülern, die Nicos Engagement uncool finden und ihn **das** auch spüren lassen.	(65b)	The headmaster, Mr. Müller, is enthusiastic about **this**, in contrast to many classmates who find Nico's commitment uncool and also let him feel **it**.

Als Mittel referentieller Kohärenz wird in beiden Sprachen auch die Wiederholung von Wortmaterial eingesetzt. Wortwiederholung kann in unterschiedlichen Formen realisiert werden, u.a. als wörtliche Wiederholung, Synonymie, Hyperonymie/Hyponyme, Paraphrasen, Ellipsen. Beispiele:

(66a) **Heidelberg** ist eine Großstadt mit 159.245 Einwohnern (31. Dezember 2021) im deutschen Bundesland Baden-Württemberg. **Die Stadt** liegt am Neckar an der Stelle, wo dieser den Odenwald verlässt und in den Oberrheingraben eintritt. **Die ehemalige kurpfälzische Residenzstadt** ist bekannt für ihre malerische Altstadt, ihre Schlossruine und die Ruprecht-Karls-Universität, welche die älteste Hochschule auf dem Gebiet des heu-

46 Exzerpt aus *Fugue*, Short Story von Ben Klayer, <https://blog.reedsy.com/short-stories/teens-young-adult> (letzter Zugriff: 23.12.2023).

tigen Deutschland ist. **Die Stadt** zieht Besucher und Wissenschaftler aus der ganzen Welt an.[47]

(66b) **Edinburgh** is the capital city of Scotland and one of its 32 council areas. **The city** was historically part of the county of Midlothian (formally called the „county of Edinburgh" or Edinburghshire until 1947), but was administered separately from the surrounding county from 1482 on. **It** is located in Lothian on the southern shore of the Firth of Forth. **Edinburgh** is Scotland's second-most populous city, after Glasgow, and the seventh-most populous city in the United Kingdom. Recognised as the capital of Scotland since at least the 15th century, **Edinburgh** is the seat of the Scottish Government, the Scottish Parliament and the highest courts in Scotland. **The city's** Palace of Holyroodhouse is the official residence of the British monarchy in Scotland.[48]

Ein weiteres Mittel zur Bildung referentieller Kohärenzvernetzungen ist die sogenannte partielle Rekurrenz, d.h. die Wiedergabe von Bestandteilen einer Wortbildung oder Änderung einer Wortgruppe, die im Text ein reichhaltiges Netz von Referenzbezügen erzeugen kann. So kommt z.B. im folgenden Text die im Titel enthaltene Zusammensetzung *Nabelschnurblut* in verschiedenen Varianten vor, unter anderem isoliert als Grundwort (*Blut* 2x), in analytischer Form (*Blut aus der Nabelschnur*) oder als synonyme Aufnahme aus derselben Wortfamilie (*Blut ihres Babys*):

(67a) Stammzellforschung: **Nabelschnurblut** als Lebensversicherung

[Eingefrorene Stammzellen aus **der Nabelschnur**] können Menschenleben retten. Das des eigenen Babys genauso wie das anderer. Doch wie sinnvoll ist das Einlagern der Zellen?

[**Das Blut** aus **der Nabelschnur**] eines Neugeborenen kann Leben retten. Meistens hilft das anderen und nicht dem eigenen Baby. [...]
Doch wie sinnvoll ist [das Einlagern von **Nabelschnurblut**]? Wie wahrscheinlich ist, dass die Stammzellen daraus dem eigenen Kind eines Tages wirklich helfen? Lohnt sich die teure Gebühr, die private Anbieter dafür verlangen? Oder ist [**das Blut**] in Spendenbanken besser aufgehoben?[49]

(67b) What Is [**Cord Blood** Banking]?

[**Cord blood** banking] is a process of collecting potentially life-saving stem cells from **the umbilical cord** and placenta and storing them for future use. Stem cells are immature cells that can assume the form of other cells.

47 Quelle: https://de.wikipedia.org/wiki/Heidelberg (letzter Rückgriff: 13.01.2024).

48 Quelle: https://en.wikipedia.org/wiki/Edinburgh (letzter Rückgriff: 13.01.2024).

49 Aus dem Zeit-Online-Artikel von Adelheid Müller-Lissner, aktualisiert am 17. Dezember 2013. <https://www.zeit.de/wissen/gesundheit/2010-08/nabelschnur-blut-stammzellen/komplettansicht> (letzter Zugriff 29.11.2023).

There are so many things to think about when you have a child. One of them is **the blood** from [your baby's **umbilical cord**] (which connects the baby to the mother while in the womb). It used to be thrown away at birth, but now, many parents store **the blood** for the future health of their child. Should you do it?[50]

6.2 Konnektoren und Kohärenznetze

Beide Sprachen verfügen über Konnektoren, d.h. sprachliche Ausdrücke unterschiedlicher Art, die Sätze in eine bestimmte semantische Relation (u.a. kopulative, temporale, kausale, adversative Relationen) zueinander setzen (vgl. *grammis*, Rubrik *Systematische Grammatik*, Lemma *Konnektoren*). Als Konnektoren des Deutschen dienen Subjunktionen, Konjunktionen, Adverbien und Konnektivpartikeln. Ihre zentrale Rolle als textkohäsives Mittel und als Stifter von Textkohärenz wird deutlich, wenn man sie in einem Text tilgt – wie in der Version (b) von (68a):

(68a) Alle Jahre wieder gaukelt Georg seinen Eltern beim Weihnachtsbesuch vor, er und seine Ex Rita seien noch ein Paar. **Und** alle Jahre wieder verspricht er, dieses Weihnachtsmärchen aufzulösen – irgendwann. **Auch sonst** haben es die herzensguten Ex-Eheleute nicht so mit der Ehrlichkeit: **So** ist Georg in Wahrheit gar kein Oberarzt im Krankenhaus, **sondern** nur Krankenpfleger. Rita **wiederum** erzählt **zwar** stets vom großen Erfolg ihres Friseurgeschäfts, muss **tatsächlich aber** froh sein, wenn sie finanziell über die Runden kommt. Die beiden ahnen nicht, dass die lebensklugen Senioren die Maskerade längst durchschaut haben.[51]

(68b) Alle Jahre wieder gaukelt Georg seinen Eltern beim Weihnachtsbesuch vor, er und seine Ex Rita seien noch ein Paar. **Ø** alle Jahre wieder verspricht er, dieses Weihnachtsmärchen aufzulösen – irgendwann. **Ø** haben es die herzensguten Ex-Eheleute nicht so mit der Ehrlichkeit: **Ø** Georg ist gar kein Oberarzt im Krankenhaus, **Ø** nur Krankenpfleger. Rita **Ø** erzählt **Ø** stets vom großen Erfolg ihres Friseurgeschäfts, muss **Ø** froh sein, wenn sie finanziell über die Runden kommt. Die beiden ahnen nicht, dass die lebensklugen Senioren die Maskerade längst durchschaut haben.

Als verbindende Wörter (*connectors*) des Englischen fungieren vor allem Konjunktionen und Adverbien (vgl. Rossiter 2020: 143). Hier ein Beispiel von Textkohäsion durch Konnektoren:

---

50 Aus dem Artikel von Kathryn Whitbourne/Traci C. Johnson, MD, 07. Februar 2021. Portal WebMd. <https://www.webmd.com/baby/should-you-bank-your-babys-cord-blood> (letzter Zugriff 29.11.2023).

51 Übersicht der WDR-Komödie *Stille Nächte*, <https://www.ardmediathek.de> (letzter Zugriff: 17.12.2023).

(69) Harvey (Hoffman) is about to lose his unfulfilling dead-end job writing jingles **when** he boards a plane to attend his daughter's wedding in London. He hasn't turned out a memorable tune in some time, **and** should Harvey fail to come up with something catchy during his trip overseas, he knows that his boss (Richard Schiff) is ready and willing to let him go. **Upon** arriving in London, Harvey is devastated to learn that his daughter (Liane Balaban) has opted to have her stepfather (James Brolin) walk her down the aisle instead of him. **And** things are about to get worse, **too.** Harvey realizes that he won't be able to suppress his sadness through the whole reception, **and** makes a quick getaway in hopes of catching a plane back home. **Perhaps** if he can attend an important meeting on Monday morning, his boss will have some sympathy **and** grant him a momentary reprieve. No such luck, **however, because when** Harvey misses the flight **and** calls his boss to explain, he is fired over the phone.[52]

Bei der Betrachtung von kohäsiven Mitteln, die beiden Sprachen gemeinsam sind, fällt allerdings auf, dass bei der Konstitution von deutschen und englischen Texten auch grammatische Phänomene eine Rolle spielen, die in beiden Sprachsystemen wesentlich unterschiedlich sind. Ein Beispiel hierfür sind die im Englischen häufig vorkommenden Satzglieder (oft in topikalisierter Position), die *-ing*-Partizipien in *gerund*-Funktion (vgl. Sennrich 2022: 130) enthalten:

(70a) ***After*** **making** a heartfelt promise to his beloved wife Mary (Phyllis Logan), stubborn nonagenarian Tom Harper (Timothy Spall) vows to travel from his long-term home, an isolated village on the northernmost fringes of Scotland, across the island to the southernmost tip of England, the place of his birth, in spite of his age and failing health. **Using** the local bus systems to make his journey, Tom feels his worldview opening <u>as</u> he shares meaningful encounters with Britain's diverse population, **learning** the true value of genuine human connection in a modern age.[53]

Im Beispieltext (70a) wird die temporale Konnexion durch den Konnektor *as* (im Text unterstrichen) sowie durch die als Adverbial fungierende Präpositionalgruppe, bestehend aus der Präposition *after* und ihrer Ergänzung, explizit gemacht. Letztere stellt eine *-ing*-Form dar. Wie die graphische Bearbeitung in (70b) zeigt, sind die insgesamt drei im Text vorkommenden *-ing*-Partizipien (fett) zusammen mit ihren Ergänzungen (in eckigen Klammern) mit Nominalgruppen (unterstrichen) verbunden und verweisen somit auf Begebenheiten, deren Agenten die Referenten der jeweiligen Sätze sind (vgl. Sennrich 2022: 99):

52 Synopsis von Jason Buchanan des Films Last Chance Harvey (2008, Regie Joel Hopkins), <https://www.allmovie.com/movie/last-chance-harvey-v400991> (letzter Zugriff: 23.12.2023).

53 Synopsis von Maggie Sadler des Films *The Last Bus* (2021, Regie Gillies MacKinnon), <https://www.allmovie.com/movie/the-last-bus-v730526> (letzter Zugriff: 23.12.2023).

(70b) After (**making** [a heartfelt promise] [to his beloved wife Mary (Phyllis Logan)]), stubborn nonagenarian Tom Harper (Timothy Spall) vows to travel from his long-term home, an isolated village on the northernmost fringes of Scotland, across the island to the southernmost tip of England, the place of his birth, in spite of his age and failing health. (**Using** [the local bus systems] [to make his journey]), Tom feels his worldview opening as he shares meaningful encounters with Britain's diverse population, (**learning** [the true value of genuine human connection / in a modern age]).

Das englische *-ing*-Gerundium stellt eine Entwicklung dar, die die englische Sprache durchlaufen hat und die sie unter den germanischen Sprachen auszeichnet (vgl. Sennrich 2022: 131).

Als äquivalente Mittel für englische *-ing*-Formen (und ihre Komplemente) findet man im Deutschen u. a. Präpositionalgruppen (71), erweiterte Infinitivgruppen (72), Nominalgruppen (73) und Nebensätze, wie z. B. den Relativsatz in (74):

(71a) The business ***involving*** *data and special cables* performed encouragingly well.

(71b) Das Geschäft ***mit*** *Daten- und Spezialkabeln* verlief ebenfalls erfreulich.

(72a) The question is whether it is worthwhile **debating** *these issues at the level of the European Union.*

(72b) Die Frage ist aber, ob es sich überhaupt lohnt, *auf Unionsebene darüber* ***zu diskutieren.***

(73a) The project includes ***equipping*** *the fisherfolk with new boats and nets,* ***creating*** *a drinking water supply,* ***building*** *new houses,* ***establishing*** *women's self-help groups and* ***running*** *child day centers.*

(73a) Das Projekt umfasst *die* ***Ausstattung*** *der Fischer mit neuen Booten und Netzen, die* ***Einrichtung*** *einer Trinkwasserversorgung, den* ***Bau*** *neuer Häuser, die* ***Einrichtung*** *von Frauenselbsthilfegruppen und den* ***Betrieb*** *von Kindertagesstätten.*

(74a) The compromise retains nearly all the proposals put forward by our Group: consultation of the system by the competent authorities ***using*** *the visa number or the number and the applicant's fingerprints.*

(74b) Der Kompromiss enthält fast alle Vorschläge unserer Fraktion: Konsultation des Systems durch die zuständigen Behörden, ***die*** *die Visa-Nummer oder die Nummer und den Fingerabdruck des Antragstellers* ***benutzen.***

Die Besonderheit des englischen *ing*-Gerundiums[54] kann – kontrastierend – auch für die Beschreibung besonderer grammatischer Phänomene des Deutschen

54 Zum kategorialen Mischstatus zwischen Verb und Nominalgruppe der *-ing*-Strukturen vgl. Sennrich 2022: 110–112.

didaktisch wirksam gemacht werden. So kann die Verwendung deutscher Partizip Präsens-Gruppen als äquivalent zu den englischen *-ing*-Formen angesehen werden, da damit in beiden Fällen eine Tätigkeit ausgedrückt wird, die gleichzeitig zum Satzprädikat stattfindet. Beispiele:

(75a) Seine Fotos zeigen den Regisseur in Aktion, **rennend** oder *Anweisungen* ***gebend***.

(75b) His photos show the director in action, **running** or ***giving*** *instructions*.

Anders als das englische *ing*-Gerundium wird die deutsche Partizip Präsens-Struktur als stilistisch gehoben markiert. Sie wird nur selten und grundsätzlich nicht als Prädikatsergänzung verwendet (Fischer 2017: 43). Insgesamt verfügt das Englische – als Konsequenz des historischen Abbaus der Flexionsmorphologie – über mehr Ressourcen als das Deutsche zur Bildung infiniter Nebensätze, darunter *-ing-*, *for ... to-* und Partizipialstrukturen. Die Gebrauchsfrequenz solcher Strukturen als Prädikatsergänzungen wird als hoch eingeschätzt (Fischer 2017: 45).

Zur Bildung von Referenzbeziehungen besonderer Art, u. a. von temporalen, lokalen und kausalen Relationen, werden in beiden Sprachen vor allem dafür spezialisierte Mittel wie Präpositionen, koordinierende und subordiniere Junktoren, Adverbien verwendet. Die entsprechenden Inventare deutscher und englischer Referenzmittel sind in den Tabellen 60 und 61 aufgelistet:

Relation		Präpositionen	Junktoren	Adverbien
lokal		*an, auf, bis, durch, entlang, gegen, hinter, in, nach, neben, vor, über, um, zu*	*wo* und Kombinationen (*wohin, woher* usw.)	*hier, da, dort, draußen, drinnen, außen, innen, drüben, oben, unten, vorne, hinten, links, rechts, nebenan, überall, irgendwo, nirgendwo*
temporal	**Zeitpunkt oder Intervall**	*an, aus, gegen, in, über, um, von ... bis, zwischen*	*als, wenn*	*da, damals, jetzt, nun*
	Nachzeitigkeit	*seit, nach*	*nachdem, seit, seitdem*	*danach, dann, dazwischen*
	Gleichzeitigkeit	*während, bei*	*während, als, wenn, indes*	*da, gleichzeitig, zugleich, zwischendurch, indessen, inzwischen*
	Vorzeitigkeit	*ab, von ... an, für, vor*	*bevor, bis, bis dass, ehe, kaum dass, sobald, solange*	*anschließend, darauf, davor, später*

Relation		Präpositionen	Junktoren	Adverbien
kausal	Kausalität	*wegen, durch, aufgrund, aus*	*weil, da, denn*	*deshalb, deswegen, daher, also, so, somit, folglich*
	Finalität	*zu, zwecks*	*um ... zu, damit*	*dazu*
	Konzessivität	*trotz, ungeachtet*	*obwohl, aber*	*trotzdem, gleichwohl, wenn ... auch, wiewohl*
	Konditionalität	*mit*	*wenn, falls, sofern*	*dann, so*

Tab. 60: Referenzmittel des Deutschen

Relation		Präpositionen	Junktoren	Adverbien
lokal		*across, to, into, onto, over, through, from, in, at, near, toward, behind, in, next to, in front of, over, around*	*where*	*here, there, outside, inside, over there, above, below, in front, behind, left, right, next door, everywhere, somewhere, nowhere*
temporal	Zeitpunkt oder Intervall	*on, off, against, in, about, around, from ... to, between, during, for*	*when*	*there, then, now*
	Nachzeitigkeit	*since, after, in, by, past, within*	*after, since*	*then*
	Gleichzeitigkeit	*while, at, during*	*while, as, when, meanwhile, whilst*	*there, at the same time, in between, meanwhile*
	Vorzeitigkeit	*from, from ... on, for, before, till, until*	*until, until that, before, hardly that, as soon as, as long as*	*afterwards, after that, before, later*
kausal	Kausalität	*because of, through, out of*	*because, there, since, as*	*therefore, so, thus, consequently*
	Finalität	*to, for the purpose of*	*to, in order to*	*to that, for that*
	Konzessivität	*despite, notwithstanding*	*although, but, whereas*	*nevertheless, if ... also, although*
	Konditionalität	*with*	*if*	*then, so*

Tab. 61: Referenzmittel des Englischen

Referentielle Mittel können auf Referenten verweisen, die in denselben räumlichen Rahmen einzuordnen sind, wie in (76). Sie können als kausalkohärente Ausdrücke wie in (77) fungieren und jeweils auf Bedingung und Folge des beschriebenen Ereignisses verweisen oder temporalkohärent wie in (78) auf Referenten hinweisen, die in denselben Zeitrahmen einzuordnen sind:

(76a) Wir sorgen dafür, dass Ihre Daten schnell und sicher **dahin** kommen, **wo** sie benötigt werden.

(76b) We make sure that your data arrive swiftly and securely **where** they are needed.

(77a) **Wenn** die Preise nicht weiter fallen, werden Innovationen und Investitionen einen Dämpfer erhalten.

(77b) **If** prices do not fall further, innovation and investment will be stifled.

(78a) **Wenn** ich Auto fahre, fühle ich mich frei.

(78b) **When** I drive a car, I feel free.

Zur Bildung der Zeitkohärenz tragen in deutsch- und englischsprachigen Texten auch die Tempora bei. Durch die Verwendung von Finita unterschiedlicher Tempora kann auf die zeitliche Abfolge verschiedener Phasen der Texthandlung hingewiesen werden. In (79) geschieht dies durch den alternierenden Gebrauch von Vergangenheits- (fett) und Präsensformen (kursiv):

(79a) Nachdem der Configurator **ausgeführt wurde**, *müssen* die Applikationen, deren Konfiguration **geändert wurde**, *neu gestartet werden*.

(79b) After the tool **has been executed**, all applications whose configuration **has changed** *must be restarted*.

Referenz-, Raum-, Zeit- und Kausalausdrücke werden in beiden Sprachen dazu verwendet, komplexe Vernetzungen von Kohärenzbeziehungen in Texten zu bilden. Dadurch werden Referenten in Bezug auf weitere Referenten in Raum und Zeit lokalisiert und ihr Vorkommen im Text begründet. Als Beispiel für eine Kohärenzvernetzung wurden in den folgenden Texten (80) die Raumausdrücke fett hervorgehoben (Bezugsreferenten kursiv):

(80a) Altstadt von Lübeck, Luftaufnahme **aus** ***NNO*** [Nordnordost]. Zu erkennen sind (**i*m Uhrzeigersinn***): **links oben** der Turm von St. Aegidien und die Doppeltürme des Doms (**a*m oberen Bildrand***), **rechts oben** St. Petri (Turm **vor** ***Grünzone***), Holstentor (kleine Doppeltürme **westlich/rechts** ***der Petrikirche***), St. Marien (große Doppeltürme **zwischen** ***St. Petri und Holstentor***). **Hinter** ***dem Chor von St. Marien*** sind die Türmchen des Rathauses erkennbar. **Von** ***St. Marien*** **nach** ***Norden*** (**vorne**) verläuft die Breite Straße **zur** ***Kirche St. Jakobi***.[55]

55 Portal *Wikipedia Deutsch*, Lemma *Lübeck*, Bildtext zur wiedergegebenen Luftaufnahme von 2006. <https://de.wikipedia.org/wiki/L%C3%BCbeck> (letzter Zugriff: 23.12.2023).

(80b) Looking **west from *St. Peter's Church***

The Holstentor Gate (shown **on *the map above***) is the symbol of Lübeck and, short of being **near *it* on *the ground***, this is the best way to appreciate it. It lies **due west of *St. Peter's***, a very short walk.

Looking **north**

Looking immediately **down on *the north-facing side of the viewing area***, you look **down on *Holstenstrasse***, the shopping avenue that leads **to *the Holstentor gate***. **On *the top right corner***, you see a bit of Marienkirche (which you can see **on *the map above***).[56]

Tab. 62 zeigt ein Beispiel für Referentenverbindungen durch deutsche und englische Raumausdrücke:

Referent	Raumausdruck	Bezugsreferent
Altstadt von Lübeck, Luftaufnahme	**(Präposition)** aus	NNO [Nordnordost]
The Holstentor Gate	**(Adverb + Präposition)** west from	St. Peter's Church

Tab. 62: Verbindungen von Referenten durch einen Raumausdruck (deutsch und englisch)

Die an der Textoberfläche erkennbaren Referenzvernetzungen stehen in einer Beziehung mit der Texttypologie sowie mit der Typologie der Themenentfaltung, die je nach Textsorte und Textfunktion als primär deskriptiv, narrativ, explikativ oder argumentativ in Erscheinung tritt (vgl. Brinker/Cölfen/Pappert 2018: 60). Wie in Kapitel 2 dieses Buches gezeigt wurde, wecken verschiedene Textsorten unterschiedliche Erwartungen bei Lesenden (vgl. Schnotz/Dutke 2004: 86). Bewusstheit darüber lässt die Hauptfunktion eines jeweiligen Texts erkennen, aus der ein allgemeines Verstehen über seine Hauptbedeutung entstehen kann. So kann in der schriftlichen Kommunikation der Blick auf Gegenstände und Sachverhalte entweder dominant auf ihre Position im Raum (durch Deskription) oder im Zeitkontinuum (durch Narration) gelenkt werden. In der Kommunikation über begriffliche Vorstellungen (Konzepte) wird der Blick entweder auf ihre Zusammensetzung aus Elementen (durch Analyse und/oder Synthese in Exposition) oder auf die Relationen zwischen ihnen (durch Argumentation) gelenkt (vgl. Werlich 1975: 38).

Die an der Textoberfläche erkennbaren Referenzvernetzungen stellen aber nur die Spitze des Eisbergs an semantischen Vernetzungen dar, die insgesamt die Textkohärenz bilden. Textkohärenz kann auch ohne explizite Formulierung

56 Blog *Ilivetotravel*, <https://ilivetotravel.me/germany-how-to-see-lubeck-views> (letzter Zugriff: 23.12. 2023).

durch grammatische Mittel vorliegen. In Texten kommen neben den expliziten auch implizite Relationen zustande, wie die folgenden Beispiele zeigen:

(81a) Kannst du bitte eine Flasche Champagner besorgen? Wir sind bei Schmidts zum Essen eingeladen.

(81b) Can you please buy a bottle of champagne? We are having dinner at the Smith's.

(82a) Meine Freundin blieb eine Woche bei mir. Sie hatte ihre Beziehung beendet.

(82b) My friend stayed with me for a week. She had ended her relationship.

Hörer:innen/Leser:innen tendieren grundsätzlich dazu, zwei aufeinanderfolgende Sätze inhaltlich zu verbinden und dabei vor allem einen kausalen Zusammenhang herzustellen. Zwischen den Satzpaaren in (81) besteht eindeutig ein kausaler Zusammenhang: Der/die Sprechende fordert den/die Gesprächspartner:in (höflich) auf, eine Flasche Champagner zu besorgen, da diese den Gastgeber:innen mitgebracht werden soll. Dagegen könnte zwischen den beiden Sätzen in (82) entweder eine temporale oder eine kausale Relation bestehen.

Die kommunikativen Funktionen von Texten sind immer unmittelbar an bestimmte Textstrukturen und -inhalte gebunden. Beispielsweise kann eine Äußerung wie *Meine Tochter kam zu früh / My daughter arrived too early* folgendes bedeuten:

(83a) die Tochter kam früher als erwartet nach Hause, was irgendeine Konsequenz hatte;

(83b) die Tochter war eine Frühgeburt;

(83c) die Schwangerschaft war nicht geplant.

Ihre jeweilige Bedeutung kann nur im Kontext des gesamten Textinhalts bestimmt werden. In einem Zeitungsartikel („Fokus" 8/2007) wird die Äußerung *Das Baby kam zu früh* verwendet, um darauf hinzuweisen, dass ein Baby kurz vor einer Gesetzesänderung in Deutschland geboren wurde, die zu einem höheren Elterngeld geführt hätte.

Die hier angeführten Beispiele machen besonders deutlich, dass Textbedeutungen keine Addition von Bedeutungen einzelner Wörter, Wortgruppen oder Sätzen im Text sind. Sie entstehen vielmehr aus den referentiellen Vernetzungen, die die Substanz selbst des Textes sind, seine „Textur".

6.3 Didaktisches Intermezzo

Lerngegenstand	Teilziel	Aufgaben
• Textkohäsive Mittel deutscher und englischsprachiger Texte	• Ermittlung der Textbedeutung in der Komplexität ihrer explizit ausgedrückten Beziehungen	• Erkennen des Netzes von Relationen, die im Text zwischen einzelnen Ausdrücken und den entsprechenden Konzepten bestehen

Für das Leseverstehen ist es von besonderer Bedeutung, die formalen Zeichen wahrzunehmen, durch die Sätze syntaktisch zusammengehalten werden. Nur dadurch kann der logisch-inhaltliche Zusammenhalt des Textes vertieft erfasst werden. Um sich eine Einsicht darüber zu verschaffen, wie grammatische Phänomene im deutschen System auf der Textebene funktionieren, kann die sprachvergleichende deutsch-englische Perspektive für DaF-Lernende sehr hilfreich sein. Die verschiedenen Kohäsionsmittel, die einen deutschen Text als zusammenhängend erkennbar machen, darunter Pronomen und Konnektoren, sind Äquivalente zu denjenigen, die in englischsprachigen Texten Sätze miteinander verknüpfen. Sprachmittel dieser Art gibt es in vielen Sprachen, sie funktionieren aber nicht in allen Sprachen gleich. Für DaF-Lernende mit einer bestimmten L1 kann die Wirkung des deutsch-englischen vergleichenden Blicks besonders eindrücklich sein.

Dies scheint z. B. für Thai-als-L1-Lernende beim Erlernen des deutschen Tempussystems der Fall zu sein. Wie Attaviriyanupap (2011: 48) betont, verwenden Thai-Lernende Präsens, Präteritum und Perfekt des Deutschen relativ willkürlich nebeneinander. Für Muttersprachler:innen der „tempuslosen“ Thai-Sprache erscheint die Kategorie Tempus als fremd. Als isolierende Sprache verfügt das Thailändische über keine flektierten Verbformen. Wenn der Kontext es benötigt, erfolgt der explizite Hinweis auf Gegenwart, Vergangenheit und Zukunft in der Thai-Sprache durch die Verwendung von Temporaladverbien. Auch das System der pronominalen Referenz ist in der thailändischen Sprache unterschiedlich zur deutschen und englischen angelegt. Im Thailändischen bilden Personalpronomen keine geschlossene Klasse von Wörtern. Zum Ausdruck der pronominalen Referenz werden im Thailändischen sowohl Personalpronomen als auch Nomen in der Funktion von Personalpronomina gebraucht. Ein Wort wie *khru:* (‚Lehrer:in') kann als Personalpronomen gebraucht werden und je nach Kontext die erste, zweite oder dritte Person bezeichnen. Das Sprachsystem lässt jederzeit die Bildung neuer Personalpronomina zu. Auch Entlehnungen aus Fremdsprachen sind möglich, wie z.B. thailändisch *aj* aus englisch *I*. Dabei ändert sich die Bedeutung von bereits vorhandenen Pronomen, deren Gebrauch und Wahrnehmung unter Muttersprachler:innen des Thailändischen auch von individuellen Faktoren abhängig ist. Eine weitere Besonderheit der thailändischen Personalpronomina besteht darin, dass sie nicht personenspezifisch sind. Viele von ihnen können sowohl auf die erste als auch auf die zweite oder dritte Person Bezug nehmen. In den meisten Fällen kann nur aus dem Kontext der Pronominalreferenz geschlossen werden, um welche Person es sich handelt (vgl. Attaviriyanupap 2004).

Wie Sätze im Deutschen verknüpft und welche sprachlichen Mittel dafür verwendet werden, kann somit je nach ausgehender Sprachkultur mit mehr oder weniger Schwierigkeiten nachvollzogen werden. Dem Grad der Schwierigkeit entspricht zumindest teilweise die Wahrnehmung der Komplexität eines fremden Textes. Um die Schwierigkeiten zu überwinden, sind metasprachliche Kompetenzen grundlegend. So können Thai-als-L1-Lernende beim Erlernen des deutschen Tempussystems und der Mittel pronominaler Referenz auf besondere Weise von einem vergleichenden Blick auf die Entsprechungen im Englischen profitieren (vgl. Attaviriyanupap 2011: 47). Der deutsch-englische sprachvergleichende Ansatz kann insgesamt helfen, die Fähigkeit zur Kohärenzbildung und Bedeutungskonstruktion, die das differenzierte DaF-Textverstehen fordert, auszubauen.

Um anspruchsvolle Verarbeitungsprozesse zu aktivieren, ist es sinnvoll, Lernende mit authentischen Texten zu konfrontieren. Nur authentische Texte ermöglichen einen schrittweisen Zugang in die Referenzvernetzungen, aus deren Dichte sich Textkomplexität aufbaut. Als Beispiel einer geeigneten Texttypologie für das Erfassen der Kodierung der Zeitkohärenz werden hier jeweils ein englisches und ein deutschsprachiges Exemplar der Textsorte Biografie herangezogen.

Nach einer allgemein verbreiteten Auffassung stellt die Biografie die schriftliche Darstellung des vergangenen Lebens einer „bedeutenden" Persönlichkeit dar: Als bedeutende Persönlichkeit wird ein Individuum angesehen, das im Leben nennenswerte Werke oder Handlungen mit weitreichenden politischen und gesellschaftlichen Konsequenzen hervorgebracht hat (vgl. Fetz 2009: 5). Als Textsorte an der Schwelle zur Historiographie versucht die Biografie einen Mittelweg zwischen der unmittelbaren Erfahrung eines Einzelnen und der Objektivität des historischen Blicks zu finden, um Gedächtnisfunktion auszuüben (vgl. Fetz 2009: 23). Von der Methodologie der Geschichtsschreibung übernimmt die Biografie in der Regel das chronologische Kriterium als Maßstab für die Erzählung der Entwicklung der betreffenden Persönlichkeit. Von Exemplaren der Textsorte Biografie ist deshalb anzunehmen, dass zahlreiche Zeitangaben vorkommen und verschiedene Vergangenheitsformen verwendet werden, um auf unterschiedliche Lebensphasen der dargestellten Persönlichkeit Bezug zu nehmen.

Als Vorlage für die Textanalyse dienen zwei Biografien von Marie Louise (1791–1847), Erzherzogin von Österreich, Kaiserin der Franzosen, Herzogin von Parma (Abb. 20).

MARIE-LOUISE OF AUSTRIA

Childhood in Austria

Marie-Louise de Habsburg-Lorraine was born on 12 December, 1791, in Vienna. Her parents, Francis II, who succeeded his father, Leopold II, as Holy Roman Emperor on 1 March, 1792, and Maria Theresa of Naples were both related to Marie-Antoinette. Raised by her various

Deutsche Biographie – Onlinefassung

NDB-Artikel

Marie Louise, *Erzherzogin von Österreich* Kaiserin der Franzosen, Herzogin von Parma *(Maria Luigia)*, * 12.12.1791 Wien, † 17.12.1847 Parma, ⚭ Wien, Kapuzinergruft. (katholisch)

Genealogie
V Kaiser →Franz II. (seit 1804 Kaiser Franz I. v. Österreich, † 1835, s. NDB V);

M →Maria Theresia (1772-1807), *T* d. Kg. →Ferdinand IV. v. Neapel (als Kg. beider Sizilien Ferdinand I., 1751-1825) u. d. →Maria Karolina Erzhzgn. v. Österreich († 1814, s. NDB 16);

Ov Erzhzg. →Ferdinand (III.) († 1824), Ghzg. v. Toskana (s. NDB V), →Karl († 1847), kaiserl. GFM (s. NDB XI), →Johann († 1859), Reichsverweser 1848/49 (s. NDB X);

B Kaiser →Ferdinand I. († 1875, s. NDB V);

Schw →Leopoldine († 1826), Kaiserin v. Brasilien (s. NDB 14), →Karoline († 1832, ⚭ Kg. →Friedrich August II. v. Sachsen, † 1854, s. NDB V);

- ⚭ 1) Paris 1810 →Napoleon I. (1769-1821), Kaiser der Franzosen, 2) (morganat.) Parma 1821 →Adam Adalbert Gf. v. Neipperg (1775-1829), Obersthofmeister, Min. u. Gen. in Parma (s. ADB 23), 3) Parma 1834 →Charles-René Gf. Bombelles (1784-1856), Obersthofmeister u. Min. in Parma;

1 *S* aus 1) →Napoleon (1811-32), Kg. v. Rom, Hzg. v. Reichstadt, 1 *S*, 1 *T* aus 2), u. a. Wilhelm Albrecht Gf., seit 1864 Fürst →v. Montenuovo (1819-95), österr. Gen. (s. ÖBL);

N Kaiser →Franz Joseph I. († 1916, s. NDB V);

E →Alfred Fürst v. Montenuovo (1854-1927), 1. Obersthofmeister (s. ÖBL).

Leben
Als der 40jährige →Napoleon 1810 um die 18jährige Erzherzogin warb, erhoffte er sich den in seiner ersten Ehe ausgebliebenen Kindersegen sowie durch Einheirat in ein angestammtes Herrscherhaus eine Festigung des eigenen Legitimitätsanspruchs. Kaiser Franz I. erblickte in der „österr. Heirat" eine gewisse Friedensgarantie, nachdem der Korse Österreich viermal besiegt hatte und zweimal in Wien eingezogen war. Als Kind haßte und fürchtete M. →Napoleon, vor dem die kaiserl. Familie zweimal hatte fliehen müssen. Dem hochverehrten Vater zuliebe, der zeitlebens den stärksten Einfluß auf seine

Abb. 20: Titelblatt der englischen und deutschen Biografien von Marie Louise von Österreich

Die unten in Tab. 63 und Tab. 66 reproduzierten Fassungen entsprechen dem jeweiligen Haupttext der Originaltexte. Beide Texte, vor allem aber der englische, wurden leicht gekürzt, um quantitativ homogene Vorlagen für die Analyse zu erhalten. Stilistische Änderungen wurden dabei nicht vorgenommen.

Eine mögliche Aufgabe für Lernende des Deutschen nach Englisch kann darin bestehen, die Chronologie der biographischen Ereignisse im Leben von Marie Louise zu rekonstruieren, indem die Zeitangaben hervorgehoben werden. Dabei sollen auch die Pronominalketten, die auf die Protagonistin der Biografie verweisen, erkannt und unterstrichen werden. Die Analyse beginnt mit dem englischen Text, da hier durch die höheren Sprachkompetenzen der Lernenden die Hervorhebung der Personalreferenz und die Rekonstruktion der Zeitrelationen leichter ausgeführt werden können. Die Lösung der Aufgabe wird in Tab. 63 präsentiert. Die Zeitangaben sind im Text fett markiert, die Pronominalkette mit Bezug auf den Eigennamen *Marie-Louise de Habsburg-Lorraine* grau schattiert. Sie besteht aus fünf Vorkommen der abgekürzten Form des Eigennamens (*Marie-Louise*), eine Wiederaufnahme des Referenten durch die Nominalgruppe *his wife*, fünf Vorkommen des Personalpronomens *she* im Subjektkasus, drei im Objektkasus (*her*). Viermal tauchen im Text Formen des Possessivums *her* auf:

Marie-Louise de Habsburg-Lorraine was born **on 12 December, 1791**, in Vienna. Her parents, Francis II, who succeeded his father, Leopold II, as Holy Roman Emperor **on 1 March, 1792,** and Maria Theresa of Naples were both related to Marie-Antoinette. She had a bourgeois but happy upbringing despite the difficulties imposed upon her **after** her family's exile **in 1805.** This experience developed into a distinct aversion to France and a loathing of the one known as the „Corsican ogre". **In 1809**, Marie-Louise, **then** aged eighteen, learned of rumours circulating that Napoleon I, having **just recently** defeated Austria again, was looking for a new bride. The idea that she could be the next Empress of the French was abhorrent to her. Francis II dared not inform her of his decision himself, and delegated the task to his minister, Metternich. She accepted the decision with no hint of bitterness. **On 8 March 1810**, the official request was made. **The next morning**, the marriage contract was signed and **on 11 March**, the marriage took place. Upon her marriage to Napoleon I, Marie-Louise became Empress, which she would remain **for four years.** Napoleon did not have to wait long for an heir: **on 20 March, 1811**, Marie-Louise gave birth to a son, who received the title of Roi de Rome. **In 1813, after** the Russian disaster and as Napoleon set out for his campaign in Germany, Marie-Louise was left in France as regent. Although the French Emperor returned when the capital was threatened, he left again **on 25 January, 1814**, never to see his wife and son again. **On 28 March**, the enemy was at the city's gates; **whilst** Marie-Louise wished to stay, Napoleon insisted that she leave with her son for the Loire valley.

Tab. 63: Englischsprachige Biografie der Marie Louise von Österreich[57]

Aus den Zeitangaben, die in der englischsprachigen Biografie enthalten sind, kann eine Chronologie von wichtigen Ereignissen aus dem Leben von Marie Louise rekonstruiert werden (Tab. 64). Diejenigen Ereignisse, die Marie Louise als Protagonistin haben, werden durch die Berücksichtigung der Pronominalkette herausgefiltert. In der rechten Spalte der Tabelle sind die Lebensereignisse in ihrer zeitlichen Abfolge eingetragen, die durch die entsprechenden Zeitangaben (linke Spalte) nachvollzogen werden können.

57 Die Biografie *Marie-Louise of Austria* von Emmanuelle Papot ist in der Rubrik *Biographies* der historischen Website der Napoleon-Stiftung *Napoleon.org* enthalten, <https://www.napoleon.org/en/history-of-the-two-empires/biographies/marie-louise-of-austria> (letzter Zugriff: 03.01.2024).

	Zeitangabe	Ereignis
1.	*on 12 December, 1791*	Geburt von Marie Louise
2.	*In 1805*	Marie Louise wird zusammen mit ihrer Familie von Napoleon verbannt.
3.	*After her family's exile* (nach 1805)	Marie Louise erlebt Schwierigkeiten und entwickelt ihre Abneigung gegen Frankreich und Napoleon.
4.	*In 1809*	Marie Louise erfährt, dass Napoleon auf der Suche nach einer neuen Braut ist.
5.	*Upon her marriage to Napoleon* (am 11. März 1810)	Marie Louise wird Kaiserin Frankreichs.
6.	*For four years* (1810–1814)	Marie Louise bleibt Kaiserin.
7.	*On 20 March 1811*	Marie Louise bringt den „König von Rom" zur Welt.
8.	*In 1813, after the Russian disaster and as Napoleon sets out for his campaign in Germany*	Marie Louise fungiert als Regentin in Frankreich.
9.	*On 25 January 1814*	Marie Louise sieht zum letzten Mal ihren Mann.
10.	*On 28 March 1814, the enemy was at the city's gates*	Marie Louise will in Paris bleiben. Nach Napoleons Wunsch fährt sie mit ihrem Sohn ins Loiretal ab.

Tab. 64: Chronologie der Lebensereignisse von Marie Louise in der englischen Biografie

In den Zeitangaben, die auf wichtige biographische Etappen referieren, wird zuweilen der Bezug auf historische Ereignisse eingeschoben, die relevant für Marie Louises Leben waren: bei Nr. 8 kommt zusammen mit dem Verweis auf das Jahr 1813 die doppelte Zeitangabe ***after** the Russian disaster and **as** Napoleon sets out for his campaign in Germany* vor. Nr. 10 präsentiert neben der kalendarischen Zeitangabe die darauf bezogene Information, dass der Feind vor den Stadttoren steht.

Weitere Zeitangaben im Text referieren auf Ereignisse, die in einem mehr oder weniger direkten Bezug zu Marie Louises Leben stehen, wie der Tab. 65 entnommen werden kann. Nur Teile der Informationen, die dazu benötigt werden, um den logischen Zusammenhang zwischen den Bezugsereignissen und der Protagonistin der Biografie zu finden, werden im Text explizit angegeben. Die weiteren können einfach hergeleitet oder mit Hilfe von historischem Wissen (Zeile 2, grau markierte Zelle) abgerufen werden.

	Zeitangabe	Ereignis	Beziehung zu Marie Louise
1.	*on 1 March, 1792*	Franz aus dem Haus Habsburg-Lothringen wird Nachfolger seines Vaters auf dem Thron des Heiligen Römischen Reiches.	Kaiser Franz ist Marie Louises Vater.
2.	*Just recently* (in 1809)	Napoleon besiegt Österreich.	Österreich ist zu einer Politik der Anpassung gegenüber Napoleon gezwungen. Marie Louises Heirat mit Napoleon, von Metternich befürwortet, dient der Staatsraison.
3.	*On 8 March 1810*	Der Heiratsantrag wird gestellt.	Marie Louise ist Objekt des Heiratsantrags.
4.	*The next morning* (9. März 1810)	Der Heiratsvertrag wird unterschrieben.	Marie Louise ist als Braut Objekt des Heiratsvertrags.
5.	*on 11 March* (1810)	Die Heirat findet statt.	Marie Louise ist die Braut.

Tab. 65: Referenz auf historische Ereignisse aus dem Leben von Marie Louise

Nachdem die Zeitreferenz in Bezug auf die Hauptfigur der englischen Biografie erstellt und eingeübt wurde, kann die Aufmerksamkeit der Lernenden auf die deutsche Biografie gelenkt werden. Im deutschen Text (Tab. 66)[58] beginnt die referentielle Pronominalkette (grau schattiert) mit einem ersten Verweis auf *die 18jährige Erzherzogin* und einem zweiten auf *Marie Louise.* Die Kette wird durch fünf weitere Nominalgruppen (*die Kaiserin, die Habsburgerin, die verunsicherte, vereinsamte Marie Louise, seine* [Bombelles'] *Gemahlin*) und sechs Formen des Pronomens *sie* (fünfmal im Nominativ, einmal im Dativ) bereichert. Dreimal kommt das Possessivum *ihr* vor.

58 Die Biografie *Marie Louise* wurde von Irmgard Schiel verfasst. Sie ist online erschienen in: *Neue Deutsche Biographie* 16 (1990), S. 185–186, <https://www.deutsche-biographie.de/pnd118577891.html#ndbcontent> (letzter Zugriff: 03.01.2024).

Als der 40jährige Napoleon **1810** um die **18jährige** Erzherzogin warb, erhoffte er sich den in seiner ersten Ehe ausgebliebenen Kindersegen sowie durch Einheirat in ein angestammtes Herrscherhaus eine Festigung des eigenen Legitimitätsanspruchs. Kaiser Franz I. erblickte in der „österreichischen Heirat" eine gewisse Friedensgarantie, **nachdem** der Korse Österreich viermal besiegt hatte und **zweimal** in Wien eingezogen war. **Als Kind** haßte und fürchtete Marie Louise Napoleon, vor dem die kaiserliche Familie **zweimal** hatte fliehen müssen. Dem hochverehrten Vater zuliebe, der **zeitlebens** den stärksten Einfluß auf seine Tochter ausübte, fügte sie sich jedoch der Staatsraison. Aber das Unerwartete trat ein: Napoleon erwies sich als aufmerksamer und zärtlicher Ehemann. **Als** sich **im März 1811** mit dem „König von Rom" der ersehnte Thronerbe einstellte, schien das Glück des französischen Kaiserpaares vollkommen. **Als dann** der Stern des Korsen zu sinken begann, stand die Kaiserin **zunächst** treu zu ihm und fungierte **zu Zeiten** seiner Abwesenheit von Paris sogar als Regentin. Napoleons Sturz zwang die Habsburgerin **dann** in eine tragische Rolle. Von Metternich an der Wiedervereinigung mit ihrem Gatten gehindert, kehrte sie **1814** mit ihrem Sohn nach Österreich zurück. Durch einen Beschluß des Wiener Kongresses wurde ihr das Herzogtum Parma, Piacenza und Guastalla übertragen, das sie **seit 1816** regierte.

Napoleon war auf Elba im Exil, **als** die verunsicherte, vereinsamte Marie Louise ein Liebesverhältnis mit General Adam Adalbert Graf Neipperg, ihrem späteren Obersthofmeister und Minister in Parma, einging. **Als** sie Neipperg **nach Napoleons Tod 1821** in aller Heimlichkeit morganatisch heiratete, hatte sie ihm **bereits** zwei Kinder geboren. **Nach seinem Tod 1834** ging sie eine Vernunftehe mit dem Grafen Charles-René Bombelles ein, der seiner Gemahlin ebenfalls als tüchtiger Ratgeber in Parma zur Seite stand.

Tab. 66: Deutsche Biografie der Marie Louise von Österreich

Marie Louises Biografie (Tab. 67) ist chronologisch in mehrere Abschnitte unterteilt, die durch kalendarische Zeitangaben gekennzeichnet sind. Andere Lebensdaten werden nicht direkt im Text erwähnt, wie etwa das Geburtsjahr (Nr. 1), das sich aus der Formulierung *die 18jährige Erzherzogin* und dem expliziten Hinweis auf das Jahr 1810, als sie eben 18 Jahre alt war, errechnen lässt. Weitere Lebensdaten können aus dem historischen Wissen abgeleitet werden (Nr. 9, Exil Napoleons auf Elba; Nr. 14, Tod von Kaiser Franz I.).

	Zeitangabe	Ereignis
1.	*Als ... Napoleon um die 18jährige Erzherzogin warb ...* (1810)[58]	Geburt von Marie Louise
2.	*Als Kind*	Marie Louise hasst und fürchtet Napoleon.
3.	*1810*	Marie Louise wird von Napoleon umworben.
4.	*im März 1811*	Marie Louise bringt den „König von Rom" zur Welt.
5.	*Als dann der Stern des Korsen zu sinken begann, ... zunächst* (nach dem März 1811)	Marie Louise steht treu zu ihrem Mann.
6.	*zu Zeiten seiner Abwesenheit von Paris*	Marie Louise fungiert als Regentin.
7.	*Dann* (nach Napoleons Sturz)	Marie Louise wird an der Wiedervereinigung mit ihrem Mann gehindert.
8.	*1814*	Marie Louise kehrt mit ihrem Sohn nach Österreich zurück.
9.	*Napoleon war auf Elba im Exil, als ...* (1814–1815)	Marie Louise geht ein Liebesverhältnis mit Graf Neipperg ein.
10.	*seit 1816*	Marie Louise regiert das Herzogtum von Parma.
11.	*bereits* (vor 1821)	Marie Louise bringt zwei Kinder vom Grafen Neipperg zur Welt.
12.	*nach Napoleons Tod 1821*	Marie Louise heiratet den Grafen Neipperg.
13.	*Nach seinem* [Neippergs] *Tod 1834*	Marie Louise heiratet den Grafen Bombelles.
14.	*zeitlebens* (bis zu seinem Todesjahr 1835)	Marie Louise steht unter dem Einfluss ihres Vaters, Kaiser Franz I.

Tab. 67: Chronologie der Lebensereignisse von Marie Louise in der deutschen Biografie

59 Die Rechnung 1810 minus 18 ergibt 1792. Eigentlich wurde Marie Louise im Dezember 1791 geboren.

Mit Bezug auf die lokalisierten Etappen der Biografie der Kaiserin werden im Text weitere Ereignisse zeitlich eingeordnet, die sie nicht zur Hauptprotagonistin haben. Um diese Ereignisse in der Zeitachse zu lokalisieren, werden bestimmte biographische Momente aus dem Leben von Marie Louise als Bezugsereignisse genommen: in Tab. 68, Nr. 1–2 stehen beide in einer Relation der Gleichzeitigkeit zueinander, was durch die temporale Subjunktion *als* signalisiert wird; in Nr. 3 weist das Adverb *nachdem* auf eine Abfolge von Bezugsereignis und lokalisiertem Ereignis hin:

	Bezugsereignis	**Zeitangabe**	**Lokalisiertes Ereignis**
1.	1810: die 18jährige Erzherzogin Marie Louise wird von Napoleon umworben.	*als*	Napoleon erhofft sich die Festigung seines Legitimitätsanspruchs.
2.	im März 1811: Marie Louise bringt den „König von Rom" zur Welt	*als*	Das Glück des kaiserlichen Ehepaars scheint vollkommen.
3.	1810: Heirat der Marie Louise	*nachdem*	Napoleon hat viermal Österreich besiegt und ist zweimal in Wien eingerückt.

Tab. 68: Auf zeitlich lokalisierte Lebensepisoden von Marie Louise bezogene Ereignisse

An diesem Punkt der Lern-Lehr-Einheit können sprachvergleichende grammatische Beobachtungen angestellt werden sowie allgemeine Überlegungen zu pragmatischen und textsortenstilistischen Besonderheiten in den beiden Sprachkulturen.

Was die grammatische Ebene angeht, kann in den beiden Texten das Vorkommen von ähnlichen Mitteln der Textkohäsion festgestellt werden. Wie bereits in den vorherigen Abschnitten dieses Kapitels erwähnt wurde, verfügen die deutsche und englische Sprache über äquivalente referentielle Mittel. Dies gilt sowohl für die Referenz im Allgemeinen als auch speziell für den Ausdruck der Zeitkohärenz. In beiden Texten treten zum einen Nominal- und Pronominalgruppen, zum anderen temporale Präpositionen, Adverbien und Subjunktionen auf.

Was die Tempora angeht, ist in der englischen Biografie das am häufigsten vorkommende Tempus das Simple Past (26 Verbformen), in der deutschen das Präteritum (24 Verbformen). In beiden Sprachen handelt es sich dabei um das typische Tempus der Erzählung, mit dem die Ereignisse in der Vergangenheit lokalisiert werden (vgl. Weinrich 1993: 219; Werlich 1983: 39). Der deutsche Text enthält auch drei Formen des Plusquamperfekts, d.h. des Tempus, das die Vergangenheit des lokalisierten Ereignisses im Verhältnis zu einem Bezugsereignis angibt, das seinerseits in der Vergangenheit liegt:

(84) Kaiser Franz I. erblickte in der „österreichischen Heirat" eine gewisse Friedensgarantie, **nachdem** der Korse Österreich viermal **besiegt hatte** und zweimal in Wien **eingezogen war**.

(85) Als Kind haßte und fürchtete Marie Louise Napoleon, vor dem die kaiserliche Familie zweimal **hatte fliehen müssen**.

(86) Als sie Neipperg nach Napoleons Tod 1821 in aller Heimlichkeit morganatisch heiratete, **hatte** sie ihm bereits zwei Kinder **geboren**.

Im englischen Text gibt es keine äquivalenten Formen des Past Perfect, wohl aber eine Form des *gerund past*, für die das deutsche Plusquamperfekt als funktional äquivalent angesehen werden kann (86b):

(87a) In 1809, Marie-Louise, then aged eighteen, learned of rumours circulating that Napoleon I, **having** just recently **defeated** Austria again, was looking for a new bride.

(87b) Im Jahr 1809 **erfuhr** die damals achtzehnjährige Marie-Louise von Gerüchten, dass Napoleon I., der gerade wieder Österreich **besiegt hatte**, eine neue Braut suchte.

Haben Lernende das grammatische Kompetenzniveau erreicht, das ihnen ermöglicht, sprachvergleichende Beobachtungen dieser Art anzustellen, so kann der mehrsprachige Ansatz auch für weitere Zwecke verwendet werden. Globales und vertieftes Leseverstehen entsteht, wenn die Feinheiten der Textbedeutung nicht nur aus den syntaktischen und semantischen Beziehungen zwischen den Textteilen wahrgenommen werden. Textbedeutungen ergeben sich auch aus der spezifischen Auswahl sprachlicher Mittel, die den individuellen Textstil prägen. Dieser setzt sich aus Merkmalen zusammen, die konventionell und textsortentypisch sind, sowie solchen, die dem Text einen originellen Charakter verleihen. Der sprachvergleichende Ansatz ermöglicht es in dieser Phase somit, Stilmerkmale hervorzuheben. Diese können auch kulturspezifisch sein.

Unter den vielen möglichen Beobachtungen, die eine sprach- und kulturvergleichende Textanalyse auszeichnen, können für das vorliegende Textpaar die folgenden angestellt werden:

- In beiden Texten liegt eine Pronominalkette vor, die Referenzbeziehungen auf die Protagonistin und auf zeitlich lokalisierte Ereignisse ihres Lebens ausdrückt.
- Die englische Pronominalkette besteht fast ausschließlich aus Eigennamen und Pronomen (nur einmal kommt der Ausdruck *his* – mit Bezug auf *Napoleon* – *wife* vor).
- Die deutsche Pronominalkette besteht aus Eigennamen und Pronomen sowie aus einer Vielfalt an Nominalgruppen, welche die Protagonistin in ihren unterschiedlichen Lebensphasen charakterisieren: *die 18jährige Erzherzogin, die Kaiserin, die Habsburgerin, die verunsicherte, vereinsamte Marie Louise, seine* [Bombelles'] *Gemahlin.*

- In beiden Texten kommen zahlreiche Zeitangaben vor, kodiert durch äquivalente Sprachausdrücke. Ihre Referenten sind manchmal genau lokalisiert, oft durch kalendarische Angaben, manchmal bleiben sie allgemein und vage.
- Im englischen Text beziehen sich zehn Zeitangaben auf Ereignisse, die Marie Louise zur Protagonistin haben (Tab. 64), fünf weitere lokalisierte Ereignisse sehen Marie Louise dagegen viel weniger als Subjekt, denn als Objekt der Geschehnisse in der referierten Handlung (Tab. 65).
- Im deutschen Text sind fast alle Angaben auf Marie Louise als Protagonistin bezogen: 14 auf direkte (Tab. 67), weitere drei auf indirekte Weise (Tab. 68).

Aus diesen Beobachtungen lässt sich schließen, dass die deutsche Biographie Marie Louise stärker als die englische als Protagonistin ihres eigenen Lebens darstellt. Der deutsche Text präsentiert Marie Louise in ihrer Entwicklung, indem er auf die unterschiedlichen Rollen, die sie in ihrer Geschichte gespielt hat, durch entsprechende Bezeichnungen Bezug nimmt. Auf kompakte Weise verweist der Text auf mehr Ereignisse, die für das Leben von Marie Louise kennzeichnend sind, als dies im englischen Text der Fall ist. Obwohl die englische Biografie weitschweifiger angelegt ist, vermittelt sie weniger punktuelle Informationen über ihr Objekt. Insgesamt resultiert Marie Louise in der deutschen Biografie als eine „bedeutende" Persönlichkeit aus ihrem eigenen Wert heraus. Im englischen Text dagegen erscheint sie als würdiges Objekt einer Biografie vor allem auf Grund ihrer Beziehungen zur historischen Figur des Napoleon.

Vergleichende Beobachtungen dieser Art können eine Grundlage für Hypothesen über kulturelle Besonderheiten innerhalb von Konventionen der Textsortengestaltung bilden. In unserem Fall könnte angenommen werden, dass deutsche Biografien die Bedeutung ihrer dargestellten Persönlichkeiten höher einschätzen als englische. Diese Annahme wäre allerdings gewagt. Zuerst einmal, weil der Vergleich sich auf ein einziges Textpaar begrenzt. Zum anderen, weil die beiden Vergleichstexte zwar Biografien sind, dabei aber in jeweils unterschiedlichen Kontexten erscheinen. Für die deutsche Biografie handelt es sich um die Fachzeitschrift „Neue Deutsche Biographie", die nur Biografien versammelt, deren Objekte gleichermaßen in den Fokus der Aufmerksamkeit gestellt werden. Die englische Biografie erscheint in der Rubrik *Biographies* der historischen Website der Napoleon-Stiftung *Napoleon.org*, deren Biografien nicht so sehr die einzelnen Objekte um ihrer selbst willen, als vielmehr in ihrem jeweiligen Bezug zu Napoleon darstellen.

7 Textkomplexität

Texte sind komplexe Gefüge, die komplexe Relationsvernetzungen aufweisen. Wie bereits im einleitenden Teil der Arbeit angedeutet, kann die Komplexität eines Textes durch mehrere Parameter, darunter die Dichte seiner semantischen Relationen gemessen werden. In einem Text können beliebig viele Personen und Gegenstände genannt und in Bezug zu der außersprachlichen Realität gesetzt werden. Dieser Realitätsbezug verdeutlicht sich in bestimmten sprachlichen Ausdrücken, die wiederum in wechselseitigen Referenzbeziehungen zueinander stehen. Die wechselseitigen Relationen, die im Text zwischen Referenten aufgebaut werden, können zu komplexen Vernetzungen führen. Abb. 21 reproduziert die graphische Darstellung der Textkohärenz, die de Beaugrande/Dressler (1981: 112) am Beispiel des rechts von der Graphik stehenden Textabschnitts ausführen. Als Knoten der Darstellung dienen dabei Wörter wie *rocket*, *yellow*, *black*, *great*, *giant*. Die zwischen *rocket* und den vier weiteren Knoten bestehende paarweise Verbindung (Kante) (eingekreist in Abb. 21) wird als attributive Relation (*at*) beschrieben.

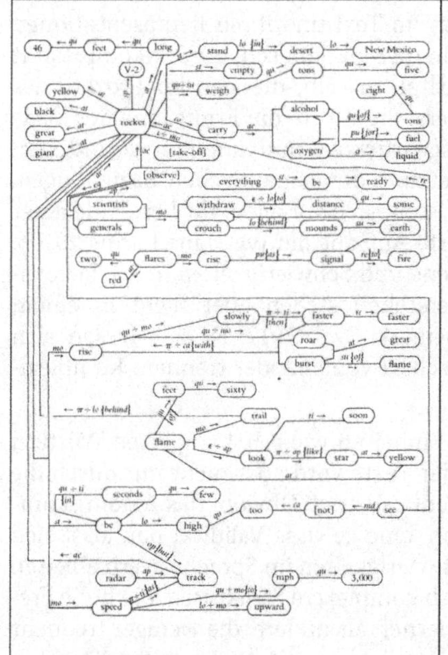

A great black and yellow V/2 rocket 46 feet long stood in a New Mexico desert. Empty, it weighed five tons. For fuel it carried eight tons of alcohol and liquid oxygen. Everything withdrew to some distance and crouches behind earth mounds. Two red flares rose as a signal to fire the rocket. With a great roar and burst of flame the rocket rose slowly and then faster and faster. Behind it trailed sixty feet of yellow flame. Soon the flame looked like a yellow star. In a few seconds it was too high to be seen, but radar tracked it as it sped upward at 3,000 miles per hour. A few minutes after it was fired, the pilot of a watching plane saw it return at a speed of 2,400 miles per hour and plunge into earth forty miles from the starting point.

Abb. 21: Darstellung der Kohärenzvernetzungen im Text nach de Beaugrande/Dressler (1981)

Aufgrund ihrer Vielfältigkeit und Verzweigung kann die graphische Darstellung der Kohärenzbezüge im Text schon bei relativ kurzen Texten leicht unüberschaubar werden, wie Abb. 21 zeigt.

Wörter im Text stellen den Anhaltspunkt für Konzepte dar, die zur Konstellation des allgemeinen bzw. individuellen Weltwissens gehören. Beim Textverstehen geht es darum, Textkohärenz zu rekonstruieren und eine mentale Repräsentation derselben zu erzeugen, aus der schließlich die Sinnkontinuität des Textes entsteht. Textkohärenz wird als die Vernetzung von „primären Konzepten" wie Objekten, Situationen, Ereignissen, Handlungen mit sekundären Konzepten betrachtet. Primäre Konzepte stehen immer in einer oder mehreren Relationen zueinander (vgl. de Beaugrande/Dressler 1981: 90 ff.). Die sekundären Konzepte, u. a. Zustand, Agens, Eigenschaft, Lokalisierung, Zeit, Ursache, Grund, erstellen die Relationen zwischen den primären Konzepten (vgl. de Beaugrande/Dressler 1981: 101 ff.). Textverstehen wird also von der Textoberfläche und den darin enthaltenen sprachlichen Ausdrücken her in Gang gesetzt. Daran anknüpfend werden unter Mitwirkung des situativen Kontextes, der den Text einbettet, sowie anhand von Weltwissen (vgl. Vater 2005: 64) und Inferenzen (vgl. Schnotz 2006: 236 f.) auch Zusammenhänge erschlossen, die im Text nicht explizit sind.

Vertieftes Textverstehen erfordert die Rekonstruktion der komplexen, mehrfach und unterschiedlich artikulierten Relationsvernetzungen, die aus der Verknüpfung zwischen Wörtern und Wortgruppen im Text und ihren Repräsentationen entstehen (vgl. Schnotz/Dutke 2004: 64). In diesem Sinn scheint Textkomplexität der Hauptfaktor der kognitiven Komplexität zu sein, die sich im Prozess des Leseverstehens ergibt. „Komplexes Leseverstehen", d. h. die Ermittlung der Textbedeutung aus der Gesamtheit der ausgedrückten und implizit vermittelten Informationen durch die komplexe Vernetzung der semantischen Beziehungen, die sich im Text zwischen Wörtern ergibt, stellt sich vor allem für Lernende einer Fremdsprache als eine äußerst komplizierte Aufgabe dar (vgl. Lutjeharms 2010b: 980). Strukturelle Komplexität auf Textebene und Schwierigkeiten in der Rekonstruktion der Textkohärenz beim Leseverstehen stehen aber nicht in einem schlichten 1:1-Verhältnis. Wie Zeman bemerkt (vgl. 2017: 55–56), lassen sich absolute und relative Komplexität nicht scharf voneinander trennen: Komplexität ist immer ein relationales Konzept.

Texte können aus komplex sprachlichen Einheiten wie z. B. komplexen Wörtern oder Sätzen bestehen. Die Komplexität der Texte wird aber nicht nur durch die quantitative Entität ihrer Strukturen gekennzeichnet. Obwohl das Axiom „komplexe Texte = kompliziertes Textverstehen" eine gewisse Validität hat, lässt sich Komplexitätszuwachs nicht direkt aus Schwierigkeiten im Spracherwerb ableiten und umgekehrt. So sind etwa im L2-Erwerb komplexere Strukturen, die hohe Frequenz im Gebrauch haben, leichter zu erlernen als andere, die weniger frequent sind. Dasselbe gilt für Einheiten, die eine Ähnlichkeit mit der L1 zeigen. Darüber hinaus kann ein höherer Grad an struktureller Komplexität durch erhöhte Sprachkompetenzen leichter bewältigt werden (vgl. Zeman 2017: 57–58).

Theoretische Prämissen dieser Art führen zur Anwendung einer Lesemethodik, die einen progressiven Zugang in die Textkomplexität fördert. Wichtig dabei ist vor allem das Prinzip, dass Wissen über das Funktionieren von Sprachen und Texten der entscheidende Faktor bei der Auseinandersetzung mit Textkomplexität ist.

7.1 Annäherung an die Komplexität von Texten

Leseverstehen wird als ein kognitiver Prozess der Erzeugung von Textkohärenz angesehen, d.h. der mentalen Darstellung der komplexen Vernetzung von Informationen, die der Text vermittelt und die sich im Text lokalisieren. Im fremdsprachendidaktischen Bereich wird die Auseinandersetzung mit der Komplexität der Textwelt schrittweise eingeführt. Dies erfolgt in der Regel durch eine gezielte Auswahl von Texten, die einen reduzierten Komplexitätsgrad aufweisen. Mit Hilfe dieser Textauswahl wird eine didaktische Progression von weniger komplexen zu komplexeren Texten realisiert, die das Leseverstehen aufgrund von textinternen Faktoren erleichtert. Der Nachteil dieser Strategie liegt darin, dass die Mehrheit der Lernenden im ganzen Prozess des gesteuerten L2-Unterrichts nur mit vereinfachten Texten konfrontiert werden, was sie auf die Varietät und Komplexität der Textwelt nicht gut vorbereitet.

Das hier vorgeschlagene Modell basiert auf der Verwendung authentischer Texte von verschiedenen Texttypologien mit dem didaktischen Ziel, das Leseverstehen progressiv zu fördern. Dabei wird nicht angestrebt, die Texte von Anfang an vollständig zu verstehen. Eine Erweiterung des Textverstehens soll vielmehr schrittweise durch die Entwicklung der Sprachkompetenzen erreicht werden. Durch den Einsatz einer textlinguistisch orientierten Lesedidaktik werden Sprachkompetenzen begünstigt, die eine bewusste Erkennung und Visualisierung formaler und logischer Kohärenzstrukturen ermöglichen. Anhand gezielter Lesestrategien werden Lernende darin unterstützt, sich in der Komplexität des Textes zu orientieren und ihren Weg in die Vielschichtigkeit der Textkohärenz zu finden. Der Ausgleich zwischen struktureller und rezeptiver Komplexität, zwischen Progression des Wissens und erfolgreichem Textverstehen wird hier in der Textauswahl, vor allem aber in den Ansprüchen des Leseverstehens gesucht. Beim progressiven Ausbau der Sprachkompetenzen setzt sich das Verfahren des Leseverstehens höhere hermeneutische Ziele, von der globalen Erfassung der Textfunktion zu der vertieften Erfassung sämtlicher Bedeutungen, die der Text explizit und implizit vermittelt. Eine didaktische Progression ergibt sich dabei, indem bei steigender Lesekompetenz auch die Kapazität erhöht wird, die vielschichtige Konsistenz der Textkohärenz progressiv zu verarbeiten.

Dementsprechend werden Textkompetenzen gefördert, die dazu dienen, die komplexen, mehrschichtigen Relationsvernetzungen zwischen sprachlichen Ausdrücken und Referenten im Text selektiv zu erkennen und richtig zu interpretieren. Als Basis des Leseverstehens gilt das Erkennen der Textfunktion durch die Betrachtung der Textgestaltung und der Bedeutung einzelner Textelemente.

Diese Phase des Leseverstehens dient als Voraussetzung für die Identifizierung und Verarbeitung der einzelnen Teilinformationen, die der Text auf explizite und implizite Weise vermittelt und auf den unterschiedlichen Kohärenzebenen progressiv lokalisiert werden können.

In einer ersten Annäherung an das Textverstehen können Wörter als Inseln des Verständnisses betrachtet werden. In einem nächsten Schritt müssen diese miteinander verknüpft werden, um sie als Grundlage für die Hypothesenbildung und die Konstruktion von Textbedeutungen zu nutzen. In der graphischen Darstellung der Textkohärenz (Abb. 21) sind Wörter – die auf primäre Konzepte referieren – als Knoten angegeben. In den weiteren Phasen des Leseverstehens müssen die entsprechenden Kanten erkannt werden, d.h. die sekundären Konzepte, die die semantischen Bezüge zwischen Knoten erstellen. Um einem Text Sinn zuzuschreiben, ist es unerlässlich zu verstehen, wie etwa Gegenstände im Raum und in der Zeit angeordnet sind, aus welchem Grund und unter welchen Bedingungen Ereignisse zustande kommen usw.

Welche Ebene der Textkohärenz als privilegierter Eingang in den Text gewählt werden soll, hängt von der Texttypologie ab. Wie in 6.2 ausgeführt wurde, kann in der Kommunikation der Blick entweder auf die Position von Gegenständen und Sachverhalten im Zeitkontinuum (Narration) bzw. im Raum (Deskription), oder auf die Struktur bzw. die wechselseitige Relation von Konzepten (Exposition bzw. Argumentation) gelenkt werden. Der Blick kann auch in weitere Richtungen dirigiert werden, z.B. auf eine quantifizierbare Reihe von Elementen des gedachten/erwarteten Verhaltenskomplexes der Kommunikationspartner:innen (Instruktion). Unterschiedliche Textsorten erwecken bei Lesenden verschiedene Erwartungen (vgl. Schnotz/Dutke 2004: 86). Dementsprechend ist es aus rezeptiver Sicht empfehlenswert, in einer ersten Lesephase die Typologie und Hauptfunktion eines Textes zu erkennen. Je nach Textsorte wird im Text eine privilegierte Ebene seiner Kohärenz berücksichtigt. Bei Erzählungen und Presseberichten kann es z.B. sinnvoll sein, Zeitangaben zu unterstreichen – mit dem primären Ziel, temporale Kohärenz zu ermitteln. Zeitangaben referieren auf Bezugsereignisse, deren Wiederaufnahme im Text ermöglicht, weitere Zeitpunkte bzw. Zeitintervalle zu identifizieren. Zeitangaben vermitteln explizite Informationen über die Progression der Texthandlung. Daran kann man anknüpfen, um implizite Informationen bezüglich der Zeit der Handlung und der Texthandlung selbst ausfindig zu machen. Bei einem deskriptiven Text kann es sich hingegen lohnen, seine Raumkohärenz zu rekonstruieren, um Aufschluss über den gesamten Textsinn zu gewinnen. Dies wird anhand des folgenden Beispiels gezeigt:

(88a) Anfahrtsbeschreibung

Die Bühne liegt direkt am historischen Bahnhof von Bad Saarow. Der Ort Bad Saarow liegt ca. 1 Autostunde von Berlin und Potsdam entfernt.

Sie halten sich auf der Autobahn Richtung A12 Frankfurt/Oder. Befinden Sie sich dann auf der A12, verlassen Sie die Autobahn an der Ausfahrt Fürstenwalde West und biegen links Richtung Bad Saarow ab.

Mit dem Regionalexpress fahren Sie aus Berlin bis Fürstenwalde, gehen zum Bahnsteig 3A und fahren mit der ODEG nach Bad Saarow.

In seiner ursprünglichen Einbettung[60] erscheint Beispiel (88a) als Teil eines Hypertexts, der als multimedialer Werbeprospekt eines Hotels, das den Namen *Die Bühne* trägt, fungiert. Die Überschrift *Anfahrtbeschreibung* dient dazu, die Texttypologie (deskriptiver Text) und die Texthauptfunktion erkenntlich zu machen. Die kommunikative Absicht des Texts besteht ersichtlich darin, den Weg zu beschreiben, der von der Ich-Raum-Zeit-Origo (vgl. Ehlich 2009: 69) der angesprochenen Person (*Sie*) zum Bezugsobjekt (*Die Bühne*) führt. Bei einem Text dieser Art lohnt es sich vor allem, die räumliche Kohärenz zu rekonstruieren.

In Bezug auf die Raumkohärenz verweist der Text auf die folgenden Ortsreferenten:

- Das Hotel „Die Bühne“
- Bad Saarow
- Historischer Bahnhof
- Berlin
- Potsdam
- Autobahn A12
- Frankfurt/Oder
- Ausfahrt Fürstenwalde West.

Darüber hinaus kommen im Text spezialisierte Ausdrücke vor (z. B. Raumpräpositionen und -adverbien), über die die deutsche Sprache zur Beschreibung der räumlichen Relationen zwischen Referenten verfügt (fett markiert in 88b):

(88b) Die Bühne liegt direkt **a**m historischen Bahnhof von Bad Saarow. Der Ort Bad Saarow liegt ca. 1 Autostunde von Berlin und Potsdam entfernt.

Sie halten sich **auf** der Autobahn **Richtung** A12 Frankfurt/Oder. Befinden Sie sich dann **auf** der A12, verlassen Sie die Autobahn **an** der Ausfahrt Fürstenwalde West und biegen **links Richtung** Bad Saarow ab.

Mit dem Regionalexpress fahren Sie **aus** Berlin **bis** Fürstenwalde, gehen **zu**m Bahnsteig 3A und fahren mit der ODEG **nach** Bad Saarow.

60 Website des Bahnhofshotels *Die Bühne* in Bad Saarow, Rubrik *Anfahrt*, <http://www.bahnhofshotel-diebuehne.de> (zuletzt abgerufen am 06.02.2012). Die Rubrik ist auf der Website des inzwischen umbenannten Hotels *Die Neue Bühne* nicht mehr enthalten.

Anhand der markierten Relationsausdrücke können Präpositional- und Adverbialgruppen als Raumangaben beschrieben werden:

Raumausdruck	Referent
direkt am	*historischen Bahnhof von Bad Saarow*
auf	*der Autobahn*
Richtung	*A12 Frankfurt/ Oder*
auf	*der A12*
an	*der Ausfahrt Fürstenwalde West*
links	origo
Richtung	*Bad Saarow*
aus	*Berlin*
bis	*Fürstenwalde*
zu	*-m Bahnsteig 3A*
nach	*Bad Saarow*

Tab. 69: Raumangaben in (88)

Die tabellarisch aufgelisteten Ausdrücke machen jeweils einen Bezugsgegenstand explizit: der historische Bahnhof von Bad Saarow; die Autobahn; die A12 Frankfurt/Oder; die Ausfahrt Fürstenwalde West; die Lage links; Bad Saarow. Die Relationsausdrücke – (*direkt*) *am*, *auf*, *Richtung* (als Präposition verwendet), *an*, *links* – verdeutlichen die räumlichen Verhältnisse zwischen Referenten, die sich gegenseitig lokalisieren, und beschreiben dadurch die Orte, an denen sie zu lokalisieren sind. Die Erkennung dieser Relationen hilft, ein Bild lokaler Kohärenz herzustellen, wie es beispielhaft in Abb. 22 graphisch veranschaulicht wird:[61]

61 Die Raumbeziehungen werden mit Hilfe der Graphen-Technik (vgl. Abb. 21) verbildlicht: Die Knoten stellen die Gegenstände und Personen dar, die sich im Textraum befinden oder bewegen. Die Kanten stehen für die entsprechenden Raumrelationen.

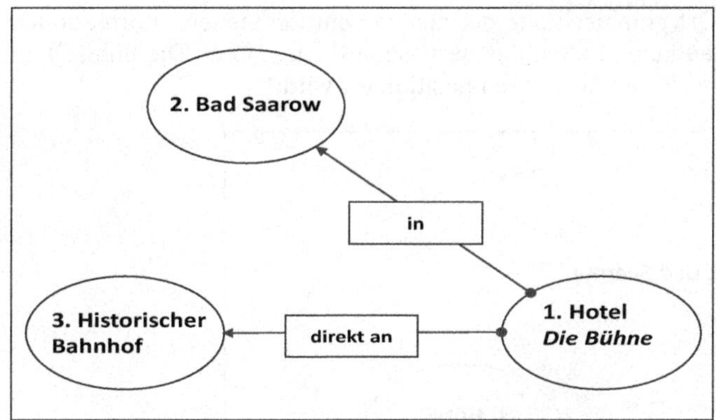

Abb. 22: Graphische Darstellung räumlicher Relationen in (88)

Weitere Raumrelationen werden im Text nicht explizit vermittelt und müssen durch Inferenzen erschlossen werden. Ein Beispiel dafür kann an der Wortgruppe *am historischen Bahnhof von Bad Saarow* dargelegt werden. Die Präposition *von* drückt eine Relation zwischen den beiden Referenten *Bad Saarow* und *der historische Bahnhof* aus, die aus syntaktischer Sicht als attributiv beschrieben wird. Semantisch vermittelt *von* einen generischen Sinn der Zugehörigkeit. In diesem Kontext, wo die Präposition *von* zwei Referenten verknüpft, die eine räumliche Extension haben, kann die Relation als lokal, z.B. als Hinweis auf einen bestimmten Ort (*in* Bad Saarow), interpretiert werden. Der in Abb. 22 graphisch dargestellte Ort wird nun durch die entsprechende Information kognitiv ergänzt, das entsprechende mentale Bild wird verarbeitet (Abb. 23):

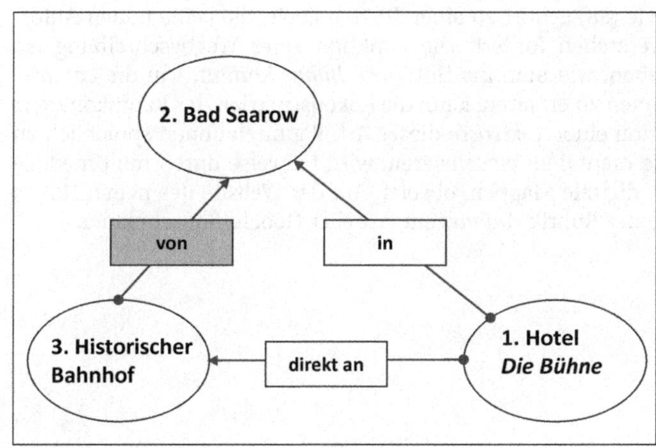

Abb. 23: Graphische Darstellung räumlicher Relationen in (88)

Abb. 24 stellt den Ort graphisch dar, der aus den entnommenen Informationen rekonstruiert werden kann, indem das Bezugsobjekt (das Hotel „Die Bühne") im Verhältnis zu zwei weiteren Referenten positioniert wird:

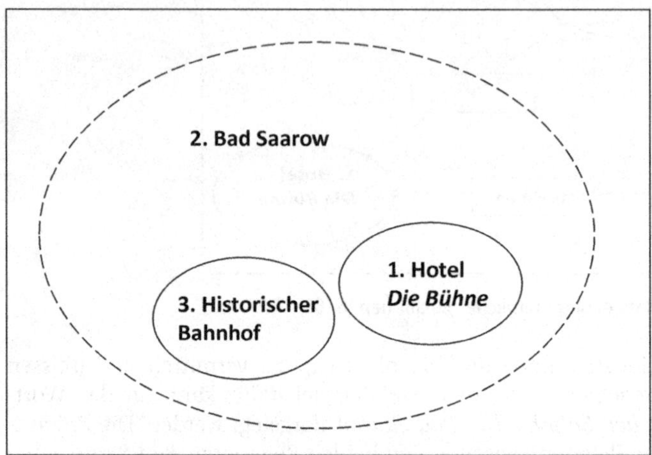

Abb. 24: Graphische Darstellung räumlicher Relationen in (88)

Die Unterstreichung aller Raumausdrücke im Text führt zur progressiven Visualisierung der zusammenhängenden Relationen. Aus den gesamten (expliziten und impliziten) Daten bezüglich der Raumkohärenz entsteht ein Netzwerk von Informationen, aus denen die globale Raumkohärenz im Text rekonstruiert werden kann (graphische Darstellung in Abb. 25).

Ein Textexemplar wie (88) gehört zu einer Texttypologie, die keine hohen Anforderungen an Textverstehen fordert. Die Funktion einer Wegbeschreibung ist, Anweisungen zu geben, wie man ins Hotel *Die Bühne* kommt. Um die entsprechenden Informationen zu erhalten, kann die Rekonstruktion der Raumkohärenz genügen. Die Funktion einer Textsorte dieser Art, Raumrelationen sprachlich zu beschreiben, um sie mental zu visualisieren, wird teilweise durch multimediale Texttypologien, z. B. digitale Mappen, obsolet. Auf der Website des neuen Hotels steht heute anstelle der Rubrik *Anfahrt* ein visueller Google-Routenplaner.

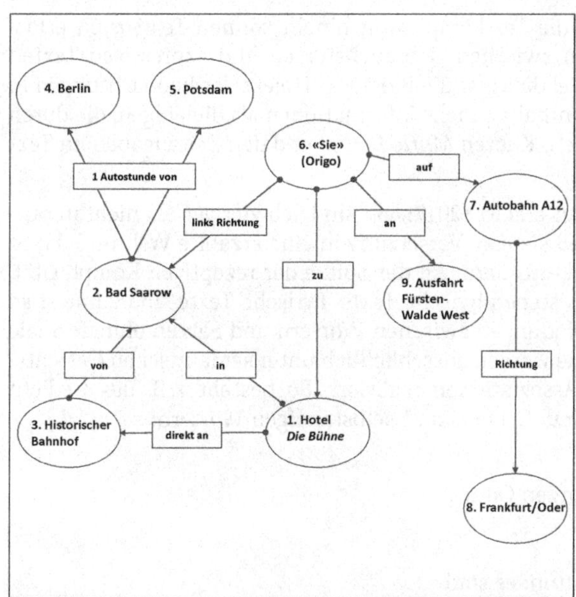

Abb. 25: Graphische Darstellung räumlicher Relationen in (88)

Abb. 26: Screenshot aus der neuen Website des Hotels[62]

62 Abrufbar unter <https://www.bahnhofshotel-diebuehne.de/kontakt-lage> (letzter Zugriff: 16.01.2024).

Einen weiteren Schritt in die Textkomplexität hinein können Textsorten erfordern, die als Mischformen zwischen Gebrauchstexten und expressiven Texten anzusehen sind. Ein Beispiel dafür ist die Biografie, Objekt der Beobachtungen in Kap. 6.3. Texte dieser Art enthalten mehr Informationen als diejenigen, die durch die Relationen zwischen dem Knoten *Marie Louise* und den Zeitangaben im Text sichtbar werden.

Narrative Texte, wie Zeman erklärt (2017: 65), sind schwieriger als nichtliterarische Texte zu erfassen, weil sie eine Versetzung in eine erzählte Welt und damit einen Perspektivenwechsel erfordern. An der Spitze der rezeptiven Komplexität, vor allem für L2-Lernende, stehen lyrische Texte. Lyrische Texte sind zumeist so strukturiert, dass die Verbindungen zwischen Wörtern und Sätzen ohne formale Verknüpfungen erfolgen. Sie werden ausschließlich unter semantischen Gesichtspunkten und über freie Assoziationen realisiert. So besteht z.B. das Gedicht *Fadensonnen* (1965) von Paul Celan aus 21 selbständigen Wörtern:

(89) Fadensonnen
über der grauschwarzen Ödnis.
Ein baum-
hoher Gedanke
greift sich den Lichtton: es sind
noch Lieder zu singen jenseits
der Menschen.

Im Incipit des Gedichts (Titel und Zeile 1) ist eine komplexe Nominalgruppe, die nicht in einem Satz integriert ist. Die restlichen fünf Zeilen des Gedichts enthalten zwei Sätze, gebaut um die Finita *greift sich* und *sind* (beide Z. 4). Das erste Prädikat wird durch zwei Nominalgruppen ergänzt: *Ein baum-hoher Gedanke* (Z. 2–3) in der Subjektfunktion und *den Lichtton* in der Objektfunktion. Das kopulative Prädikat *sind* hat das Pronomen *es* (Z. 4) als grammatisches Subjekt und die Nominalgruppe *Lieder zu singen* (Z. 5) als Prädikativ. Als freie Angabe dazu kommt das Adverb *noch*. Die Adverbialgruppe *jenseits der Menschen* kann ihrerseits als adverbiale Angabe des Verbs oder als Attribut zur Nominalgruppe gedeutet werden. Bis auf die Desintegriertheit der beginnenden Nominalgruppe und auf die Zweideutigkeit der letzten Wortgruppe sind die syntaktischen Verknüpfungen zwischen Wörtern im Text deutlich und nicht allzu schwer zu erfassen. Schwierigkeiten beim Textverstehen entstehen jedoch dann, wenn man versucht, die semantischen Relationen zwischen den sprachlichen Ausdrücken der Lyrik und ihren Referenten festzulegen. Leser:innen von Gedichten dürfen dabei nicht vergessen, dass in der Welt der Literatur ein eigenes Referenzsystem herrscht, das mit demjenigen der äußeren Welt mindestens teilweise inkompatibel ist. So referieren etwa die beiden Ausdrücke *Fadensonnen über der grauschwarzen Ödnis* und *ein baumhoher Gedanke* möglicherweise auf keine sinnlich wahrnehmbaren Gegenstände der äußeren Welt. Genauer gesagt: Ein Referent der äußeren Welt für das Nomen *Gedanke* könnte vielleicht leicht erstellt werden. Schwieriger ist es jedoch, sich eine bildliche Darstellung davon zu machen, worauf die gesamte Nominalgruppe *ein baumhoher Gedanke* durch die ungewöhnliche Verbindung des (deklinierten) Adjektivkompositums *baumhoher* als Attribut der Nominalgruppe *ein* ... *Gedanke* verweist. Es muss beim Lesen des Gedichts klar im Bewusstsein behalten werden: Die sprachlichen Ausdrücke der Lyrik referieren auf eine Welt, die mit der äußeren Alltagswelt nicht gleichzusetzen ist. Die lyrische Welt ist – wie jene der literarischen Erzählung – als eine fiktionale Welt zu verstehen. Auch für den lyrischen Text gilt, dass Textkohärenz rekonstruiert werden muss. Schwierigkeiten beim Verstehen des Gedichts von Paul Celan können vor allem auf Grund der kargen Mittel der Textkohäsion entstehen. Da im Gedichttext weder Pro-Formen noch Konnektoren vorhanden sind, können als textkohäsive Mittel nur Interpunktionszeichen, wie der Trennungsstrich in Z. 2 oder der Doppelpunkt in Z. 4, gedeutet werden. Relationen zwischen Wörtern und Wortgruppen, die nicht syntagmatisch oder syntaktisch miteinander verknüpft sind, können nur auf semantischer Ebene erstellt werden. Selbst isotopische Ketten, d.h. Verknüpfungen von Textelementen unter semantischen Gesichtspunkten (vgl. Thurmair 2010: 82), sind im Text nicht leicht zu erfassen. Die zusammengesetzte Spontanbildung im Titel, *Fadensonnen*, führt durch ihre zwei Wortbildungskomponenten (*Faden*, *Sonnen*) zwei verschiedene Isotopieketten ein, die aber auf kohäsiver Ebene lückenhaft sind. Ihre Konsistenz (Tab. 70) kann nur durch unausgedrückte „Brücken"-Konzepte (grau schattierten Zellen) rekonstruiert werden:

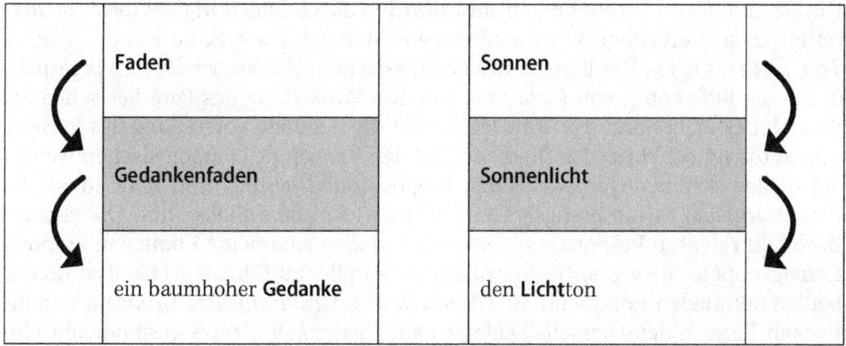

	Faden		**Sonnen**	
	Gedankenfaden		**Sonnenlicht**	
	ein baumhoher **Gedanke**		den **Licht**ton	

Tab. 70: Isotopieketten von *Faden, Sonnen* in (89)

Jegliche weitere Auffassung der semantischen Beziehungen im Gedicht kann nur auf nicht-wörtlicher Ebene erfolgen. Teilweise dank des Nachvollzugs wörtlicher Wiederaufnahmen im Text, teilweise über freiere Assoziationen (Wortmaterial in Zellen mit grauem Hintergrund), können im Text die folgenden Isotopieketten erkannt werden (Tab. 71):

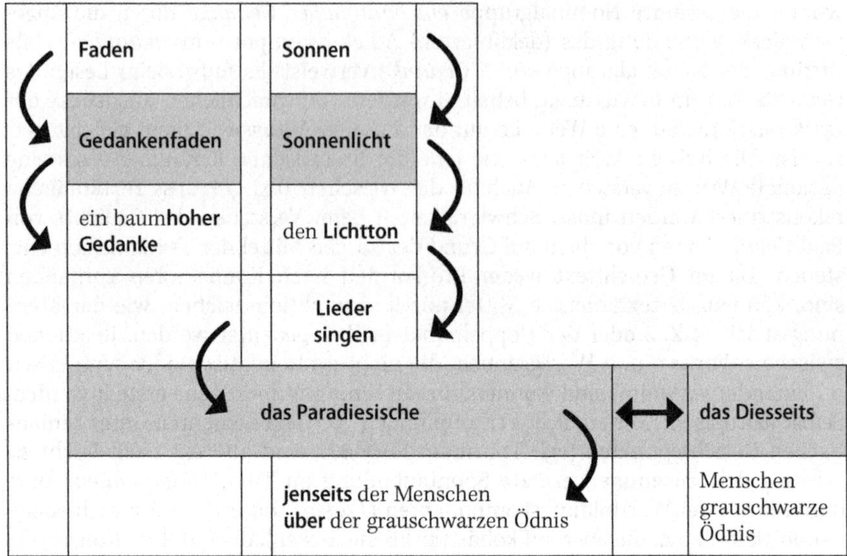

Tab. 71: Isotopieketten in (89)

Die semantischen Verbindungen sind zum Teil durch Zugehörigkeit des Wortmaterials zu semantischen Wortfamilien gerechtfertigt, wie z. B. im Fall der Wörter *Ton*, *Lieder*, *singen*. Der Bereich des Paradiesischen wird assoziativ hervorgerufen durch die Referenten von *Licht* und *Ton*. Die Vorstellung des Paradiesischen als Bereich des Lichts und des Tons legitimiert die parallele Vorstellung des Jenseits und antonymisch dazu des Diesseits. Auf den Bereich des Paradiesischen weisen die beiden synonymisch wirkenden Präpositionen *jenseits* und *über* sowie die Grundform der zusammengesetzten Adjektivform *baumhoher* hin. Die semantisch äquivalenten Präpositionen *jenseits* und *über* sind beide Köpfe von Präpositionalgruppen. Die semantisch-strukturelle Parallelität führt zur Lokalisation der beiden nominalen Komplementen *Menschen* und *grauschwarze Ödnis* im semantischen Bereich des Diesseits. Zuletzt kann *Gedanken* als das verbindende Element zwischen den beiden Bereichen angesehen werden. Die als zusammengesetztes Adjektiv gebildete Vergleichsstruktur *baumhoch* (‚hoch wie ein Baum') steht gewissermaßen parallel zum Titelkompositum *Fadensonnen*. Beide Wörter sind komprimierte, inhaltsdichte Zusammensetzungen, die eine wichtige Rolle als lexikalische Anhaltspunkte für die Rekonstruktion der Textkohärenz spielen, die unter dem kargen textkohäsiven Wortmaterial des Gedichts zu einem wesentlichen Teil von den Textinterpreten selbst – auf der Basis ihrer eigenen Welterfahrungen und Einbildungskraft – hergestellt wird.

Ziel der ausgeführten Beispielanalysen war, Strategien und konkrete Techniken vorzustellen, die das Leseverstehen fördern, indem Referenzbezüge im Text erkannt und aus ihnen eine kohärente Repräsentation der Textkohärenz hergestellt wird. Durch ein graduales Eintauchen in die Textstrukturen können erwachsene DaF-Lernende, sogar Null-Anfänger:innen, mit jedem beliebigen Text konfrontiert werden. Bei der Anwendung der hier überblicksartig vorgestellten Lesestrategien können auch Texte komplexer Natur auf selektive Art sequenziell verstanden werden, indem ihre je nach Textsorte und -funktion „relevanteste" Kohärenzebene zuvorderst festgestellt wird, um danach dank der entsprechenden kohärenten Ausdrücke bestätigt und in ihrem Verständnis verfeinert zu werden. Die didaktische Anwendung derartiger Lesestrategien dient als nützliches Hilfsmittel zum Verstehen einzelner Texte sowie als Förderung des allgemeinen Leseverstehens und der Lernerautonomie. Eine textlinguistisch fundierte Lesedidaktik, die insbesondere die Entwicklung rezeptiver Textkompetenzen begünstigt, kann sich schließlich als gewinnbringend im weiteren Sinn, d.h. auch als Mittel zur Förderung der eigenen Textproduktion, erweisen.

7.2 Mehrsprachiges Leseverstehen Deutsch nach Englisch

Die Auseinandersetzung mit Exemplaren verschiedenartiger Textsorten unterschiedlichen Komplexitätsgrads hilft Lernenden einer Fremdsprache, ihren Weg in die komplexe Vielschichtigkeit der Textkohärenz zu finden. Die vergleichende Perspektive stellt einen privilegierten Zugang zu einem didaktischen Verfahren dar, indem auf die progressive Bewusstmachung über die Beschaffenheit von Texten und die Textkomplexität abgezielt wird.

Die Rekonstruktion der Textkohärenz beim Leseverstehen erfolgt stets auf der Grundlage des Wissens der Rezipienten. So können Texte schon vom Layout her allein auf der Basis von allgemeinen Wissenselementen, wie z.B. dem teilweise intuitiven Textsortenwissen des Alltags, global in ihrer primären Funktion und Bedeutung erfasst werden. Für eine vertiefte Textrezeption wird dagegen eine solide grammatische und lexikalische Kenntnis der Sprache benötigt, in der die zu rezipierenden Texte verfasst sind. Der Erwerb solcher Sprachkompetenzen kann im Allgemeinen durch textlinguistisch basierte Kenntnisse darüber, wie Texte funktionieren, gestützt und gefördert werden. Der Erwerb des Deutschen nach Englisch wird auf ganz besondere Weise durch Kenntnisse über die Konstitution von deutschen und englischsprachigen Texten im Vergleich unterbaut und beschleunigt. Anhand von parallelen Textbeispielen wird dabei über die vergleichbaren Mechanismen der beiden Sprachsysteme reflektiert.

Für einen vergleichenden Ansatz zur Bewältigung der Textkomplexität beim Leseverstehen gilt als methodisches Grundprinzip, dass die Textauswahl nicht prinzipiell nach dem Grad ihrer messbaren – morphologischen, grammatischen und semantischen – Komplexität erfolgt. Sie betrifft vielmehr den Grad der Vertiefung in die Komplexität der Textstrukturen, die das Textverstehen je nach Texttypologie erfordert. Am Anfang der Progression stehen Exemplare von „einfachen" Textsorten, die schnell zu erkennende Informationen enthalten, an ihrem Ende Texte, deren komplexe Kohärenz aufgrund der Dichte, Vagheit und Implizitheit ihrer Textur am schwierigsten zu rekonstruieren ist.[63]

Textarbeit gilt immer als Basis für vergleichende Betrachtungen, die als die Grundlage für weiterführende autonome Beobachtungen anzusehen sind. Je mehr linguistische Kompetenzen erworben werden, desto tiefer wird die Einsicht in die Textkomplexität und desto artikulierter der Prozess des Leseverstehens. Bei diesem kann der Zugang zur Textkomplexität abgestuft werden, indem der Blick einzeln und progressiv auf die unterschiedlichen Elemente der Komplexität gelenkt wird:

- Text als semiotischer Komplex von Zeichen
- Schrifttext als Komplex von Wörtern
- Text als Komplex von miteinander verknüpften Wortgruppen
- Text als Komplex von Sätzen
- Text als Komplex von miteinander verknüpften Sätzen
- Text als komplexes Sprachgebilde.

Diese verschiedenen Aspekte der Textkomplexität sind im vorliegenden Band Gegenstand des sprachvergleichenden Blicks geworden, und zwar unter Berücksichtigung der deutsch-englischen Äquivalenz sprachlicher Phänomene und sprachlicher Mittel.

Es wurde davon ausgegangen, dass deutsche und englischsprachige Schrifttexte nach bestimmten Konventionen gestaltet werden und dass die Gestaltung von Textsorten nicht nur pragmatischen, sondern auch orthografischen, lexikalen und grammatischen Konventionen folgt. Die paradigmatische Realisation von Sprache-als-Text, die sozial normiert ist, liegt in der Domäne der Schriftlichkeit. Schriftliche Texte folgen unterschiedlichen Konventionen der Textgestaltung, darunter den eigenen Normen der Schriftlichkeit, zuvorderst graphematischen Normen, die je nach Sprachsystem variieren können. Dabei hat sich das Regelsystem des Englischen als konservativer, deshalb aus der Sicht der Lernenden als komplizierter als dasjenige des Deutschen erwiesen.

Wörter, aus denen Texte bestehen, werden im schriftlichen Text nach unterschiedlichen Konventionen isoliert. Wie sich gezeigt hat, kann der sprachvergleichende Blick dazu verhelfen, Worte in deutsch- und englischsprachigen Texten, die auf den ersten Blick fremd erscheinen, zu entziffern. Es wird dabei die Erkenntnis gewonnen, dass der jeweilige Wortschatz beider Sprachen Lexeme enthält, die zu derselben Sprachfamilie gehören und zuweilen eine vergleichbare Lautgestalt aufweisen. Zudem wird nachvollzogen, dass in schriftlichen Texten beider Sprachen lexikalisches Material als vertraut erscheinen kann, wenn man Wissen über

63 Wie auch Weinrich betont (1985) sind literarische Texte gerade wegen der Komplexität ihrer semantischen Verdichtung interessante Objekte für linguistische Untersuchungen und eignen sich gut dafür, Leseverstehen didaktisch zu motivieren.

den Aufbau der Worte besitzt und damit die Struktur von Worten zu erkennen vermag, die vergleichbare Regularitäten in der Flexion und in der Wortbildung des Deutschen und des Englischen zeigen. Deutsche Nomen sind aufgrund der Großschreibung leicht zu erkennen.

Als germanische Sprachen waren Deutsch und Englisch in ihrer Morphologie ursprünglich viel ähnlicher als heute. Trotz des historischen Abbaus der Flexionsmorphologie kann genetische Verwandtschaft an der Struktur von deutschen und englischen Wörtern und Wortgruppen erkannt werden. Durch das Herausarbeiten morphologisch ähnlicher Wortbildungen und Wortgruppen können die Mechanismen herausgestellt werden, nach denen komplexe deutsche und englische Wörter aufgebaut sind. Dies kann exemplarisch an deutschen Komposita und ihren englischen Entsprechungen geschehen. Letztere können ebenfalls Komposita oder auch Wortgruppen sein. Der Vergleich der deutschen und englischen Wortbildung kann zum Erfassen der einzelnen Konstituenten führen, aus denen die (zusammengeschriebenen) Komposita der deutschen Sprache bestehen. DaF-Lernenden fällt es dabei vor allem am Anfang leichter, sich mit Nominalkomposita zu beschäftigen, da diese durch die Großschreibung hervorgehoben sind. Diese Fokussierung ist aber auch aus inhaltlicher Sicht wichtig, da Nomen zu den Hauptträgern der thematischen Information des Textes gehören. Als Köpfe von Nominalgruppen dienen sie oft im Satz als Subjekte, Objekte und Komplemente von Präpositionalgruppen.

Deutsch und Englisch zeigen ihre genetische Verwandtschaft in der syntaktischen Struktur der Nominal- und Verbalgruppe. Die germanische Struktur ist tendenziell rechtsköpfig. Auch das Englische zeigt Spuren dieser alten Struktur. Beobachtungen dieser Art können dazu dienen, auf die Stellung der Verben im deutschen Text und zwischen Finita, die in Sätzen und Nebensätzen als Prädikat fungieren, zu achten. Im Deutschen kann man davon ausgehen, dass Hauptsätze V1- oder V2-Struktur haben, Nebensätze dagegen durch eine VL-Struktur charakterisiert sind. Für das Englische gilt eine solche Unterscheidung nicht. Das Erkennen der Verbstellung und somit der Hierarchie der Bedeutungen, die durch Sätze und Nebensätze ausgedrückt werden, ist für die Ermittlung der Satzbedeutung grundlegend.

Genauso wichtig für das Leseverstehen ist das Wissen über die Herstellung der Textkohärenz und die Wahrnehmung der subtilen Bedeutungen, die die einzelnen textkohäsiven Mittel vermitteln und somit zur Entstehung der unterschiedlichen Schichten der Textkohärenz ihren Beitrag leisten. Zeit und Raum, wie sie in Sprachen ausgedrückt werden, haben eine universale wie auch eine kulturspezifische Komponente. Jede Zeit- und Raumhermeneutik wird außerdem durch ein subjektives Deutungsmuster bewirkt (Görtz 2009: 8).

Zuletzt eine abschließende Reflexion zum deutsch-englischen Vergleich: Englisch gilt nach *vox populi* oft als die einfachere Sprache, weil sie „keine Grammatik" hat, Deutsch dagegen als die schwierige, weil sie „viele Unregelmäßigkeiten" im Flexionssystem aufweist. Ist die deutsche Sprache tatsächlich schwieriger zu lernen als die englische? Aus der Perspektive der messbaren Komplexität haben beide Sprachen – wie hier dargelegt wurde – gleichermaßen komplexe Wörter und komplexe Sätze. Aus der Perspektive der relativen Komplexität kann das Schriftsystem des Englischen als komplexer als das deutsche angesehen werden. Was das morphologische System angeht, ist der Abbau des Flexionssystems, der vor allem im Englischen sichtbar ist, kein Beweis niedriger Komplexität. Es zeigt sich vielmehr ein Ausgleich zwischen dem größeren Maß an grammatischer Morphologie des Deutschen und der rigideren Topologie des Englischen. Der Wechsel von vorwiegend synthetischen zu tendenziell analytischen Formen, der die englische Sprache kennzeichnet, ist nicht als Reduktion von Komplexität, vielmehr als ein *shift* derselben zu sehen.

7.3 Didaktische Coda

Der potenzielle Nutzen eines mehrsprachigen Ansatzes für das Leseverstehen im Unterricht und beim autonomen Lernen im Bereich Deutsch nach Englisch liegt auf der Hand. Zum einen ermöglicht der Blick auf parallele Versionen desselben Textes das leichtere Erkennen äquivalenter Strukturen im deutschen Text. Zum anderen kann die Betrachtung paralleler Exemplare derselben Textsorte zu weiterführenden Beobachtungen veranlassen und zu hermeneutischen Hypothesen auch von stilistischer und kultureller Valenz überleiten. In vielen Hinsichten bereichert und beschleunigt der vergleichende Blick auf deutsche und englische Texte allgemeines Sprachbewusstsein und fördert das Erlernen von gewichtigen Fakten über das Funktionieren von Sprache und Texten, die zum Arsenal der linguistischen Kenntnisse aller erwachsenen Lernenden der Fremdsprachen- und Übersetzungswissenschaften gehören sollten.

Eine Frage bleibt dabei offen: Worin liegt heute für DaF-Lernende noch der pragmatische Nutzen beim Ausüben des Leseverstehens? Wenn man Leseverstehen als die Praxis betrachtet, aus einem Text Informationen aufzunehmen, wenn man beim fremdsprachigen Leseverstehen den fremdsprachigen Kodex als das einzige Hindernis für das Textverstehen betrachtet, dann ist heute jegliche Bemühung eines Fremdsprachenerwerbs, der sich als Ziel setzt, Texte von einer L1 in eine L2 zu übertragen, als obsolet anzusehen.

Eine Aufgabe dieser Art wird heute von der künstlichen Intelligenz sehr gut erfüllt, mindestens mit Bezug auf das Sprachenpaar Deutsch und Englisch. Tab. 72 und 73 enthalten die jeweilige deutsche und englische Version der in Tab. 63 und 66 wiedergegebenen Biografietexte. Die Übersetzungen wurden von Deepl.de am 30. November 2023 erzeugt:

When the 40-year-old Napoleon wooed the 18-year-old archduchess in 1810, he hoped to secure the child blessing that had failed to materialise in his first marriage and to consolidate his own claim to legitimacy by marrying into an ancestral ruling house. Emperor Franz I saw the "Austrian marriage" as a certain guarantee of peace, after the Corsican had defeated Austria four times and had entered Vienna twice. As a child, Marie Louise hated and feared Napoleon, from whom the imperial family had twice had to flee. However, for the sake of her highly honoured father, who exerted the strongest influence on his daughter throughout her life, she complied with the raison d'état. But the unexpected happened: Napoleon proved to be an attentive and tender husband. When the longed-for heir to the throne, the „King of Rome", arrived in March 1811, the happiness of the French imperial couple seemed complete. When the Corsican's star began to sink, the empress initially stood by him faithfully and even acted as regent during his absence from Paris. Napoleon's fall then forced the Habsburg into a tragic role. Prevented by Metternich from reuniting with her husband, she returned to Austria with her son in 1814. By a decision of the Congress of Vienna, she was given the Duchy of Parma, Piacenza and Guastalla, which she ruled from 1816. Napoleon was in exile on Elba when the insecure, lonely M. entered into a love affair with General Adam Adalbert Count Neipperg, her future Lord Chamberlain and Minister in Parma. When she married Neipperg in secret after Napoleon's death in 1821, she had already borne him two children. After his death in 1834, she entered into a marriage of convenience with Count Charles-René Bombelles, who also assisted his wife as a capable counsellor in Parma.

Tab. 72: Maschinell erzeugte Übersetzung der deutschen Biografie (Tab. 66)

Der englische digital hergestellte Text scheint sowohl in grammatischer Hinsicht als auch in der Wortwahl tadellos zu sein. Auch mit Bezug auf den deutschsprachigen Text scheinen die einzigen Einwände, die erhoben werden könnten, rein stilistischer Natur:

Marie-Louise von Habsburg-Lothringen wurde am 12. Dezember 1791 in Wien geboren. Ihre Eltern, Franz II., der am 1. März 1792 die Nachfolge seines Vaters Leopold II. als Kaiser des Heiligen Römischen Reiches antrat, und Maria Theresia von Neapel, waren beide mit Marie-Antoinette verwandt. Trotz der Schwierigkeiten, die ihr nach dem Exil ihrer Familie im Jahr 1805 auferlegt wurden, erlebte sie eine bürgerliche, aber glückliche Erziehung. Aus dieser Erfahrung entwickelte sich eine ausgeprägte Abneigung gegen Frankreich und eine Abneigung gegen den so genannten „korsischen Unhold".

Im Jahr 1809 erfuhr die damals achtzehnjährige Marie-Louise von Gerüchten, dass Napoleon I., der gerade wieder Österreich besiegt hatte, eine neue Braut suchte. Die Vorstellung, dass sie die nächste Kaiserin der Franzosen werden könnte, war ihr zuwider. Franz II. wagte es nicht, sie selbst von seiner Entscheidung in Kenntnis zu setzen, und übertrug diese Aufgabe seinem Minister Metternich. Sie akzeptierte die Entscheidung ohne jede Bitterkeit. Am 8. März 1810 wurde der offizielle Antrag gestellt. Am nächsten Morgen wurde der Ehevertrag unterzeichnet, und am 11. März fand die Heirat statt.

Mit ihrer Heirat mit Napoleon I. wurde Marie-Louise Kaiserin, was sie vier Jahre lang bleiben sollte. Napoleon musste nicht lange auf einen Erben warten: Am 20. März 1811 brachte Marie-Louise einen Sohn zur Welt, der den Titel Roi de Rome erhielt.

Nach der russischen Katastrophe und als Napoleon 1813 zu seinem Feldzug nach Deutschland aufbrach, blieb Marie-Louise als Regentin in Frankreich zurück. Obwohl der französische Kaiser zurückkehrte, als die Hauptstadt bedroht war, verließ er sie am 25. Januar 1814 wieder, ohne seine Frau und seinen Sohn je wiederzusehen. Am 28. März stand der Feind vor den Toren der Stadt. Marie-Louise wollte bleiben, doch Napoleon bestand darauf, dass sie mit ihrem Sohn in das Loire-Tal zog.

Tab. 73: Maschinell erzeugte Übersetzung der englischen Biografie (Tab. 63)

Maschinell erzeugte Texte sind im Sprachunterricht als eine Typologie von authentischen Texten anzusehen. Unabhängig von der Textsortentypologie kann die hermeneutische Praxis des Close Reading aus der Literaturwissenschaft, d.h. das intensive Lesen des Texts auf mikrostruktureller Ebene, eine lohnende Aufgabe für die Didaktik sein. Verbunden mit der sprachvergleichenden Perspektive bei maschinell erzeugten Übersetzungen kann dies weiterführende Reflexionen über sprachliche Phänomene anstoßen, die jeweils unter die Lupe genommen werden. Auf diese Weise kann etwa bei der maschinell erzeugten englischen Übersetzung der deutschsprachigen Biographie der Gebrauch der Tempusformen in den beiden Sprachen beobachtet werden. Oder es können Überlegungen über die Idiomatizität äquivalenter Ausdrücke angestellt werden, die von der KI ausgewählt werden. In (90b) wird die für einen narrativen Text typische Tempusform Präteritum, wie sie im Original vorliegt, erhalten (*wooed*, *hoped*; *warb*, *erhoffte sich*). Daneben erscheint eine Form von Plusquamperfekt (*had failed*), für die keine Entsprechung im deutschen Original vorliegt. Diese Form entspricht dem Prädikat eines Relativsatzes, dessen Subjekt das Relativpronomen *that* ist. Der Relativsatz ist in Attributivfunktion der Nominalgruppe *the child blessing*. Diese

Struktur entspricht semantisch der Nominalgruppe des Deutschen *den in seiner ersten Ehe ausgebliebenen Kindersegen*, die eine komplexe Partizipialattributform enthält. Eine solche Form wäre für das Englische kaum möglich.

(90a) Als der 40jährige Napoleon 1810 um die 18jährige Erzherzogin warb, erhoffte er sich den in seiner ersten Ehe ausgebliebenen Kindersegen ...

(90b) When the 40-year-old Napoleon wooed the 18-year-old archduchess in 1810, he hoped to secure the child blessing that had failed to materialise in his first marriage ...

In (91), der deutschen maschinellen Übersetzung aus dem Englischen, ergibt sich ein leicht unterschiedlicher Fall: Das Präteritum als narrative Hauptform hat nur eine 1:1-Entsprechung (*learned; erfuhr*). Als weiteres Vorkommen im englischen Text taucht eine Verlaufsform der Vergangenheit (*was looking*) auf. Für diese erscheint im deutschen Text eine einfache Präteritumform (*suchte*). Ein Plusquamperfekt liegt in der deutschen Version vor (*besiegt hatte*), als Prädikat des Relativsatzes, der als Attribut der Nominalgruppe *Napoleon I.* dient. In der englischen Version dient eine verbale *-ing*-Form (*having ... defeated*) als Attribut für *Napoleon I.*

(91a) In 1809, Marie-Louise, then aged eighteen, learned of rumours circulating that Napoleon I, having just recently defeated Austria again, was looking for a new bride.

(91b) Im Jahr 1809 erfuhr die damals achtzehnjährige Marie-Louise von Gerüchten, dass Napoleon I., der gerade wieder Österreich besiegt hatte, eine neue Braut suchte.

Beide Beispiele zeigen, dass bei der Auswahl der Tempora die für die jeweilige Sprache gängigen Gebrauchsstrukturen vorkommen, die idiomatisch klingen. Dies ist nicht verwunderlich, da die KI auf authentische Sprachressourcen zurückgreift und auf Frequenzen basierend ihre Strukturen wählt. Frequenzen bedingen immer die maschinelle Wortwahl, gleich, welche Textsorte übersetzt wird.

Für poetische Texte kann genau dieser Rückgriff auf Gebrauchsfrequenzen problematisch sein. Als didaktisch wirksam kann es sich erweisen, autoriale und maschinelle Übersetzungen eines Gedichts zu vergleichen. Wir zeigen dies am Beispiel von Paul Celans Gedicht *Fadensonnen*:

Fadensonnen über der grauschwarzen Ödnis. Ein baum- hoher Gedanke greift sich den Lichtton: es sind noch Lieder zu singen jenseits der Menschen.	Thread-suns over the gray-black wasteland. A tree- high thought *strikes* the note of light: there are still songs to sing beyond mankind.
a) Originaltext	b) Übertragung von Joachim Neugroschel
Thread Suns above the grey-black wilderness. A tree- high thought *tunes* in to light's pitch: there are still songs to be sung on the other side of mankind.	Thread suns over the grey-black wasteland. A tree high thought *grabs* the light note: there are still songs to sing beyond of the people.
c) Übertragung von Michael Hamburger	d) Maschinelle Übersetzung

Tab. 74: Paul Celans Gedicht *Fadensonnen* und drei englische Übersetzungen[64]

Vergleichende Beobachtungen können folgende sein: Nur auf den ersten Blick erscheint die maschinelle Übersetzung mit den autorialen Übertragungen so gut wie identisch zu sein. Feinkörnige Unterschiede auf der Ebene der Interpunktion und Orthografie fallen durch Close Reading ins Auge:

- *Thread-suns* (b); *Thread Suns* (c); *Thread suns* (d) (Titel)
- *tree-high* (b) und (c); *tree high* (d) (Z. 2–3).

Beim Titel gibt der Gebrauch des Bindestrichs bei (b) oder die Großschreibung beider Namen in (c) die Konsistenz des Kompositums im Original treffender wieder, als dies in (d) der Fall ist. Hier wird der zweite Teil der Zusammensetzung klein geschrieben und auch eine Zusammenfügung der beiden Wörter durch den Bindestrich fehlt. Das als Enjambement strukturierte Adjektivkompositum *tree-high* (b) und (c) wird nicht realisiert: Der Bindestrich fehlt, die komplexe künstlerische Form wird reduziert auf zwei linear folgende Wörter, was die poetische Aussagekraft des Originals keineswegs erreicht. Auch auf lexikalischer Ebene liegen Unterschiede vor, darunter vor allem:

- *strikes* (b); *tunes in* (c); *grabs* (d) (Z. 4)
- *mankind* (b) und (c); *people* (d) (Z. 6).

64 Die Übertragungen von Michael Hamburger und Joachim Neugroschel stammen aus Amy D. Colins Band *Argumentum e Silentio: International Paul Celan Symposium/ Internationales Paul Celan-Symposium*, Berlin, Boston: De Gruyter, 1986: 405.

Die Wiedergabe von *greift* (a) durch *grabs* (d) spricht von einer Herabstufung auf die Ebene der Literalität, ohne jegliche Sensibilität für den poetischen Kontext, wie sie dagegen in den Wortwahlen *strikes* (b) und *tunes in* (c) beobachtet werden kann. Die Alternative *people* (d) für *mankind* (b) und (c) bestätigt das auf Frequenzen basierende Verfahren einer maschinellen Übersetzung.

Insgesamt gesehen kann die maschinelle Übersetzung als ein wertvolles Instrument betrachtet werden, das aber spezifische Kompetenzen der Menschen im Bereich der Kommunikation, einschließlich der kreativen Sprachleistung, nicht ersetzen kann.

Die „kunstwerkliche" Praxis des Leseverstehens ist eine unübertreffliche Arena für die Wahrnehmung der Mechanismen der Verschriftlichung menschlichen Denkens. Das Verständnis darüber, wie Texte funktionieren, und die Auseinandersetzung mit der Komplexität des Denkens scheinen ausgerechnet in der heutigen Welt wichtiger als je zu sein. In unserem Zeitalter, in dem Maschinen mehr und mehr menschliche Tätigkeiten ersetzen, erweist sich die Ausübung der rein menschlichen Fähigkeit und Tätigkeit des kritischen Denkens zunehmend als unverzichtbar. Menschen, die sich aus Studieninteresse oder aus beruflichen Gründen mit Sprachen und Texten beschäftigen, müssen sich heute mit schriftlichen Produkten der künstlichen Intelligenz auseinandersetzen, um deren Wirkung voraussehen zu können. Das Erkennen von Gemeinsamkeiten und Abweichungen zwischen Deutsch und Englisch ist insgesamt eine Form der Einführung in das Verstehen komplexer Texte und im Endeffekt eine Schulung für das komplexe Denken.

8 Literatur

Abraham, Werner (1977). *Komplexe Nominalgruppen im Deutschen: Thema-Rhemaverteilung und das squish-Prinzip,* in: Zeitschrift für germanistische Linguistik, Deutsche Sprache in Gegenwart und Geschichte 5, 145–180.

Adamzik, Kirsten (1999). *Wissenschaftliche Texte im Sprachvergleich (Deutsch-Französisch). Das Beispiel der Fremdsprach-Philologien,* in: Deutsch als Fremdsprache 36, 1999, 141–149.

Algeo, John (2010[6]). *The Origins and Development of the English Language.* Boston, MA Wadsworth.

Attaviriyanupap, Korakoch (2011). *Der Gebrauch des Perfekts – Ein Erklärungsmodell aus thailändischer Perspektive,* in: Linguistik Online 49, 5, 47–60.

Attaviriyanupap, Korakoch (2004). *Wie ‚Haar' zu ‚Maus' wird: Geschlechtsbezogene pronominale Referenz im Thailändischen,* in: Linguistik Online 21, 4. <https://bop.unibe.ch/linguistik-online/article/view/1414/2397>.

Averintseva-Klisch, Maria/Bryant, Doreen/Peschel, Corinna (2019). *Referenzielle Kohärenz: Diskrepanz zwischen Theorie und Vermittlung. Eine kritische Analyse von Deutschlehrwerken der Sekundarstufe I,* in: Linguistik online 100, 7, 19–64.

Ballestracci, Sabrina (2007). *Zum DaF-Erwerb ausgewählter grammatischer Strukturen der deutschen Sprache durch italophone Studierende,* in: Studi Linguistici e Filologici Online. Rivista Telematica del Dipartimento di Linguistica dell'Università di Pisa (SLiFO) 5.1, 1–50.

Ballestracci, Sabrina (2009). *Leseverstehensstrategien bei der Analyse kausaler Strukturen im theoretischen Kurs* Lingua Tedesca 1, in: Foschi Albert, Marina/Hepp, Marianne (Hg.). *Texte – Lesen, Ansichten aus der polnischen und italienischen DaF-Didaktik.* Pisa: Jsq, 58–78.

Beaugrande, de Robert-Alain/Dressler, Wolfgang Ulrich (1981). *Einführung in die Textlinguistik.* Tübingen: Niemeyer.

Berg, Kristian (2019). *Die Graphematik der Morpheme im Deutschen und Englischen.* Berlin/Boston: de Gruyter.

Bialystok, Ellen (1999). *Cognitive complexity and attentional control in the bilingual mind,* in: Child Development 70, 3, 636–644.

Blasco Ferrer, Eduardo (1999). *Italiano e tedesco. Un confronto linguistico.* Torino: Paravia.

Blühdorn, Hardarik (2013). *Syntaktische Nebensatzklassen im Deutschen,* in: Pandaemonium 16, 21, 149–189.

Blühdorn, Hardarik/Foschi Albert, Marina (2012). *Leseverstehen für Deutsch als Fremdsprache. Ein Lehrbuch für die Lehrerausbildung.* Pisa: Pisa University Press.

Bosco Coletsos, Sandra (2007). *Il tedesco lingua compatta. Problemi di traducibilità in italiano.* Alessandria: Edizioni dell'Orso.

Braune, Wilhelm (2018). *Althochdeutsche Grammatik. I. Laut- und Formenlehre.* 16. Auflage. Neu bearbeitet von Frank Heidermanns. Berlin/Boston: de Gruyter. [1886].

Brinker, Klaus/Cölfen, Hermann/Pappert, Steffen (2018[9]). *Linguistische Textanalyse. Eine Einführung in Grundbegriffe und Methoden.* Berlin: Erich Schmidt.

Brinker, Klaus (2010). *Linguistische Textanalyse. Eine Einführung in Grundbegriffe und Methoden*, Berlin: Erich Schmidt.

Brunner, Karl (1965). *Altenglische Grammatik.* Nach der angelsächsischen Grammatik von Eduard Sievers dritte, neubearbeitete Auflage. Tübingen: Niemeyer.

Bruti, Silvia/Foschi Albert, Marina/Hepp, Marianne (2019). *Grundlagen der Interkomprehension*, in: Fjordevik, Anneli/Roche, Jorg (Hg.). *Angewandte Kulturwissenschaften*, Tübingen: Narr, 147–181.

Conant, Jonathan B. (1974[3]). *Cochran's German Review Grammar.* Englewood Cliffs, NJ: Prentice-Hall.

***Cornelsen English Grammar* (2017[2]).** Große Ausgabe. Erarbeitet von Erich Fleischhack/Hellmut Schwarz. Berlin: Cornelsen.

Corso, Sara (2022). *Mehrsprachigkeit beim universitären Spracherwerb: Ein Modell für das dreisprachig basierte Leseverstehen Italienisch L1 – Englisch L2 – Deutsch L3.* Dissertation, Universität Pisa.

Cosentino, Gianluca (2012). *Inferentielle Strategien und grammatische Grundkenntnisse beim Leseverstehen deutschsprachiger Texte – eine empirische Untersuchung zur Messung der Lesekompetenz.* Masterarbeit zur Erlangung des akademischen Grades Master of Arts im Fach DaF, Humboldt-Universität zu Berlin.

Cosentino, Gianluca (2019). *Grammatik der Prosodie für Deutsch als Fremdsprache.* Berlin: Erich Schmidt.

Crocker, Matthew W./Pickering, Martin/Clifton, Charles (2000). *Architectures and Mechanisms for Language Processing.* Cambridge: Cambridge University Press.

Dale, Edgar/Chall, Jeanne (1949). *The Concept of Readability*, in: Elementary English 26, 1–7.

Dale, Edgar/Chall, Jeanne (1995). *Readability Revisited. The New Dale-Chall-Formula.* Cambridge, Mass.: Brookline Books.

Dryer, Matthew S. (2011). *Three Types of Noun Phrase Preposing in English*, Ms., State University of New York: Buffalo, 1–29, <file:///C:/Users/marin/Downloads/np.preposing.three%20(1).pdf>.

Duden. *Die Grammatik* (2022[10]). Hg. von Angelika Wöllstein und der Dudenredaktion. Berlin: Dudenverlag.

Duden. *Die Grammatik* (2016[9]). Hg. von der Dudenredaktion. Mannheim, Wien, Zürich: Dudenverlag.

DWDS – *Digitales Wörterbuch der deutschen Sprache.* Berlin-Brandenburgischen Akademie der Wissenschaften, <https://www.dwds.de/d/wb-dwdswb>.

Ehlich, Konrad (2009). *Deixis und Dichtung – Linguistische Überlegungen*, in: Dannerer, Monika/Mauser, Peter/Schütz, Hannes/Weiss, Andreas E. (Hg.). *Gesprochen – geschrieben – gedichtet. Variation und Transformation von Sprache*. Berlin: Erich Schmidt, 67–79.

Engel, Ulrich (1988). *Deutsche Grammatik*. Heidelberg: Groos.

Erben, Johannes (2000). *Wortbildungsstrukturen und Textverständlichkeit*, in: Barz, Irmhild/Schröder, Marianne/Fix, Ulla (Hg.). *Praxis- und Integrationsfelder der Wortbildungsforschung*. Heidelberg: Winter, 159–166.

Erdmann, Benno/Dodge, Raymond (1898). *Psychologische Untersuchungen über das Lesen auf experimenteller Grundlage*. Halle an der Saale: Niemeyer.

Europarat (Hg.) (2001). *Gemeinsamer europäischer Referenzrahmen für Sprechen: Lernen, Lehren, Beurteilen*. Berlin: Langenscheidt.

Fanciullo, Franco (2007). *Introduzione alla linguistica storica*. Bologna: Il Mulino.

Fandrych, Christian (2011). *Lesen als Texterschließung: Textkohärenz und Textfunktionen*, in: *Bollettino dell'Associazione Italiana di Germanistica* 4, 2, 163–171.

Fandrych, Christian/Thurmair, Maria (2011). *Textsorten im Deutschen: Linguistische Analysen aus sprachdidaktischer Sicht*. Tübingen: Stauffenburg.

Fandrych, Christian/Thurmair, Maria (2021²). *Grammatik im Fach Deutsch als Fremd- und Zweitsprache*. Berlin: Erich Schmidt.

Ferraresi, Gisella/Meyer, Lars (2013). *Abhängiger Hauptsatz*. In: Stefan J. Schierholz (Hg.). *Wörterbücher zur Sprach- und Kommunikationswissenschaft (WSK) Online*. Berlin: de Gruyter, <https://www.degruyter.com/database/wsk/html>.

Fetz, Bernhard (2009). *Die vielen Leben der Biographie. Interdisziplinäre Aspekte einer Theorie der Biographie*, in: Fetz, Berhard (Hg. unter Mitarbeit von Hannes Schweiger). *Die Biographie – Zur Grundlegung ihrer Theorie*. Berlin/New York: de Gruyter, 3–66.

Fichtner, Edward G. (1979). *English and German Syntax. A Contrastive Analysis on Generative-Tagnemic Principles*. München: Fink.

Fischer, Klaus (2017). *Komplexität – dennoch ein nützlicher Begriff*, in: Hennig, Mathilde (Hg.). *Linguistische Komplexität – ein Phantom?* Tübingen: Stauffenburg, 19–52.

Fischer, Klaus (2013). *Satzstrukturen im Deutschen und Englischen*. Berlin: Akademie.

Fleischer, Wolfgang/Barz, Irmhild (2012⁴). *Wortbildung der deutschen Gegenwartssprache*. Berlin/Boston: De Gruyter.

Flinz, Carolina (2018). *Mehrsprachigkeit an der italienischen* scuola media. *Ein Experiment*, in: Hepp, Marianne/Nied Curcio, Martina (Hg.). *Educazione plurilingue. Ricerca, didattica e politiche linguistiche*. Roma: Istituto Italiano di Studi Germanici, 235–246.

Foschi Albert, Marina (2017). *Grammatica del tedesco scritto e parlato*, in: Costa, Marcella/Foschi Albert, Marina (Hg.). *Grammatica del tedesco parlato*. Pisa: Pisa University Press, 54–71.

Foschi Albert, Marina (2016). *Complessità sistemica, mediale e interlinguistica: sulla difficoltà del tedesco parlato per l'interprete italofono*, in: Cantoni, Vera (Hg.). *La grammatica del parlato. Fra attualità e storia*. Pavia: Ibis, 63–80.

Foschi Albert, Marina (2015). *Texte in fremder Sprache durch transkulturelles Wissen verstehen*, in: Ehlich, Konrad/Foschi Albert, Marina (Hg.). *Deutsch als Fremdsprache als transkultureller Erfahrungsraum. Zur Konzeptentwircklung eines Faches.* Münster/New York: Waxmann, 65–84.

Foschi Albert, Marina (2014). *„Informale" Wissenschaftssprache: eine kontrastive (deutsch-italienische) Untersuchung der Beziehungen zwischen Mündlichkeit und Schriftlichkeit am Beispiel argumentativer Texte des akademischen DaF-Bereichs*, in: Fandrych, Christian/Meißner, Cordula/Slavcheva, Adriana (Hg.). *Gesprochene Wissenschaftssprache. Korpusmethodische Fragen und empirische Analysen.* Heidelberg: Synchron, 207–224.

Foschi Albert, Marina (2012a). *Lesestrategien zur Ermittlung der Textkohärenz in fremdsprachigen Texten*, in: Zeitschrift für Interkulturellen Fremdsprachenunterricht 17, 25–39.

Foschi Albert, Marina (2012b). *Herstellung der Textkohärenz beim Leseprozess*, in: Birk, Andrea/Buffagni, Claudia (Hg.). *Linguistik und Sprachunterricht im italienischen Hochschulkontext.* Berlin: Waxmann, 105–123.

Foschi Albert, Marina (2008). *Formale Erkennung der Satzglieder als Strategie des Leseverstehens im universitären DaF-Bereich*, in: Myczko, Kazimiera/Skowronek, Barbara/Zabrocki, Wladyslaw (Hg.). *Perspektywy glottodydaktyki i jezykoznawstwa* (Perspektiven der Fremdsprachendidaktik und der Sprachwissenschaft). Poznan: Wydawnictwo Naukowe, 57–72.

Foschi Albert, Marina/Hepp, Marianne (im Druck). *Deutsche und englische Wörter im Vergleich: ein mehrsprachiger Schritt zur Förderung des Leseverstehens im Bereich Deutsch nach Englisch*, in: Hornung, Antonie/Zanin, Renata (Hg.). *Abenteuer Sprache und Sprachen.* Tübingen: Stauffenburg.

Foschi Albert, Marina/Hepp, Marianne (in Vorbereitung). *Textkohäsive Mittel für das Leseverstehen Deutsch nach Englisch: eine sprachvergleichende Übersicht.* Berlin u. a.: Peter Lang.

Foschi Albert, Marina/Hepp, Marianne (2023). *Contrastive Textology*, in: Jörg Roche/Suñer, Ferran. *Language Learning and Cognition. The Basics of Cognitive Language Pedagogy.* Münster: Lit-Verlag, 193–297.

Foschi Albert, Marina/Hepp, Marianne (2018). *Morphologie*, in: Jessen, Moiken/Blomberg, Johan/Roche, Jörg (Hg.). *Kognitive Linguistik.* Tübingen: Narr, 53–91.

Foschi Albert, Marina/Hepp, Marianne (2017). *Kontrastive Textologie*, in: Roche, Jörg/Suñer, Ferran (Hg.). *Sprachenlernen und Kognition. Grundlagen einer kognitiven Sprachendidaktik.* Tübingen: Narr, 182–192.

Foschi Albert, Marina/Hepp, Marianne (2014). *Drei Passwörter für das einsetzende fremdsprachige Leseverstehen: Textwissen, Textmuster, transkulturelle Textsortenzüge*, in: Ciepiliewska-Kaczmarek, Luiza/Gorąca-Sawczyk, Gabriela (Hg.). *Glottodidaktik früher, heute und morgen.* Poznán: Wydawnictwo Naukowe Uam, 47–62.

Foschi Albert, Marina/Hepp, Marianne (2011). *Vom Wort zum Text: ein wohlbeschrittener Weg der DaF-Didaktik – in mehrere Richtungen. Zur Einleitung*, in: SliFo 9, 1, 7–20.

Foschi Albert, Marina/Hepp, Marianne (2009). *Zum Lesen sind Texte nötig!*, in: Foschi Albert, Marina/Hepp, Marianne (Hg.). *Texte – Lesen. Ansichten aus der polnischen und italienischen DaF-Didaktik.* Pisa: Jsq, 7–12.

Foschi Albert, Marina/Hepp, Marianne/Neuland, Eva (2006) (Hg.). *Texte in Sprachforschung und Sprachunterricht.* Pisaner Fachtagung 2004 zu neuen Wegen der italienisch-deutschen Kooperation. München: Iudicium.

Foschi Albert, Marina/Hepp, Marianne (2003). *Manuale di storia della lingua tedesca.* Napoli: Liguori.

Foschi Albert, Marina/Malloggi, Patrizio/Cernicchiaro, Chiara (2022). *Frasi e strutture sintattiche complesse del tedesco.* Pisa: Arnus.

Gläser, Rosemarie (1990). *Fachtextsorten im Englischen.* Tübingen: Narr.

Götz, Lutz (2009). *Zeit- und Raumbewusstsein in den Kulturen*, in: Götz, Lutz/Mueller-Liu, Patricia/Traoré, Salifou (Hg.). *Kulturkontrastive Grammatik – Konzepte und Methoden.* Frankfurt am Main: Lang, 3–14.

Grammis. *Grammatisches Informationssystem.* Mannheim: Institut für Deutsche Sprache, http://grammis.ids-mannheim.de.

Hartmann, Peter (1964). *Text, Texte, Klassen von Texten*, in: Bogawus 2, 15–25.

Hawkins, John A. (1986). *A Comparative Typology of English and German. Unifying he Contrasts.* London/Sydney: Croom Helm.

Heinemann, Margot/Heinemann, Wolfgang (2002). *Grundlagen der Textlinguistik. Interaktion – Text – Diskurs.* Tübingen: Niemeyer.

Hennig, Mathilde (2017). *Einleitung*, in: Hennig, Mathilde (Hg.). *Linguistische Komplexität – ein Phantom?* Tübingen: Stauffenburg, 7–18.

Hepp, Marianne (2019). *Merkmale der Poetizität am Vergleich von ausgewählten Alltagstextsorten und ihren literarischen Widerspiegelungen*, in: Dobstadt, Michael/Foschi Albert, Marina (Hg.). *Poetizität interdisziplinär.* Loveno di Menaggio: Villa Vigoni editore, 207–226.

Hepp, Marianne (2018a). *Paralleltexte und linguistische Textanalyse.* Pisa: Arnus.

Hepp, Marianne (2018b). *Universitäre Mehrsprachigkeitsvermittlung durch Paralleltexte*, in: Hepp, Marianne/Nied Curcio, Martina (Hg.). *Bildung zur Mehrsprachigkeit: Forschung, Didaktik und Sprachpolitik.* Roma: Istituto Italiano di Studi Germanici, 279–292.

Hepp, Marianne (2018c). *Morphologie: Komposition und Derivation.* In: Jessen, Moiken/Blomberg, Johan/Roche, Jörg (Hg). *Kognitive Linguistik* [Kompendium DaF/DaZ, vol. 2]. Tübingen: Narr, 65–77.

Hepp, Marianne (2017). *Universitäre DaF-Vermittlung auf der Grundlage des Mehrsprachigkeitskonzepts*, in: Zhu, Jianhua/Zhao, Jin/Szurawitzki, Michael (Hg.). *Germanistik zwischen Tradition und Innovation.* Akten des XIII. Kongresses der Internationalen Vereinigung für Germanistik (IVG), Shanghai, 23.–30.08.2015. Frankfurt/M.: Lang, Bd. 6, 95–100.

Hepp, Marianne (2016). *Universitäre DaF-Vermittlung im Rahmen der Mehrsprachigkeit*, in: *Sprache, Sprechen, Kommunikation.* Festschrift für Olena Steriopolo. Kiew: Kyjiwer Nationale Linguistische Universitaet, 483–492.

Hepp, Marianne (2015). *Das Erfassen von semantischen Textzusammenhängen in alltagssprachlichen und literarischen Texten*, in: Ballestracci, Sabrina/Grazzini, Serena (Hg.). *Punti di vista – punti di contatto. Studi di letteratura e linguistica tedesca.* Firenze: Firenze University Press, 149–163.

Hepp, Marianne (2012). *Wortbildung als Mittel der Textkonstitution.* Pisa: Arnus.

Hepp, Marianne/Malloggi, Patrizio (2020). *Linguistische Textanalyse. Theorie und Anwendungsbeispiele.* Pisa: Arnus.

Hockett, Charles F. (1958). *A Course in Modern Linguistics.* London: Macmillan.

Höllein, Dagobert (2019). *Präpositionalobjekt vs. Adverbial. Die semantischen Rollen der Prapositionalobjekte.* Berlin/Boston: de Gruyter.

Hufeisen, Britta (2010). *Theoretische Fundierung multiplen Sprachenlernens. Faktorenmodell 2.0*, in: Jahrbuch Deutsch als Fremdsprache 36, 200–207.

Hufeisen, Britta (2003). *Muttersprache Französisch – Erste Fremdsprache Englisch – Zweite Fremdsprache Deutsch. Sprachen lernen gegeneinander oder besser miteinander?* In: Meißner, Franz-Josef/Picaper, Ilse (Hg.). *Mehrsprachigkeitsdidaktik zwischen Frankreich, Belgien und Deutschland.* Tübingen: Gunter Narr, 49–61.

Hufeisen, Britta (1994). *Englisch im Unterricht Deutsch als Fremdsprache.* Stuttgart: Klett Edition Deutsch.

Hufeisen, Britta/Marx, Nicole (Hg.) (2014²). *EuroComGerm – Die sieben Siebe: Germanische Sprachen lesen lernen.* Aachen: Shaker.

Hufeisen, Britta/Neuner, Gerhard (2005²). *Mehrsprachigkeitskonzept – Tertiärsprachenlernen – Deutsch nach Englisch.* Europarat: Strasbourg.

Imo, Wolfgang/Lanwer, Jens Phillip (2017). *Sprache ist komplex. Nur: Für wen?*, in: Hennig, Mathilde (Hg.). *Linguistische Komplexität – ein Phantom?* Tübingen: Stauffenburg, 149–175.

Jacksons, Carrie N. (2008). *Processing Strategies and the comprehension of sentence-level input by L2 learners of German*, in: System 36, 3, 388–406.

Jakobs, Eva-Maria (1999). *Textvernetzung in den Wissenschaften: Zitat und Verweis als Ergebnis rezeptiven, reproduktiven und produktiven Handelns.* Tübingen: Niemeyer.

Kaiser, Irmtraud/Peyer, Elisabeth (2011). *Grammatische Schwierigkeiten beim Lesen in Deutsch als Fremdsprache. Eine empirische Untersuchung.* Hohengehren: Schneider.

Kemper, Susan (1983). *Measuring the inference load of a text*, in: Journal of Educational Psychology 75, 391–401.

Kintsch, Walter (1988). *The Role of Knowledge in Discourse Comprehension: A Construction-Integration Model*, in: Psychological Review 95, 163–182.

Koch, Peter/Oesterreicher, Wulf (1990). *Gesprochene Sprache in der Romania: Französisch – Italienisch – Spanisch.* Tübingen: Niemeyer.

König, Ekkehard/Gast, Volker (2012³). *Understanding English-German Contrasts.* Berlin: Erich Schmidt.

Kortmann, Bernd/Szmrecsanyi, Benedikt (2012) (Hg.). *Linguistic Complexity. Second Language Acquisition, Indigenezation, Contact.* Berlin/New York: de Gruyter.

Kretzenbacher, Heinz L. (2009). *Deutsch nach Englisch: Didaktische Brücken für syntaktische Klammern,* in: Electronic Journal of Foreign Language Teaching 6, 1, 88–99.

Krumm, Hans-Jürgen/Portmann-Tselikas, Paul R. (2009). *Vorwort,* in: Krumm, Hans-Jürgen/Portmann-Tselikas, Paul R. (Hg.). *Schwerpunkt: Lesen. Prozesse, Kompetenzen, Förderung.* Theorie und Praxis. Österreichische Beiträge zu Deutsch als Fremdsprache 13, 11–12.

Lorge, Irving (1939). *Predicting Reading Difficulty of Selections for Children,* in: Elementary English Review 16, 229–233.

Lutjeharms, Madeline (1998). *Die syntaktische Verarbeitung bei der Rezeption der Sprache,* in: Klein, Eberhard/Schierholz, Stefan. J. (Hg.). *Betrachtungen zum Wort.* Tübingen: Stauffenburg, 117–152.

Lutjeharms, Madeline (2010a). *Leseverstehen,* in: Helbig, Gerhard/Götze, Lutz/Henrici, Gert/Krumm, Hans-Jürgen (Hg.). *Deutsch als Fremdsprache. Ein internationales Handbuch.* Berlin/New York: de Gruyter, 901–908.

Lutjerhams, Madeline (2010b). *Vermittlung der Lesefertigkeit,* in: Krumm, Hans-Jürgen/Fandrych, Christian/Hufeisen, Britta/Riemer, Claudia (Hg.). *Deutsch als Fremd- und Zweitsprache. Ein internationales Handbuch.* Berlin: de Gruyter Mouton, 976–982.

Malloggi, Patrizio (2020). *Die Rolle von Paralleltexten für die Förderung des Leseverstehens im universitären DaF-Unterricht,* in: ZIF – Zeitschrift für interkulturellen Fremdsprachenunterricht. MehrSprachen Lernen und Lehren 25, 2, 447–461.

Malloggi, Patrizio (2012). *Leseverstehensstrategien zur Förderung von Lesekompetenz im universitären DaF-Unterricht.* Zulassungsarbeit, Università di Pisa, Promotionsprogramm in Linguistik der Deutschen Sprache.

Marx, Nicole (2010). *eag and multilingualism pedagogy. An empirical study on students' learning processes on the internet platform English after German,* in: Doyé, Peter/Meissner, Franz Joseph (Hg.). *Lernerautonomie durch Interkomprehension: Projekte und Perspektiven.* Tübingen: Narr, 225–236.

McCrum, Robert/Cran, William/MacNeil, Robert (1986). *The Story of English.* New York, NY: Elisabeth Sifton Books Viking.

Meißner, Franz-Joseph (2002). *Transfer aus der Sicht der Mehrsprachigkeitsdidaktik,* in: Wolff, Armin/Lange, Hartmut (Hg.). *Europäisches Jahr der Sprachen. Mehrsprachigkeit in Europa.* Regensburg: Fachverband Deutsch als Fremdsprache, 128–142.

Meißner, Franz-Joseph/Meißner, Claude/Klein, Horst G./Stegmann, Tilbert D. (2004). *EuroComRom. Le sept amis. Lire les langue romanes dès le début. Avec une introduction à l'eurocompréhension,* Aachen: Shaker.

Muhr, Thomas/Seibt, Volker (1994). *Modellbasierte Ansätze für die computerunterstützte Textinterpretation,* in: Boehm, Andreas/Mengel, Andreas/Muhr, Thomas (Hg.). *Texte verstehen: Konzepte, Methoden, Werkzeuge.* Konstanz: Universitätsverlag, 289–314.

Nelson, Francis W. (1958). *The Structure of American English.* New York: The Ronald Press Company.

Neuner, Gerhard (2003). *Socio-cultural interim worlds in foreign language teaching and learning*, in: Byram, Michael (Hg). *Intercultural Competence.* Strasbourg: Council of Europe Publishing, 15–62.

Neuner, Gerhard/Hufeisen, Britta/Kursisa, Anta/Marx, Nicole/Koithan, Ute/Erlenwein, Sabine (2009). *Deutsch als zweite Fremdsprache, Fernstudieneinheit 26.* Berlin/München: Langenscheidt.

OED – *Oxford English Dictionary* (2023). Oxford University Press, <www.oed.com>.

***Oxford Learner's Dictionary* (2023).** Oxford University Press, <www.Oxfordlearners dictionaries.com>.

***Online Etymology Dictionary* (2001–).** © Douglas Harper, <https://www.etymonline.com/>.

Petöfi, János S. (1991). *Testologia semiotica e didattica*, in: Desideri, Paola (Hg.). *La centralità del testo nelle pratiche didattiche.* Firenze: Quaderni del Giscel, 7–23.

Pöttker, Horst (2003). *Nachrichten und ihre kommunikative Qualität. Die Umgekehrte Pyramide – Ursprung und Durchsetzung eines journalistischen Standards*, in: Publizistik 4, 48, 414–426.

Portmann-Tselikas, Paul R. (2000). *Der Einfluss der Textlinguistik auf die Fremdsprachendidaktik*, in: Brinker, Klaus/Antos, Gerd/Heinemann, Wolfgang/Sager, Sven F. (Hg.). *Text- und Gesprächslinguistik*, 1. Halbband. Berlin/New York: de Gruyter, 830–842.

Requardt, Susanne (1988). *Ein Spezialwörterbuch für Funktionswörter (Deutsch – Englisch)*, in: Hyldgaard-Jensen, Karl/Zettersten, Arne (Hg.). *Symposium on Lexicography* IV. Berlin/Boston: de Gruyter Mouton, 163–180.

Ricci Garotti, Federica (2018). *Die Rolle der Sprachenfolge und des interlingualen Einflusses in der Entwicklung fremdsprachlicher Textproduktion*, in: Hepp, Marianne/Nied Curcio, Martina (Hg.). *Educazione plurilingue. Ricerca, didattica e politiche linguistiche.* Roma: Istituto Italiano di Studi Germanici, 199–218.

Rickheit, Gert/Sichelschmidt, Lorenz/Strohner, Hans (2002), *Psycholinguistik*. Stauffenburg: Tübingen.

Riehl, Claudia Maria (2014). *Mehrsprachigkeit. Eine Einführung.* Darmstadt: Wissenschaftliche Buchgesellschaft.

Roche, Jörg (2001). *Interkulturelle Sprachdidaktik. Eine Einführung.* Tübingen: Narr.

Rossiter, Andrew (2020). *A descriptive Grammar of English. Modern English Grammar by Example.* Linguapress.

Salzmann, Katharina (2018). *Textsortendidaktik im Kontext der Mehrsprachigkeit*, in: Hepp, Marianne/Nied Curcio, Martina (Hg). *Educazione plurilingue. Ricerca, didattica e politiche linguistiche.* Roma: Istituto Italiano di Studi Germanici, 261–276.

Sambanis, Michaela (2020). Neurophysiologische Aspekte von Mehrsprachigkeit, in: Gogolin, Ingrid/Hansen, Antje/McMonagle, Sarah/Rauch, Dominique (Hg.). *Handbuch Mehrsprachigkeit und Bildung.* Wiesbaden: Springer, 61–66.

Schlechtweg, Marcel (2018). *Memorization and the Compound-Phrase Distinction. An Investigation of Complex Constructions in German, French and English.* Berlin/Boston: de Gruyter.

Schnotz, Wolfgang (1994). *Aufbau von Wissensstrukturen. Untersuchungen zur Kohärenzbildung beim Wissenserwerb mit Texten.* Weinheim: Beltz Psychologie Verlagsunion.

Schnotz, Wolfgang (2006). *Was geschieht im Kopf des Lesers? Mentale Konstruktionsprozesse beim Textverstehen aus der Sicht der Psychologie und der kognitiven Linguistik,* in: Blühdorn, Hardarik/Breindl, Eva/Waßner, Ulrich H. (Hg.), *Text – Verstehen. Grammatik und darüber hinaus.* Berlin: de Gruyter, 222–238.

Schnotz, Wolfgang/Dutke, Stephan (2004). *Kognitionspsychologische Grundlagen der Lesekompetenz: Mehrebenenverarbeitung anhand multipler Informationsquellen,* in: Schiefele, Ulrich/Artelt, Cordula/Schneider, Wolfgang/Stanat, Petra (Hg.). *Struktur, Entwicklung und Förderung von Lesekompetenz. Vertiefende Analysen im Rahmen von PISA 2000.* Wiesbaden: VS Verlag für Sozialwissenschaften, 61–99.

Schramm, Karen (2001). *L2-Leser in Aktion. Der fremdsprachliche Leseprozess als mentales Handeln.* Münster/New York: Waxmann.

Sennrich, Xin (2022). *The Many Faces of English* -ing. Berlin/Boston: de Gruyter.

Sitta, Horst (2009). *Plädoyer für mehr Schriftlichkeit im Fremdsprachunterricht,* in: Foschi Albert, Marina/Hepp, Marianne (Hg.). *Texte – Lesen, Ansichten aus der polnischen und italienischen DaF-Didaktik.* Pisa: Jsq, 9–29.

Soffritti, Marcello (1990). *La complessità del predicato. Forme compatte e forme estese nel confronto italo-tedesco.* Bologna: Atesa.

Sorrentino, Daniela (2020). *Förderung von Schreibstrategien in mehreren Sprachen im italienischen Sekundarbereich,* in: Hepp, Marianne/Salzmann, Katharina (Hg.). *Sprachvergleich in der mehrsprachig orientierten DaF-Didaktik. Theorie und Praxis.* Roma: Istituto Italiano di Studi Germanici, 221–241.

Strohner, Hans (2006). *Textverstehen aus psycholinguistischer Sicht,* in: Blühdorn, Hardarik/Breindl, Eva/Waßner, Ulrich H. (Hg.). *Text – Verstehen. Grammatik und darüber hinaus.* Berlin: de Gruyter, 187–204.

Szmrecsanyi, Benedikt/Kortmann, Bernd (2012). *Introduction,* in: Szmrecsanyi, Benedikt/Kortmann, Bernd (Hg.). *Linguistic Complexity. Second Language Acquisition, Indigenization, Contact.* Berlin/Boston: de Gruyter, 6–34.

Thielmann, Winfried (2021). *Wortarten. Eine Einführung aus funktionaler Perspektive.* Berlin/Boston: de Gruyter.

Thurmair, Maria (2003). *Referenzketten im Text: Pronominalisierungen, Nicht-Pronominalisierungen und Renominalisierungen,* in: Thurmair, Maria/Willkop, Eva-Maria (Hg.). *Am Anfang war der Text: 10 Jahre „Textgrammatik der deutschen Sprache".* Regensburg: Iudicium-Verlag, 197–219.

Thurmair, Maria (2010). *Textlinguistik.* In: Krumm, Hans-Jürgen/Fandrych, Christian/Hufeisen, Britta/Riemer, Claudia (Hg.), *Deutsch als Fremd- und Zweitsprache. Ein internationales Handbuch.* Berlin: de Gruyter Mouton, 275–283.

Thurmair, Maria (1991). *Textlinguistik und Grammatikvermittlung,* in: „FLuL" 20, 84–101.

Träbert, Marc (2010). *Räumlich-relationierende Ausdrücke in Bildbeschreibungen italophoner DaF-Lerner.* Dissertation, Universität Pisa.

Twain, Mark (2010). *Die schreckliche deutsche Sprache. Englisch – Deutsch. Aus dem amerikanischen Englisch von Kim Landgraf.* Köln: Anaconda [1880].

Twain, Mark (1897). *The Horrors of the German Language/Die Schrecken der deutschen Sprache.* Address to the Vienna Press Club, in: Resources for German Students & Teachers, University of Michigan, <www.resources.german.lsa.umich.edu>.

Vater, Heinz (2005). *Referenz-Linguistik.* München: Fink.

Venezky, Richard L. (1967). *English orthography: its graphical structure and its relation to sound,* in: Reading Research Quarterly 2, 3, 75–105.

Venezky, Richard L. (1970). *The Structure of English Orthography.* The Hague: Mouton.

Vogel, Mabel/Washburn, Carleton (1928). *An Objective Method of Determining Grade Placement of Children's Reading Material,* in: Elementary School Journal 28, 373–81.

Weinrich, Harald (1986). *Klammersprache Deutsch,* in: *Sprachnormen in der Diskussion. Beiträge vorgelegt vor Sprachfreunden.* Berlin: de Gruyter, 116–145.

Weinrich, Harald (1985). *Literatur im Fremdsprachenunterricht – ja, aber mit Phantasie,* in: Weinrich, Harald. *Wege der Sprachkultur.* Stuttgart: Deutsche Verlagsanstalt, 246–264.

Weinrich, Harald (1993). *Textgrammatik der deutschen Sprache.* Mannheim/Leipzig: Duden.

Werlich, Egon (1983²). *A Text Grammar of English.* Heidelberg: Quelle & Meyer.

Werlich, Egon (1975). *Typologie der Texte.* Heidelberg: Quelle & Meyer.

Wiktionary. ***Das freie Wörterbuch***, <https://de.wiktionary.org>.

Wilson, W. Daniel (2004). *Einleitung.* In: Wilson, W. Daniel (Hg.). *Goethes Weimar und die Französische Revolution: Dokumente der Krisenjahre.* Köln/Weimar: Böhlau, 1–75.

Wittmann, Marc/Pöppel, Ernst (1999). *Neurobiologie des Lesens,* in: Franzmann, Bodo/Hasemann, Klaus/Löffler, Dietrich/Schön, Erich (Hg.). *Handbuch Lesen.* München: K.G. Saur, 224–239.

Wöllstein, Angelika (2014²). *Topologisches Satzmodell.* Heidelberg: Winter.

Zakaluk, Beverly L./Samuels, S. Jay. (Hg.) (1988). *Readability: Its Past, Present, and Future.* Newark, Del.: International Reading Association.

Zeman, Sonja (2017). *Wie fasst man ein Phantom? Zur Komplexität semantischer Komplexität,* in: Hennig, Mathilde (Hg.). *Linguistische Komplexität – ein Phantom?* Tübingen: Stauffenburg, 53–72.